HISTOIRE

Collection dirigée

par

Michel Desgranges et Pierre Vidal-Naquet

L'ÉVÉNEMENT SANS FIN

Récit et christianisme
au Moyen Âge

DU MÊME AUTEUR

CHEZ LE MÊME ÉDITEUR

Alter-Histoire. Essais d'histoire expérimentale (direction d'ouvrage avec Daniel Milo), 1991.

Théologie, science et censure au XIIIe siècle. Le cas de Jean Peckham, 1999.

La Loi du Royaume. Les moines, le droit et la construction de la nation anglaise (XIe-XIIIe siècles), 2001.

CHEZ D'AUTRES ÉDITEURS

La Légende dorée. Le système narratif de Jacques de Voragine († 1298). Préface de Jacques le Goff, Paris, Éditions du Cerf, 1984.

L'Aigle. Chronique politique d'un emblème, Paris, Éditions du Cerf, 1985. Traduction japonaise.

Le Simple corps du roi. L'impossible sacralité des souverains français, XVe-XVIIIe siècles, Paris, Les Éditions de Paris, 1988 et 2000.

La Papesse Jeanne, Paris, Aubier (Collection historique), 1988. Réédition Flammarion (Champs), 1993. Traductions espagnole, italienne et anglaise.

Histoires d'un historien. Kantorowicz, Paris, Gallimard, 1990 et 2000. Traductions allemande, japonaise et anglaise.

La Royauté sacrée dans le monde chrétien (direction d'ouvrage en collaboration avec Claudio S. Ingerflom), Paris, Éditions de l'École des Hautes Études en Sciences Sociales, 1992.

Le Droit de cuissage. Histoire de la fabrication d'un mythe (XIIIe-XXe siècles), Paris, Albin Michel (« L'Évolution de l'humanité »), 1995 et 2001. Traductions allemande et anglaise.

Pierre de Jean Olivi. Pensée scolastique, dissidence franciscaine et société (direction d'ouvrage avec Sylvain Piron), Paris, Vrin, 1999.

ALAIN BOUREAU

L'ÉVÉNEMENT
SANS FIN

Récit et christianisme
au Moyen Âge

2e tirage

PARIS

LES BELLES LETTRES

2004

www.lesbelleslettres.com

Pour consulter notre catalogue
et être informé de nos nouveautés
par courrier électronique

Première édition 1993

ISBN : 2-251-38021-3
ISSN : 1140-2539

INTRODUCTION

Saint Bernard ne remarquait rien des paysages qu'il parcourait ni des lieux où il vivait, selon ses hagiographes qui l'en louaient fort. Cette haute indifférence pourrait assez bien caractériser une visée démesurée de l'Église médiévale : faire oublier aux hommes qu'ils sont attachés à un lieu, à des contraintes, à un contexte. Par une curieuse réussite de ce dessein, nous avons tendance à oublier que le christianisme a traversé un paysage, tant il s'y est projeté et l'a façonné.

Certes, de nombreuses études ont désigné, dans le paysage médiéval, des lieux de résistance : telle tour laïque, telle chapelle hérétique, tel marais des traditions païennes ou « populaires », mais, en général, on a gardé peu d'étonnement sur l'appropriation chrétienne de l'espace central de vie et de circulation.

Cette persévérance totalisante du christianisme médiéval, irréductible à telle ou telle configuration de facteurs, repose sur la puissance d'un système de croyances, qui donne sa force discursive à une entreprise immense. L'historien, agnostique par profession, n'a pas à juger des mérites salutaires ou spirituels de la religion, mais il doit tenter d'expliquer les raisons de son efficacité particulière. Il s'agit de comprendre comment un dogme souvent étrange, difficile à saisir ou à admettre, a pu créer une structure du collectif. Certes, on sait bien que la christianisation des sociétés a pu être superficielle, que l'adhésion au dogme a pu se réduire à un niveau très rudimentaire, mais le christianisme a néanmoins constitué un langage commun hors duquel aucun idiome n'a pu se proférer pendant des siècles. Il faut donc interroger les structures de ce langage ou de ce système de croyance, les caractères originaux qui, au-delà des contextes et des situations, fondent, en une très longue durée et un très large espace, la puissance collective du christianisme.

Une des originalités fortes du christianisme provient de ce qu'il se fonde sur un récit, beaucoup plus que sur des préceptes. Ou plus exactement, les préceptes, le dogme, les rites doivent passer par l'interprétation d'un récit, celui de l'Incarnation : Dieu s'est fait homme à un moment précis de l'Histoire, pendant une période brève et révolue. L'enseignement donné par Dieu est livré essentiellement par des récits (les paraboles) et rapporté par d'autres récits (les quatre évangiles) incomplets et parfois discordants. Tel est le paradoxe souligné dans le titre de cet ouvrage : l'Événement fugitif et capital (la venue de Dieu sur terre) doit se transformer en durée (durée du commentaire perpétuel, durée de la répétition : les saints imitent dans leur vie le récit premier).

Le christianisme du Moyen Âge se définit par un double mouvement d'amplification et d'abstraction du récit originaire (pour en tirer une doctrine, une liturgie, une institution). Ce livre est consacré à ce premier aspect. Il veut montrer que, jusqu'au XVIe siècle, la construction du christianisme passe par l'élaboration de récits nouveaux, capables de développer le message incomplet et d'intégrer les soucis du moment. Qu'on ne s'y méprenne pas : ce livre n'entend pas substituer un univers imaginaire à la réalité concrète du christianisme médiéval. Je ne pense pas céder aux sirènes relativistes ou formalistes qui font de tout processus historique une narration englobant un réel inaccessible ou inexistant. Le récit religieux constitue une part capitale (mais seulement une part) du réel médiéval. Il est de l'ordre du fait, de l'institution, parfois de l'événement. Insister sur la puissance d'un modèle narratif producteur de pensées et de structures ne saurait dispenser d'examiner l'usage de chaque récit comme un fait historique dont on doit chercher les circonstances, les agents et les effets. C'est ce que je tente de proposer ici. Les « mentalités » ne jouissent d'aucun privilège d'exemption quant à la causalité et à la réalité.

Le christianisme a proposé à l'homme médiéval la certitude concrète de son historicité essentielle. Cette narrativité fonda-

mentale repose sur une nouvelle définition de la vérité :
Dieu s'est manifesté sous une forme humaine, palpable,
tout en annonçant que désormais la vérité se confondait
avec lui : « Je suis la vérité. » Désormais l'opération de
connaissance consiste à déchiffrer dans le récit évangélique
les éléments de la vérité et à reproduire ce récit en un temps
autre. La vie chrétienne enchaîne donc des séries de copies
du récit dont la vie de Jésus est l'original. Mais l'imperfec-
tion nécessaire de chaque copie empêche la duplication de
l'événement, que prépare pourtant son évocation sans fin.

Le saint produit une copie exemplaire, presque parfaite,
et le récit hagiographique, lu, chanté, psalmodié dans ses
formes liturgiques, scande la vie du chrétien du Moyen
Âge; je consacre donc la partie centrale de ce livre à
l'hagiographie et à sa capacité à concilier la fidélité à
l'original christique et la nécessité de l'adaptation aux
changements du temps.

Mais avant d'étudier ces individualités narratives, il
fallait, dans une première partie, observer les cadres généraux de la narrativité chrétienne. La dernière partie oppose
au récit fédérateur une autre classe de narration, qui se
développe au cours du Moyen Âge central et qui légitime le
tracé des frontières du christianisme face aux hérétiques,
aux musulmans et aux juifs. Le dernier chapitre justifie les
limites chronologiques de cette étude : on y voit comment
les hussites, au début du XVe siècle, réussissent à tourner
contre l'orthodoxie romaine l'un de ses récits : la vieille
légende de saint Donat fonde la légitimité de la communion
sous les deux espèces. Avec Jean Hus s'annonce déjà la
Réforme qui va totalement modifier le rapport des hommes
avec le récit évangélique. Pourtant, çà et là, l'analyse
déborde largement le cadre médiéval, essentiellement du
côté de la mise en scène jésuite de l'événement chrétien.
Mais, malgré le cadre baroque, l'entreprise jésuite repliait
la pratique de l'évocation narrative sur les individus : la fin
de la puissance unificatrice du récit se confond avec la lente
clôture des temps médiévaux.

Remerciements

Ce livre a été composé à partir d'études déjà publiées, mais qui ont été souvent fort remaniées, mises à jour, abrégées ou amplifiées. Les textes primitifs ont paru dans les *Annales E.S.C.* (1982, 4), la *Nouvelle Revue de Psychanalyse* (33, 1986 et 35, 1987), *Médiévales* (16-17, 1989), *Le Genre humain* (16-17, 1987-1988), les *Mélanges de l'École française de Rome* (99, 1987), *Communications* (39, 1984), et dans trois ouvrages collectifs (*La Légende*, Casa de Velazquez, Madrid, 1989; *Les Usages de l'imprimé*, Paris, Fayard, 1987, sous la direction de Roger Chartier — pour un fragment de chapitre — et *Jacopo da Varagine*, Varazze, 1987.

Les chapitres VIII et IX ont bénéficié de la science et l'amitié de Gilbert Dahan, même si, selon la formule, le résultat ne saurait le compromettre. L'ensemble de ce travail sur le récit doit beaucoup à Jacques Le Goff, qui sut introduire l'histoire médiévale dans le champ de la narration. La très chère Amaia a réalisé la confection de l'index et aidé à la supervision. Merci à eux.

Première Partie

L'instauration chrétienne
d'une raison narrative

CHAPITRE I

Le grand légendier chrétien

Le visiteur de cathédrales, le lecteur de la *Légende dorée* le savent : les vies de saints caractérisent fortement la civilisation médiévale. Mais cette forêt de récits, bien visible, en cache bien d'autres, indéfiniment : le récit chrétien, la légende religieuse médiévale ne peuvent en aucun cas se réduire à ce genre assez nettement défini qu'on appelle « légende hagiographique » et que je désignerai sous le nom de *legenda*, par abréviation conventionnelle et distinctive. L'étymologie bien connue du mot (*legenda* : ce qu'on doit lire, notamment aux matines de l'office), conservée dans l'emploi du mot allemand *Legende* (légende hagiographique), délimite effectivement le sens du mot en latin et en français jusqu'au XVIᵉ siècle : la *legenda* est bien le texte qui évoque la biographie d'un saint et qui a un emploi essentiellement liturgique et commémoratif. À cet usage et à ce contenu est advenue une forme relativement stable de narration, issue de traditions chrétiennes anciennes (Athanase, Jérôme, Sulpice Sévère, etc.) et calquée, au Moyen Âge central, sur le procès de canonisation, comme l'a noté André Jolles[1], qui fort de cette triple détermination (contenu, usage, forme) a inclus la *legenda* parmi ses neuf « formes simples » de narration. Pourtant, ce découpage notionnel ne paraît pertinent ni en compréhension, ni en extension et fausse l'intelligibilité de la narration légendaire au Moyen Âge.

Prise comme forme, comme genre, la *legenda* semble bâtarde, chargée de déterminations trop prégnantes, trop historiques : des neuf formes simples de Jolles, la *legenda* est la seule à se voir assigner une fonction et une origine culturelles précises. En effet, si on réduit la *legenda* à des traits proprement génériques, elle n'est plus que le très vague avatar de la biographie épidictique universelle. La réalité de la forme vient en fait du contenu qu'on y a introduit subrepticement (la sainteté, les vertus, la canonisation, l'exemplarité), suivant la pratique tautologique de Propp justement dénoncée par Claude Bremond[2] : on définit une forme en feignant de retrouver à chaque occurrence les traits qui ont servi à continuer le corpus.

Certes, les clichés de motifs et de compositions existent et se manifestent clairement jusque dans la narration hagiographique contemporaine, mais il faut voir là le résultat d'un élagage pratiqué par l'Église dans le massif varié de la narration religieuse. Le moule du procès de canonisation ne fonctionne que partiellement et tardivement : le procès de canonisation ne se définit réellement qu'au XIIIe siècle[3], après la prodigieuse explosion narrative qui secoue le monde religieux aux XIe-XIIe siècles ; et pas plus que le décret pseudo-gélasien du VIe siècle n'a pu réprimer l'emploi des apocryphes testamentaires, la pression pontificale n'a réussi à donner un modèle unique au récit édifiant, du moins avant le XVIe siècle. Il y a donc une différence considérable entre un genre, une forme simple et une *norme fonctionnelle* institutionnellement formulée, appliquée globalement à des formes, des contenus et des usages. La *Legendeforschung* allemande des XIXe et XXe siècles[4], puis les formalistes contemporains n'ont cessé de travailler sur ce cadre normatif en le raffinant sans cesse, jusqu'à Ch. F. Altman qui présentait récemment une formalisation intéressante de l'opposition entre *passio* et *vita*[5] ; il n'en reste pas moins que la facilité épistémologique qui consiste à passer de la norme au genre paraît dangereuse, car elle cristallise en forme simple ce qui n'est qu'un état ni initial (mais peut-être final ou résiduel) ni essentiel d'un système narratif complexe.

On ne saurait, donc, abstraire la *legenda* du contenu qu'elle véhicule : la sainteté. Or la conception médiévale de la sainteté déborde largement le cadre canonique de la *legenda* liturgique ou paraliturgique, tout en l'incluant. La sainteté médiévale ne se distingue pas fondamentalement des autres manifestations terrestres du sacré qui se racontent en épisodes brefs et ponctuels (miracle, prodige, invention et translation de reliques, diableries diverses). Ainsi, l'archéologie de la légende de saint Nicolas de Myre[6] montre que certains épisodes essentiels sont antérieurs à la rédaction de la *Vita*. La *legenda* ne se coule dans le cadre biographique canonique que lorsque le saint, bien connu et/ou anciennement reconnu, le suscite; en l'absence de données, l'évocation narrative se fait par d'autres voies : ainsi, Agnello de Ravenne, au IXe siècle, déclare, dans son *Liber pontificalis*, que, faute de documents, il raconte la vie des saints évêques de Ravenne, sur lesquels il ne sait rien, en contemplant leur image[7].

D'autre part, l'usage liturgique précis de la *legenda* ne suffit pas à la constituer en genre indépendant. D'un côté, d'autres « genres » se substituent librement à la *legenda* au cours de l'office : la translation de reliques (très fréquemment employée en liturgie à la suite de l'immense ruée vers les reliques, du IXe au XIIe siècle[8]), le miracle, le panégyrique narratif mais non biographique (les Répons de l'office lui sont habituellement consacrés). À l'inverse, la *legenda* liturgique elle-même s'emploie à d'autres fins; le père de Gaiffier, dans sa thèse sur *L'Hagiographie et son public au XIIe siècle*[9], a pu distinguer huit usages distincts de la *legenda* : à l'office, aux réunions conventuelles, comme lecture privée, comme illustration des entretiens monastiques familiers, dans la prédication, pour la célébration des fêtes, pour la propagande des sanctuaires, comme divertissement moral. Dans le sermon, elle peut même être racontée telle quelle sans être découpée et insérée dans les articulations de la prédication : Carlo Delcorno cite, à ce propos, la reportation d'un sermon de Jourdain de Pise prononcé à Orsanmichele le 22 novembre 1305; les auteurs de la reportation notent un abrégé du texte homilétique, puis signalent : « Il se mit alors à dire l'histoire de sainte Cécile, laquelle fut très belle et très dévote[10]. » Mais l'usage le plus fréquent de la *legenda* se fait par une fragmentation raisonnée de la *Vita*, sur le mode de l'*exemplum*[11]. Or, en cet emploi, la *legenda* entre dans un paradigme fort riche, avec l'*exemplum*, le miracle, le prodige, la fable, etc. Et ces espèces narratives ne constituent pas un système rigoureux dans leur désignation : le miracle et le prodige renvoient à un contenu d'action, la translation et l'invention à un contenu de célébration, l'*exemplum* à un usage pastoral, la *legenda* à un emploi liturgique. Il paraît donc nécessaire de parler d'un légendaire diffus et mobile, plutôt que de genres et d'espèces distincts.

La situation devient encore plus confuse lorsqu'on considère un autre contexte d'emploi de la *legenda* : celui qu'on peut appeler, faute d'une saisie plus précise, la lecture édifiante. Prenons un exemple majeur, celui de la *Légende dorée* de Jacques de Voragine[12] : ce texte, le plus lu du Moyen Âge après la Bible, amasse tous les genres et espèces narratifs religieux du Moyen Âge, réunis souvent, mais non pas toujours dans le cadre biographique. Au nom de quoi pourrait-on y isoler la *legenda*? Un autre cas nous éloigne encore plus de la régularité générique : le *De Vita sua* de Guibert de Nogent (début du XIIe siècle)[13], première autobiographie médiévale, inclut des récits qu'on ne peut exclure de notre domaine légendaire : à propos de Nogent-sous-Coucy, lieu de son abbatiat, Guibert conte l'histoire du roi breton Quilius qui y laissa sa dépouille et des reliques rapportées de Jérusalem; ce récit local prend la forme d'une *legenda*. Plus loin, entre cent autres récits, notre auteur narre pour la première fois la fameuse anecdote du pèlerin de Saint-Jacques de Compostelle qui se châtra sur les conseils du diable[14]. Le récit, mille fois raconté, prit place dans la *Légende dorée* (LA, 427), puis parmi les miracles de saint Jacques, trouvant ainsi un statut liturgique.

Il faut donc renoncer à enfermer la légende dans les limites étroites d'une forme littéraire ou liturgique et saisir une autre étymologie de *legenda*. On oublie trop que l'adjectif verbal, en latin médiéval, signifie aussi la possibilité : la légende rassemble tout ce qui *peut* se lire comme récit religieux; il faut même conserver l'ambivalence du mot « pouvoir »; possibilité et autorisation. Dans le corpus légendaire, on trouvera tous les récits d'origine chrétienne, païenne ou populaire qui peuvent revêtir un sens chrétien et se voient reconnaître ainsi le statut de récit édifiant. Le véritable champ légendaire se constituerait donc de l'ensemble des récits produits dans un milieu religieux et destinés à une interprétation religieuse.

Cette définition large permet d'inclure dans l'univers légendaire toutes les parenthèses légendaires d'une chronique
ecclésiastique, les récits hétéroclites qui se glissent dans les
collections monastiques, etc. Devra-t-on renoncer à toute vue
d'ensemble, à toute description en terme de genre? Oui, si
l'on s'en tient à des critères formels. Non, si l'on passe des
contraintes littéraires, ici fort faibles ou nulles, à des déterminations fortes construites par l'usage, les attitudes de narration et les modalités de la croyance ou de l'adhésion. L'hypothèse que je pose se formule ainsi : la légende religieuse
médiévale n'est pas une forme simple, mais un faisceau
convergent de modes narratifs complexes ; elle exprime une
culture riche et variée, la culture religieuse du Moyen Âge,
dans ses tensions et ses contradictions ; elle construit une série
de « textes » au sens (représentation et mise en jeu de valeurs
communautaires) où l'entend l'anthropologue Clifford
Geertz[15].

J'examinerai donc ce qui fait l'unité de la légende religieuse
médiévale et la constitue, au-delà de son hétérogénéité, en
matière et technique d'interprétation, en dégageant quatre
fondements de la narration légendaire. De cette façon,
j'espère définir la fonction centrale de la légende dans la
culture religieuse, tout en donnant un cadre chronologique
sommaire au développement de la légende.

Il peut paraître arbitraire de séparer la narration des
religieux de celle des laïcs, tant la littérature vernaculaire et
profane, à partir du XIIᵉ siècle, a accueilli, notamment par le
biais du théâtre, les thèmes légendaires chrétiens. Mais il faut
pourtant garder cette frontière parfois ténue, pour affirmer
que la légende religieuse médiévale procède d'un acte pieux
d'interprétation, préparé par une pratique de la lecture
biblique, la *lectio divina*. Cet acte suit trois modèles monastiques (la méditation, l'exégèse et la dispute) qui fondent les
principes narratifs de la légende, mis en œuvre au sein d'un
dispositif souple de croyance.

Une narration *in medios homines*

La légende se constitue en narration *in medios homines*, au sens où l'on parle d'un début *in medias res*. Au-delà de ses aspects parfois bouffons ou féeriques, la légende dit pleinement le sacré, autant que la doctrine. L'originalité propre du christianisme réside dans l'Incarnation : Dieu s'est manifesté sur terre, au milieu des hommes, au milieu de leur histoire et non pas en un temps originel ; Il est revenu ; Il a annoncé un Jugement futur au bout encore terrestre de l'histoire du monde. Le sacré, donc, se raconte et *doit* se raconter car il se manifeste ou peut se manifester soudain, à proximité des hommes. Le grand modèle évangélique est d'abord un récit ; la légende, avant de commémorer tel ou tel saint, de célébrer telle ou telle institution, recueille, tente de recueillir les fragments et les météores du sacré. Ainsi s'explique sans doute la prodigieuse production légendaire qui remplit les colonnes de la *Patrologie latine* ou des *Monumenta* et dont la plus grosse part demeure inédite. Raconter ne se réduit pas à une récréation monastique ou à une facilité pastorale ; c'est un devoir pieux. Lorsque Humbert de Romans, maître général de l'ordre des dominicains, rassemble ses frères au chapitre général de Paris en 1256, il leur donne l'ordre solennel de lui envoyer tous les récits édifiants ou miraculeux qui se rapportent à des frères de l'ordre, avant d'en confier la synthèse à Gérard de Frachet qui en tire ses *Vitae fratrum*.

L'incarnation donne donc un fondement ontologique à la narration : disposant d'une essence du sacré, elle rassemble, décèle ce qui en informe l'être du monde terrestre. Cet enchâssement du sacré dans le déroulement de l'histoire humaine prend plusieurs formes.

A. Des épisodes légendaires, hagiographiques ou non, doublent les chroniques, selon un régime d'insertion ou de simultanéité. Orderic Vital, au début du XIIe siècle, raconte, au fil de son *Histoire ecclésiastique*, toutes les vies de saints qu'il connaît : évoquant la donation faite à son monastère de Saint-Evroul de l'église de Parnes, il narre longuement la vie et les miracles de saint Josse, dont les reliques se trouvent là[17]. Décrivant la conquête de l'Angleterre par le duc Guillaume, Orderic mentionne les fidèles de Guillaume, dont Hugues d'Avranches, puis les familiers d'Hugues et en particulier Gérold d'Avranches, son chapelain, grand collectionneur d'hagiographies, qui raconte aux chevaliers les vies des combattants devenus saints. Gérold illustre alors la bonne narration, celle qui, parmi les hommes, leur fait saisir le sacré : « Et beaucoup tirèrent profit de ses exhortations, car il les amena du large océan du monde au port sûr de la vie sous la Règle » ; dès lors, Orderic imite Gérold en écrivant à son tour la vie de Guillaume de Gellone narrée par le chapelain aux chevaliers : « Et puisque je me suis trouvé mentionner *(nobis incidit mentio)* saint Guillaume, je vais insérer un bref récit de sa vie dans mon livre. » Plus généralement, chez Orderic Vital, tout contact entre le monastère de Saint-Evroul et le monde se traduit d'une part par une action (donation ou dommage), d'autre part par une sanction développée ou esquissée (miracles ou quasi-miracles punitifs ou glorifiants).

Ailleurs, la légende peut se distinguer plus systématiquement de la narration strictement historique, en écho salutaire aux événements ; ainsi, Jacques de Voragine, quand il écrit l'histoire de la ville dont il est l'archevêque, Gênes[18], suit la chronologie épiscopale, évêque par évêque, en rapportant à la suite des événements historiques une série de miracles, de prodiges, de *Sagen* (dont celle de la papesse Jeanne), de mini-récits hagiographiques, annoncés par « en ce temps-là », « à ce moment ».

La chronique et la légende s'impliquent mutuellement en maintenant en co-présence la temporalité sacrée et la temporalité empirique ; l'insertion d'épisodes légendaires dans la chronique donne sens au déroulement indéfini du temps ; en sens inverse, la détermination historique actualise la signification des traditions légendaires : ainsi, la légende des frères prêcheurs, racontée par Gérard de Frachet dans ses *Vitae fratrum*, close sur le modèle hagiographique (élection divine, sanctification par les œuvres, glorification par la mort) s'ouvre-t-elle vers l'avenir et l'action par un chapitre final qui entreprend la chronique historique de l'ordre dominicain. Il en va exactement de même dans la *Légende dorée*, où un des derniers chapitres du texte, nominalement consacré au pape Pélage (LA, 824-44), constitue en fait une longue chronique qui dispose dans la succession historique des éléments légendaires comparables à ceux que contient le cycle anhistorique des chapitres hagiographiques. L'histoire joue ici le rôle d'un inducteur de récurrence.

B. Cet emplissement du monde par le légendaire parahistorique a sans doute induit, à partir du XIIᵉ siècle, le désir de compléter la narration nodale du sacré incarné, celle de l'Évangile. Ainsi se constitue un cycle de légendes subsidiaires au silence ou aux lacunes de l'Écriture.

On peut noter les débuts de cette tendance quand elle s'exerce à la périphérie de l'Évangile : ainsi, aux Xᵉ ou XIᵉ siècle, la légende d'Étienne le protomartyr se dote d'une Nativité légendaire où le saint enfant, à sa naissance, est enlevé par le diable et échangé contre une créature semblable en apparence, mais incapable de grandir[19]. Une intervention salutaire met heureusement fin à la substitution. Dans la même légende, un motif miraculeux s'ajoute au récit du martyre : Étienne annonce à son père que sa mort lui sera signalée par le changement de son vin en sang. Notons donc que, dans ce prototype, apparaissent deux traits majeurs de la création légendaire : un désir de reconstituer la biographie complète des personnages épisodiques de l'Évangile et l'appel au merveilleux, tel qu'il se trouve dans la *Sage* et le conte. C'est au XIIᵉ siècle que l'on invente les histoires « complètes » de Judas et de Pilate.

Ce souci de compléter la narration évangélique et biblique s'exprime clairement dans l'*Histoire scholastique* de Pierre le Mangeur (fin XIIᵉ siècle), qui connut un immense succès[20]. Pierre créa l'« Histoire sainte » en donnant une adaptation très narrative de la Bible et en insérant l'Écriture sainte, à l'aide des chroniques universelles, dans l'histoire générale de l'humanité ; ses commentaires érudits donnent au récit sacré une vraisemblance générale qui l'historicise.

Un pas de plus est franchi au XIIIᵉ siècle, lorsque l'on redécouvre les apocryphes néo-testamentaires, compléments alors oubliés de l'Évangile. Considérons une de ces résurgences des apocryphes : lorsque Barthélemy de Trente, inventeur, vers 1245, du premier légendier dominicain[21], veut évoquer la nativité du Christ, il trouve les matériaux évangéliques bien pauvres. Il a donc recours au protévangile de Jacques. Cet apocryphe grec du milieu du IIe siècle[22] complétait le récit sec de Luc, en le faisant précéder d'une histoire de Marie et en narrant de façon plus détaillée la Nativité. Mais, alors qu'en Orient le protévangile reçut un accueil favorable, il parut longtemps suspect à l'Église d'Occident, sans doute en raison d'assertions douteuses sur l'origine de Marie, le premier mariage de Joseph et les « frères » de Jésus. Ainsi, Jérôme dénie toute valeur au protévangile de Jacques en parlant des « extravagances des apocryphes[23] » ; au VIe siècle, le décret pseudo-gélasien exclut les apocryphes du canon néo-testamentaire. Le texte, adapté, passa en latin, cependant, au VIe siècle, sous le nom de « pseudo-Matthieu » ; mais les auteurs l'ignorent jusqu'au Xe siècle, lorsque l'abbesse Hrotswitha[24] adapte en vers, à l'intention de ses religieuses, le pseudo-Matthieu ; l'apocryphe avait poursuivi sa vie discrète dans l'iconographie, qui fait place à un épisode du protévangile : la venue auprès de Marie des deux sages-femmes Zébel et Salomé, dont l'une proclame la virginité de Marie et l'autre, sceptique, subit le châtiment momentané de son incrédulité. Barthélemy de Trente, le premier, fit entrer la tradition apocryphe dans la narration de Noël, en la combinant au récit de Luc. En effet, Pierre le Mangeur avait exclu le pseudo-Matthieu de son *Histoire scholastique*, dans son chapitre sur la Nativité. L'immédiat prédécesseur de Barthélemy de Trente, Jean de Mailly, qui avait composé un légendier vers 1230, avant son entrée dans l'ordre dominicain, connaissait l'épisode des sages-femmes, mais le rejetait avec énergie : « Il n'y eut pas davantage de sages-femmes pour l'assister, quoi qu'en disent certains livres apocryphes et les contes de vieilles femmes[25]. » Du pseudo-Matthieu, Barthélemy retient l'épisode de la vision des deux peuples aux yeux de Marie : le peuple des gentils rit de la bénédiction à venir et le peuple juif pleure son éloignement. Il reprend aussi l'épisode des deux sages-femmes en l'intégrant astucieusement au récit de Luc. À Jérôme qui s'indignait en citant Luc pour qui Marie elle-même, sans aucune aide, enveloppe de linges le corps du nouveau-né, Barthélemy oppose une version de compromis : Joseph ne fait appel aux sages-femmes que par habitude humaine : « Joseph, bien qu'il n'ignorât pas que ce fût le Seigneur qui devait naître de la Vierge, suivit cependant les usages de son pays et alla chercher des sages-femmes. » Jacques de Voragine, vingt ans plus tard, usera constamment de ces habiles artifices qui permettent de concilier l'inconciliable et de faire converger les traditions éparses, pour le plus grand profit du récit chrétien.

C. Cependant, cette plénitude historique et parascripturaire créée par la légende ne saurait abolir une autre tendance de la narration, celle du « balisage » thaumaturgique, qui, au contraire, isole des nodularités sacrées. Dans la tradition occidentale, comme l'a admirablement montré Peter Brown[26], le sacré, tout en étant porté par l'histoire, paraît discontinu et indéterminé. Il faut donc le percevoir, l'interpréter et l'exposer, par la vertu de *reverentia*, de discernement du sacré, opposée chez Grégoire de Tours à la *rusticitas* qui ignore le sacré ou le voit partout. Cette orientation privilégie le prodige, espèce légendaire dont la fortune est constante depuis Grégoire de Tours et qui, littérairement, se rapproche de la *Sage*, par son caractère uniépisodique, dramatique et mystérieux[27]. Mais lorsque la densité du sacré augmente dans le monde, au voisinage du saint, le miracle (uniépisodique, univoque et clair) se répand. On trouve des formes intermédiaires, fréquentes chez Guibert de Nogent, par exemple : le miracle punitif (uniépisodique, univoque et dramatique) ; lié à une autre manifestation du sacré parmi les hommes, celle du diable.

Cet aspect à la fois lacunaire et médiat du sacré chrétien se trouve à l'origine d'une attitude de narration que l'on voit se développer au XIIe siècle et qui, si elle n'a pas engendré une production quantitativement importante, a contribué à fonder une façon de dire narrativement la participation du fidèle au divin, une expression qui sera capitale dans la mystique moderne. Nous analyserons au chapitre suivant cette tentative de reconstitution méditative des lacunes du récit salvateur.

Une narration exégétique

Deux très grands livres, *Exégèse médiévale* du père de Lubac et *The Study of the Bible* de Beryl Smalley[28], dispensent de justifier l'importance capitale de la mentalité exégétique au Moyen Âge. On observera simplement que le christianisme postule que tout récit religieux peut représenter, symboliser. La parole de Jésus, affirmant ne pas être venu pour abolir la Loi, mais pour l'accomplir implique la nécessité d'interpréter cette Loi pour en tirer son sens nouveau. La dissidence christique impose de voir dans l'Ancien Testament un texte à décrypter pour en dépasser le sens littéral; jusqu'au XIIe siècle, moment de naissance de l'antisémitisme véritable en Chrétienté, le reproche majeur adressé aux juifs est celui de littéralisme, d'aveuglement, comme le signale l'image de la Synagogue aux yeux bandés[29]. Par ailleurs, l'enseignement de Jésus fonctionne par paraboles, fondement et modèle du symbolisme. Certes, tout récit biblique ne peut se lire sur les quatre plans de l'exégèse, mais le développement des techniques de déchiffrement élargit sans cesse le domaine du symbolique. De plus, la formulation de la méthode au XIIe siècle, dans l'école de Saint-Victor, tend à historiciser l'exégèse. Contre les épigones de Grégoire qui usent de l'Écriture comme d'un simple tremplin pour une lecture analytique et spirituelle du texte, Hugues de Saint-Victor défend la méditation de la lettre, du texte narratif, notamment, compris dans son développement; d'autre part, le sens allégorique (celui qui rapporte le récit de l'Ancien Testament à la leçon évangélique) relève aussi d'une structure narrative globale. Comme l'a remarqué Beryl Smalley[30], chez Hugues de Saint-Victor, le sens littéral et le sens allégorique, tous deux objets de récit, s'opposent au sens moral achronique; dès lors, par analogie, le récit littéral (ou « histoire ») peut se trouver ailleurs que dans l'Ancien Testament, dès qu'il est justifié et soutenu par sa doublure allégorique ou morale; en effet, l'exégèse du Moyen Âge central, en élargissant le corpus biblique des textes à déchiffrer, atteint les couches les plus directement anecdotiques de l'Ancien Testament. La faculté d'allégorie sacralise les textes autant que leur caractère sacré permet l'allégorie. On comprend l'importance du phénomène : tout récit ancien, profane, folklorique ou moderne, rétrosacralisé par l'exégèse, peut prendre place dans le légendaire chrétien. Ceci apparaît clairement au XIIe siècle qui voit l'application de la légende œdipéenne à l'histoire de Judas, comme on le verra plus loin (chapitre 8) ; il suffit que la narration donne sens au motif erratique (Œdipe) en se conformant à l'histoire du salut (évangélique, moral et eschatologique) par le biais du nom de Judas. On pourrait multiplier les exemples de cette rétrosacralisation, à propos des personnages de Virgile, des Sybilles de l'Antiquité[31], des tueurs de dragons germaniques ou méditerranéens, etc. La systématisation du réemploi autorisé par la méthode exégétique s'opère au XIIIe siècle dans les légendiers dominicains et se poursuit aux XIVe et XVe siècles, parfois de façon caricaturale, dans le symbolisme des leçons tirées à propos de n'importe quelle évocation narrative, notamment dans les recueils d'exempla, comme les *Gesta Romanorum* ou la *Scala Coeli* de Jean Gobi[32].

Ainsi, dans le chapitre de la *Légende dorée* consacré à sainte Agnès (LA, 116), Jacques de Voragine raconte qu'un prêtre de l'église Sainte-Agnès à Rome veut se marier ; le pape l'y autorise et lui donne un anneau, mais lui ordonne de demander confirmation à une image de la sainte. L'effigie de la sainte présente son annulaire au prêtre, et garde l'anneau, signifiant par là son refus. On reconnaît là un épisode de *Sage*, répandu universellement, qui aboutit, en littérature, à la *Vénus d'Ille* de Prosper Mérimée : une statue garde l'anneau qu'on lui passe au doigt. Or, après avoir rapporté ce récit, qui ne transpose le motif en contexte chrétien que superficiellement, Jacques de Voragine en donne une autre version qui en est, en quelque sorte, la récriture spirituelle et qui donne un sens chrétien au récit : « On lit ailleurs que l'église de sainte Agnès tombait en ruines et qu'un pape dit à un prêtre qu'il voulait lui donner une épouse à garder et nourrir, c'est-à-dire qu'il voulait lui confier l'église Sainte-Agnès ; il lui offrit un anneau et lui ordonna d'épouser l'image dont on vient de parler ; le mariage eut lieu, car l'image tendit et replia son doigt. »

Cette exégèse ingénieuse, en laquelle Jacques de Voragine excelle, mais dont la maîtrise s'acquiert dans tous les centres de préparation à la prédication, étend considérablement le champ de la narration légendaire, en confirmant les récits les plus suspects et en donnant un cadre d'accueil à tout le patrimoine narratif. Tout peut devenir édifiant. Cette technique, virtuellement disponible, donne une grande plasticité au corpus légendaire, sans cesse récrit, adapté, ajusté au contexte spirituel et dogmatique du moment de la narration[33].

Mais cette plasticité ne découle pas du seul souci d'adaptation ; elle exprime le caractère polémique et vivant de la légende religieuse médiévale, qui assure sa grande vitalité.

Une narration disputée

Il me semble qu'on négligerait un aspect fondamental de la légende religieuse médiévale en la rapprochant trop de ses origines profanes, antiques, folkloriques et de ses aboutissements laïcs, car elle tire son originalité de son statut de mode d'expression essentiel d'un milieu clérical longtemps fermé sur lui-même. On n'a pas assez considéré l'extraordinaire violence faite aux sociétés ambiantes (germaniques et méditerranéennes) par le christianisme qui imposa des modes de vie alimentaires, sexuels, patrimoniaux, calendaires, etc., complètement étrangers à ces sociétés.

À cette imposition existentielle, correspond aussi la création d'une couche sociale (mais le terme convient mal) nouvelle, numériquement importante, idéologiquement capitale, celle des religieux, moines et clercs. Certes, on ne peut prétendre que l'institution religieuse au Moyen Âge soit restée imperméable aux structures politiques et sociales laïques, mais il n'en reste pas moins que l'Église a constitué un corps étranger, avec son domaine foncier, ses intérêts, son idéologie et ses récits. De plus, l'Église, jusqu'au XIIe siècle à peu près, a conservé le quasi-monopole de la production écrite. Ce milieu, dans ses prétentions hégémoniques externes (vis-à-vis des puissants laïcs) et internes (dans les luttes épiscopales, pontificales, monastiques), use largement de la légende pour se justifier, pour dire ses choix et affirmer son statut. Plus éloquente qu'une charte, la légende, dotée de son attestation sacrée ou insérée dans son cadre exégétique, se constitue en texte fondateur, en micromythe des communautés religieuses. Sa souplesse, sa rectification perpétuelle en font le lieu d'une dispute, au sens à la fois technique (la *quaestio disputata*) et général; d'ailleurs, la dispute fait partie, au moins depuis Eucher de Lyon[34], de l'activité de *lectio divina* de l'Écriture, aux côtés de la méditation et de l'exégèse. On en prendra comme figure emblématique un éternel « disputeur », le grand dialecticien du XIIe siècle Pierre Abélard : lorsque Abélard veut manifester son aigreur envers les moines de Saint-Denis qui l'accueillent, il s'en prend à la légende de leur saint fondateur Denis, en faisant remarquer perfidement que Denys l'Aréopagyte, évêque de Corinthe, et non d'Athènes, selon Bède le Vénérable, ne pouvait se confondre avec le martyr de Paris. Le doute soulevé cause une haine et un scandale bien plus grands que les incartades et provocations théologiques dont se rend coupable Abélard et dont il fait un étalage complaisant dans sa paranoïaque *Histoire des calamités* : l'affaire vu jusqu'à la menace d'excommunication et, portée devant le comte de Champagne et le roi de France, conduit à la fondation du Paraclet par Abélard[35].

La légende offrait, par sa variété souple, un instrument remarquable pour les luttes et controverses pastorales, idéologiques et politico-sociales de l'Église; ainsi, Humbert de Romans, dans le *De eruditione noviciorum*[36], signale les légendes qui conviennent à chaque public de fidèles dans la prédication : il faut raconter les vies de Julien, Martin et François si on s'adresse aux frères et sœurs des léproseries, la vie de Bernard si on prêche devant des étudiants en grammaire, les vies de Catherine d'Alexandrie, d'Agnès et de Cunégonde en parlant aux dames nobles. Plus généralement, les *exempla* des sermons *ad status* du XIIIe siècle sont choisis en fonction de l'auditoire.

Au-delà, ou en deçà, de la pastorale, chaque groupe religieux brandit son récit, mythe fondateur ou cas jurisprudentiel démonstratif. On pense ici aux dizaines de récits de translations ou de vols de reliques analysés par Patrick Geary dans *Furta sacra*[37] : ces récits, généralement monastiques, servent presque toujours à revendiquer la possession authentique d'un corps saint en opposant une légende aux prétentions d'un monastère ou d'une église voisins. Ainsi le monastère de Conques invente, vers 850, l'histoire du vol des reliques de sainte Foy pour lutter contre l'attrait croissant d'une fondation plus récente et mieux située, celle de Figeac. À une autre échelle, le récit du vol du corps de saint Nicolas de Myre par des clercs de Bari, en 1087, paraît être une réplique à un récit analogue qui assurait au port rival de Venise la possession des reliques de saint Marc depuis le IXe siècle.

Au moment de la querelle des Investitures (fin XIe siècle), les légendes noires sur Grégoire VII, rédigées par des clercs, empruntées au cycle de Simon le Magicien, cet ennemi de Pierre, emplissent les nombreux libelles qui circulent en Europe[38]. À ce corpus pontifical, il faudrait joindre l'antécédent des légendes hostiles à Sylvestre II, pape déclaré nécromancien et diabolique par la légende[39], et le grand motif apparemment antipontifical de la papesse Jeanne, né à la fin du XIIIe siècle dans des milieux dominicains (Jean de Mailly, Étienne de Bourbon, Jacques de Voragine, Martin le Polonais, Arnold de Liège), utilisé dans la controverse conciliariste au XIVe siècle, puis dans les argumentations opposées lors du Grand Schisme[40].

La *legenda* elle-même suscite de nombreuses récritures intéressées; parmi des exemples innombrables, on peut citer les deux *Vitae* médiévales de Robert d'Arbrissel (début XIIe siècle) : l'abbesse Pétronille de Chemillé, placée à la tête du couvent double de Fontevraud, mécontente d'une *Vita prima*, celle de Baudri de Bourgueil, qui minimisait la révolution de Robert (soumettre une communauté masculine à une femme), fait écrire une *Vita altera* par un frère, tout en occultant la fin de ce nouvel ouvrage qui répondait mal à sa demande[41]. Il faudrait évoquer aussi l'histoire complexe des biographies de saint François : l'ordre fit détruire les deux premières *legendae*, œuvres de Thomas de Celano, après la récriture d'une *Vita* officielle par saint Bonaventure. Dans cette succession de *legendae*, se jouait déjà la question future de la fidélité envers l'esprit du fondateur, entre spirituels et conventuels. La lutte se poursuivra dans les différentes versions de la *legenda* de saint Louis d'Anjou, authentique franciscain spirituel de la fin du XIIIe siècle, annexé par les conventuels grâce à la récriture de sa Vie par l'inquisiteur Paulin de Venise, quelques années après la rédaction d'une biographie spirituelle par Jean de Orta, comme on le verra plus loin (chapitre 5).

L'église, en ses composantes multiples, n'est pas imperméable, bien sûr, aux luttes politiques laïques, auxquelles elle apporte sa maîtrise technique de l'appareil légendaire. Il est remarquable que l'effort considérable des premiers Capétiens pour asseoir le mythe dynastique ne s'accompagne d'aucune production légendaire ni même historique autonome, comme l'a montré l'analyse minutieuse d'Andrew S. Lewis[42]. Cette aphasie narrative n'est pas accidentelle, puisque J. M. Moeglin en a repéré l'équivalent à propos de la dynastie Wittelsbach en Bavière[43]. Les premières tentatives de justification narrative apparaissent quand l'Église consent à donner son appui intéressé, d'une part en élargissant le domaine des chroniques ecclésiastiques à l'histoire royale (Raoul Glaber, Dudon de Saint-Quentin, Orderic Vital, Othon de Freising, etc.) et en réinventant l'histoire monarchique (Suger) abandonnée depuis les temps carolingiens, mais surtout en appliquant sa compétence en matière de légende au corpus historique royal : la naissance tardive de Philippe Auguste (« Dieudonné ») donna lieu à une narration légendaire qui, au prix de rectifications de la vérité littérale, apporta une connotation christique à la naissance royale, sensible dans le poème *Versus de gaudio filii regis quando fuit natus* de Pierre Riga et dans la continuation de l'*Histoire de Louis VII* de Suger par un moine de l'abbaye de Saint-Germain-des-Prés, à la fin du XIIe siècle. Ce savoir-faire, qui transmue une naissance en Nativité par la manipulation des signes, se manifestera, un peu plus tard, à propos de Frédéric II.

Mais une théorie organique de la légende religieuse médiévale s'affaiblirait si elle considérait la production narrative comme un processus indéfiniment disponible pour toutes les causes ; l'usage périphérique et externe ne doit pas faire oublier la cohérence interne propre à la légende, ou plutôt à tel ou tel cycle de légendes, au-delà des individualités des rédacteurs. Il faudrait alors observer des ensembles flous dans leur composition thématique et formelle, mais prégnants dans leur statut d'éléments signifiants, révélateurs d'une mentalité communautaire : on pourrait nommer ces séries distinctes et distinctives des « textes révérentiels », en élargissant ainsi la définition de la *reverentia* tirée par Peter Brown des récits de Grégoire de Tours : un usage propre du sacré, lié à une visée socio-religieuse, fondateur d'un discernement partagé par un groupe. On donnerait comme exemple de textes révérentiels le cycle monastique qui se développe au XIIe siècle autour de la figure amicale et maternelle du Christ en liaison avec l'exaltation de la « famille » communautaire, ou bien le cycle des légendes de l'inceste fondateur, exorcisé, intégré dans les récits consacrés, au XIIe siècle, à Judas, à Grégoire, à Julien, à André, etc., en liaison avec la répression ecclésiale des unions consanguines. Les légendiers dominicains du XIIIe siècle (Barthélemy de Trente, Jacques de Voragine, Gérard de Frachet, etc.), qui retaillent la tradition pour en faire le récit unique de la venue salvatrice, avant le Jugement, du groupe des prêcheurs, ces nouveaux Pères du désert, fourniraient un autre exemple de « texte révérentiel ». On pourrait imaginer, loin des typologies formelles, une cartographie de ces réseaux complexes constitutifs des mentalités.

D'autre part, cet aspect essentiellement historique de la légende religieuse permet peut-être de tracer un schéma chronologique sommaire de la production narrative.

Du IXe au XIIe siècle, on assiste à une expansion légendaire extraordinaire ; on prendra comme signe d'un début la différence d'attitude envers la légende, pour une doctrine identique, qui se manifeste entre les *Livres carolins* (vers 794) et le texte du synode de Paris (825) : dans la même argumentation contre le culte des images, le même récit de la conversion de Constantin est rejeté dans le premier cas, au nom du décret pseudo-gélasien, et, dans le second cas, est reçu comme une preuve décisive[44]. Durant ces quatre siècles, on voit éclore des groupes narrateurs : les communautés monastiques, les familiers des premiers ermites du XIe siècle, les nouvelles congrégations. C'est le grand moment de la récupération des récits anciens, de la récriture des *Vitae* trop sèches. Ainsi, la *legenda* de Germain d'Auxerre, fixée au Ve siècle par Constance de Lyon, s'orne, au IXe siècle, de passages plus romanesques empruntés aux *legendae* d'Amator, de Geneviève, de Julien, de Cassien, de Corcodémus et à l'*Histoire ecclésiastique* de Bède[45]. C'est encore au IXe siècle que, malgré les protestations de l'austère Agobard de Lyon[46], les *Vitae* de saints entrent dans la liturgie, jusque-là essentiellement évangéliaire, en se répandant dans l'*historia* (invitatoire, antiennes et répons des vêpres, matines et laudes). La légende se diversifie, se répand, multiplie ses fonctions. Cette expansion correspond assez précisément au moment de l'autonomisation de l'Église, marquée dramatiquement par les rêveries théocratiques qui scandent le règne de Louis le Pieux (déposé un moment par les évêques francs) et se développent clairement au moment de la réforme grégorienne. Mais cette autonomisation se lit comme une réaction idéologique, lorsque, aux alentours de l'an mil, la société féodale met un frein à l'insensible progression du pouvoir foncier et politique de l'Église depuis l'Édit de Constantin. À cette montée *sans histoire*, succède un affrontement qui appelle la mobilisation idéologique et légendaire.

Le XIIIe siècle constitue une période centrale dans l'histoire de la légende puisqu'il voit à la fois la systématisation de la narration religieuse (développement des légendiers dominicains, des recueils d'*exempla*, des narrations homilétiques) et les tentatives centralisatrices de canonisation du récit légendaire. Ainsi, la *Légende dorée* de Jacques de Voragine paraît, sous ce point de vue, ambivalente : elle accueille, recueille, mais fixe et dogmatise la légende; on pourrait alors parler d'une forme quasi-étatique de la légende, après sa phase communautaire.

Enfin, le bas Moyen Âge, envahi par la concurrence laïque, ôte à l'Église son monopole narratif; on assiste à une rhétorisation du récit qui s'englue dans l'exégèse religieuse; la légende, codifiée, instrumentalisée[47], perd de sa puissance. La rigidité croissante du système légendaire efface son trait peut-être le plus fécond, sa mobilité modalisatrice, dernier fondement que je propose d'examiner.

Une narration multivéridictionnelle

Les traits précédemment isolés supposent que l'on croit à la vérité de la légende, prise comme supplément indéfiniment ouvert des récits testamentaires. La question de l'adhésion, de la croyance en des textes légendaires dépasse largement notre période, notre corpus, et Paul Veyne posait une question cruciale quand il se demandait dans un ouvrage récent : *Les Grecs ont-ils cru à leurs mythes*[48] ? Mais il semble que le Moyen Âge chrétien ait mis en place un système souple et précis à la fois d'échelles variées de croyance, tout au moins jusqu'au XIVe siècle ; à la fin du Moyen Âge, la légende religieuse, désormais cantonnée et contrôlée, tombe dans les catégories générales de la vérité doctrinale d'une part, de l'incertitude attachée aux *Sagen*, de l'autre.

On l'a vu plus haut, en évoquant les espiègleries de Pierre Abélard à Saint-Denis, une légende peut se révoquer en doute. L'esprit critique manque rarement au narrateur médiéval ; Jacques de Voragine manifeste constamment son scepticisme sur les traditions rapportées ; Orderic Vital raconte que le corps d'un des bienfaiteurs laïcs de son monastère se trouvait intact après trois semaines, signe classique de sainteté, bienvenu dans l'histoire du monastère ; or il ajoute, sans blâme aucun : « Certains disent que le poison qui le fit mourir avait desséché la pourriture de son cadavre, de sorte qu'aucune puanteur ne pouvait offenser les narines des spectateurs.[49] »

Pourtant, si l'on considère l'importance du corpus légendaire, la contestation de la vérité narrative semble relativement rare ; ainsi, la légende de la papesse Jeanne, bien connue, sans cesse rapportée dans des milieux cléricaux souvent proches de la cour pontificale, n'a jamais été rejetée en deux siècles d'existence, jusqu'au moment où Enea Silvio Piccolomini (le futur Pie II), en 1451, dans une lettre écrite de Bohème[50], récuse l'épisode utilisé alors par ses contradicteurs hussites ou taborites. La légende se répète ou se recouvre : il semble que, en général, les moines des XIe-XIIe siècles préfèrent, quand ils veulent défendre la possession réelle d'une relique, rajouter un récit probant plutôt que contester une légende adverse.

La légende, dans son ensemble, paraît se situer dans l'ordre du probable, du crédible (on verra que la reconstitution de la vie du Christ par Aelred de Rievaulx procédera du *credibile*); *legenda* et *credibile* : les modalités se rapprochent; il est à la fois loisible et nécessaire de croire et de lire. Cette attitude nous semble peu compréhensible, car, entre le devoir- et le pouvoir-croire se glisse, pour nous, l'absolu de la vérité. Or, pour un médiéval (qu'on nous pardonne cette douteuse entéléchie), une autre catégorie joue un rôle fondamental, celle de l'édifiant ou du signifiant. Ranulph Higden, chroniqueur anglais du XIVᵉ siècle, le notait : « L'apôtre n'a pas dit : "Tout ce qui est écrit est vrai", mais "tout ce qui a été écrit l'a été pour notre instruction[51]". » Les intermittences du sacré, la possibilité de lire un texte narratif dans son sens spirituel neutralisent la question de la vérité, qui elle ne peut fonctionner que factuellement. On aurait aimé emprunter ici le beau tire d'un ouvrage du grand logicien anglais Michaël Dummett : *Truth and other enigmas*[52]. Muni de la technique exégétique, on conteste plus volontiers le sens que la réalité d'un épisode; et cette contestation (proche de la « dispute ») peut s'étendre au texte biblique lui-même : lorsque Jean Quidort, dominicain du début du XIVᵉ siècle, veut récuser l'antériorité du sacerdoce sur la royauté, dans le *De regia potestate et papali*[53], il montre que les récits testamentaires qui semblent mentionner des prêtres avant les rois doivent se lire *figuraliter* et non littéralement; on a vu, plus haut, comment Jacques de Voragine pouvait éliminer et sauver à la fois un récit trop fabuleux ou trop scabreux, au prix d'une lecture symbolique.

Dès lors, le texte légendaire reçoit son statut de récit crédible dans une interaction entre le lecteur et le rédacteur, qui partagent une structure de signification, quelle que soit la nature du texte même. Pierre Calo, vers 1340, lorsqu'il rapporte l'épisode de la Nativité de saint Étienne évoqué plus haut, dit : « Cette histoire apocryphe tirée de deux sources, j'ai voulu la mentionner ici en laissant au lecteur le soin de juger[54]. » Jacques de Voragine, un siècle plus tôt, n'hésitait jamais à raconter un épisode fabuleux ou apocryphe, tout en le signalant à son lecteur. Mais pour avoir une idée plus juste du dispositif de croyance médiéval, il faut aussi faire intervenir le témoin ou la source de la légende. On se représentera alors le monde légendaire comme un ensemble de textes qui se déplacent constamment du haut en bas d'une double échelle de valorisation (qui peut se confondre, mais non nécessairement avec la valeur de vérité). Cette échelle double gradue d'une part la garantie de la tradition narrative, de l'autre, l'usage religieux du texte.

Parcourons la première échelle : au sommet, on trouvera le *révélé*, réduit au texte scripturaire ; mais la question des apocryphes donne des limites incertaines à ce domaine. Ensuite, vient ce que j'appellerai l'*autorisé*, c'est-à-dire les récits racontés par les Pères de l'Église, bénéficiaires d'une autorité incontestable ; là encore, la limite paraît difficile à cerner. Un usage ancien, confirmé par Migne, arrête la patrologie à saint Bernard ; mais si l'on prend en compte le refus absolu de contester un Père, le dernier Père serait Bède le Vénérable. Puis on passe à l'*authentifié* : en ce cas, l'authenticité de l'épisode procède d'un contrat de croyance à chaque fois négocié. La garantie est alors offerte par le narrateur lui-même, qui met en jeu sa crédibilité propre (en disant : « j'ai vu », « j'ai constaté ») ou celle d'un témoin vivant ou textuel qu'il interroge. Quand Guibert de Nogent authentifie la légende du roi Quilius, il confirme une tradition orale (*historia*) par des inscriptions de l'église de Nogent. La valeur morale et religieuse du témoin vaut au moins autant que la confirmation par les textes, comme le dit le franciscain anglais John Lathbury, au début du XIVᵉ siècle, en rapportant un miracle de la Vierge : « Car je l'ai entendu d'un homme digne de foi au dire duquel je crois *(adhereo)* autant qu'en un cahier *(quaterno)*. » Ailleurs, à propos d'une autre légende, John Lathbury dit : « Un vénérable chevalier dont la sainte vie authentifie les dires me rapporta dans un esprit dévot[55]... » Il est significatif que dans les deux cas l'anecdote rapportée soit en fait fort ancienne (mais le franciscain le savait-il ?). Le médium importe plus que la tradition. Mais il faut relever aussi un terme essentiel du contrat de croyance : la signification qui, elle aussi, authentifie : l'intention du chevalier (*devote* : dans un esprit dévot) importe autant que ses bonnes mœurs. De même, dans l'histoire du roi Quilius, ce païen qui, seul, sans appui (comme prétend l'être Guibert), trouve la foi avant même la Passion du Christ, la signification où se projette Guibert lui-même authentifie le récit et il faut respecter l'ambivalence de la phrase de Guibert, quand il affirme que les textes des inscriptions « *roborant fidem* » : à la fois, ils confirment la confiance (*fidem*) à accorder et ils fortifient la foi (*fidem*). L'authentifié, par ce contrat entre le témoin et le compilateur (ou le rédacteur), se prélève sur la masse immense et instable de *l'allégué (dicitur, fertur)* : on rencontre alors la position de Pierre Calo ou de Jacques de Voragine, qui, eux, nouent contrat avec le lecteur. L'allégué, donné sans garantie, mais donné cependant, n'est pas exclu du champ légendaire comme le *fabuleux* ; il détermine une zone obscure et forte de croyance, celle de l'histoire vraie *dans le fond* (c'est-à-dire au-delà de la véridiction formelle, à *tout* prendre, dans le tréfonds). Elle se rapproche alors de la *rumeur*, forme orale et instable de l'allégué, où les garanties sont effacées (« bien sûr, naturellement » dit-on avec un clin d'œil) et d'autant plus fortes : ici le contrat privilégie le « bon entendeur » ; la légende de Judas au XIIe siècle montre bien la proximité entre la rumeur, l'allégué et l'authentifié. Et lorsque l'Église veut dissiper une rumeur, elle doit avoir recours à une contre-authentification : c'est le cas du pape Innocent IV quand, en 1247, il adresse aux évêques de Rhénanie la bulle *Lacrimabilem Iudaeorum* pour affirmer que l'histoire du partage rituel du cœur d'un enfant chrétien par les juifs est une fable[56].

Parallèlement, une seconde graduation indexe les récits selon la nature de leur usage : on distinguera, dans un ordre descendant, la liturgie ou la paraliturgie (on pense aux collations monastiques ou aux lectures de table), la lecture dévote transcrite (je veux dire celle qui est jugée digne d'être recueillie par écrit, et jouit donc d'un prestige important), les sermons (où il faut distinguer la forme orale, plus libre, et sa reportation ou sa récriture), la célébration institutionnelle (à laquelle on intégrera les chroniques ecclésiastiques) et enfin la controverse ou la discussion morale (à laquelle on rapportera les *exempla* non théologiques). Les derniers degrés de l'usage narratif neutralisent la question de l'authenticité et de la signification de la légende. Ainsi, la prospérité de la fable de la papesse Jeanne en milieu clérical s'explique par son insertion dans des catégories littéraires non pertinentes pour la foi : l'anecdote de chronique (Jean de Mailly), l'*exemplum* moral (Étienne de Bourbon, Jacques de Voragine, Arnold de Liège), le cas juridique (Martin le Polonais[57]). La légende, en cet usage, *illustre* et on n'y croit pas plus qu'en la fable ésopique, si souvent utilisée dans les sermons. La légende n'accède pas d'elle-même au statut d'argument, comme le note Jean Quidort à propos d'une anecdote historique : « Ainsi on lit qu'au temps de l'empereur Henri, les Romains ont juré de ne pas élire le pape sans l'assentiment de l'empereur. Mais je néglige cela parce qu'il ne faut pas tirer des arguments de droit de tels faits singuliers (*factis singularibus*[58]). »

Ainsi la légende, et c'est sa force, n'a pas à manifester sa vérité ; son authenticité éclate au jour quand elle subit la double assomption de la garantie et de l'usage ; les récits médiévaux parcourent sans cesse cette double graduation. En un mot, la légende apparaît comme l'élément essentiel d'une maîtrise idéologique qui consiste à se donner à la fois un objet symbolique, sa valorisation, son usage et son contrôle.

La légende vaut donc par ses effets et ses causes ; récit tour à tour vrai, signifiant ou illustratif, elle se rapproche du cas en psychanalyse : là aussi, le récit sans cesse repris, réinterprété comporte une vérité ni littérale ni originaire, mais seconde, construite dans le contrat d'écoute et de transfert. Le récit transitif et transitionnel agit plus qu'il ne représente. C'est en quoi la légende échappe à l'analyse purement formelle ; c'est pourquoi il faut la cerner en ses réseaux, maille à maille.

CHAPITRE II

La mise en scène du divin

Jésus dit à Thomas : « Parce que tu m'as vu, tu as cru. » (Jean, 20, 29.) Puis, il disparaît, jusqu'à la fin des temps. Les apôtres circulent : il n'y a plus rien à voir. Pourtant, Dieu a exhibé une série capitale de scènes : nouveauté jamais vue, il s'est incarné, s'est montré. Scènes prodigieuses, où le mystère s'abolit, où l'essence se manifeste : « Celui qui m'a vu a vu le Père. » (Jean, 14, 9.)

Mais ces scènes ont *eu lieu* sans localiser de champ. L'Ascension a retiré l'Acteur-Auteur, en ne laissant qu'un décor vide. Et Jésus a signifié que la visibilité ne valait que pour l'homme de peu de foi; il ajoutait, dans sa parole à Thomas : « Bienheureux ceux qui, sans avoir vu, ont cru. » Il a montré, aussi, que le signe véritable ne se voit pas directement; la veille du jour où il cesse d'être visible à tous, il présente, comme en une répétition de la véritable scène-Cène, la messe, cette supravisibilité qui traverse les apparences. Désignant un morceau de pain et une coupe de vin, il enseigne à ne plus voir en disant : « Ceci est mon corps... Ceci est mon sang. » (Matthieu, 26, 26-28).

De cette douloureuse oblation-privation du visuel, la chrétienté se remet mal; l'absence totale ou la présence perpétuée se supportent mieux que la fugacité insaisissable; l'Occident médiéval aura longtemps peiné à se construire un champ visuel du sacré. Le geste dé-monstratif de Jésus, au moment de la Cène, oriente le fidèle vers une autre médiation sensorielle : le toucher. L'hostie, en effleurant et parcourant le corps, structure un champ tactile défini par un lieu (l'autel, l'église), un temps (la messe), des objets (l'hostie, le vin consacré, l'ostensoir, le calice), des pratiques (la liturgie), des

acteurs différenciés (le prêtre, le fidèle), un point d'articulation corporel (la bouche, le palais). Le champ se multiplie
analogiquement : la relique vaut pour l'hostie; elle aussi
sacralise l'autel; réciproquement, le synode de Chelsea, en
816[1], stipule que la relique, obligatoire pour la fondation
d'une église, peut être remplacée par l'hostie consacrée.
L'ordination de l'évêque se fait par imposition des mains
et/ou de l'évangile ouvert; l'huile sainte de l'onction sacerdotale, puis royale, multiplie les usages sacrés du toucher.
L'image elle-même, en Occident, procède du toucher : la
véritable image (*vera icona*) de Véronique, le saint Suaire
produisent la trace matérielle du contact christique.

Pourtant, la nostalgie de la visibilité capitale demeure, et, si
Pierre éloigne la communication divine de Jérusalem à Rome
et instaure la liturgie verbale et tactile, Paul, celui qui n'a pas
vu le Christ incarné, soulève, lui, le voile du visible : converti
par une vision sur le chemin de Damas, il connaît une
révélation qui fera longuement rêver l'Occident : enlevé (*rap-
tus*), saisi au troisième ciel, il voit l'au-delà. De fait, une
longue tradition visionnaire prend ici racine : en sommeil, en
extase éveillée, on voit Jésus; il apparaît.

Mais ce qui nous retiendra ici, ce n'est pas cette immense
suite de révélations inopinées et brèves, héritées du prophé-
tisme juif, qui scandent le long déroulement de l'histoire
chrétienne, jusqu'aux visionnaires contemporains; car, dans
ces fulgurances reçues, subies, souvent accompagnées d'une
escorte verbale et tactile, aucun champ visuel ne se construit.
On observera plutôt les tentatives chrétiennes pour élaborer
une scénographie sacrée maîtrisable, volontaire, consciente,
que nous voyons naître au XIIe siècle.

Au XIIe siècle... Pourquoi historiciser ainsi une pratique
qui applique au domaine sacré l'intemporelle faculté de
représenter volontairement une scène et des acteurs absents
du réel, de conduire l'imagination à une production réglée de
tableaux choisis, d'enclore le champ visuel selon un protocole
minutieux? En effet, la convocation délibérée du sacré dans
un scénario préparé, par opposition à un mode de réception
subie, renvoie à la différenciation freudienne entre rêve et

fantasme diurne ou rêverie[2]. La référence analytique n'est pas de simple circonstance : elle souligne que l'évocation sacrée qu'on veut décrire, tout en s'inventant sur le mode psychologique banal de la rêverie commune, se leste du poids d'une visée non fictive ; elle a le statut de fiction plus vraie que le vrai par ce qu'elle prétend atteindre. Mais une autre occurrence de cette distinction entre deux types de vision nous met sur la voie d'une histoire culturelle du champ imaginatif : il s'agit des deux voyances poétiques selon Rimbaud ; le poète revendique une voyance maîtrisée : « Je dis qu'il faut être *voyant*, se faire *voyant*. Le Poète se fait voyant par un long, immense et raisonné *dérèglement* de *tous les sens*... Car il arrive à l'*inconnu*! Puisqu'il a cultivé son âme, déjà riche plus qu'aucun! Il arrive à l'inconnu et quand, affolé, il finirait par perdre l'intelligence de ses visions, il les a vues! » À cette pratique, Rimbaud oppose la voyance instantanée, passive, de style paulinien : « Les premiers romantiques ont été *voyants* sans trop bien s'en rendre compte : la culture de leurs âmes s'est commencée aux accidents : locomotives abandonnées mais brûlantes, que prennent quelque temps les rails[3]. » Rimbaud insiste : « Ainsi je travaille à me rendre voyant. » Au travail humain de construction systématique du visuel, il ne paraît donc pas illégitime de chercher une histoire. La revendication de Rimbaud ressortit au manifeste, à la provocation hautaine ; dans le christianisme médiéval, le travail de rêverie sacrée bénéficie d'une légitimité plus assurée, en infléchissant les méthodes connues d'accès au divin.

On voudrait donc analyser, au-delà de la *vision* (révélation, rêve ou hallucination), mode intemporel de manifestation du divin, *l'évocation narrative* du sacré qui, en des contextes culturels précis, donne une forme et un sens religieux aux puissances éternelles du fantasme diurne, en les justifiant, les légitimant et les dirigeant[4]. Reçue, choyée en certains milieux de l'église médiévale, la voyance sacrée inaugure une discipline ascétique (et non mystique, comme la vision) qui innerve durablement les mentalités occidentales et se répand, par sécularisation, dans les exercices littéraires ou philosophiques de saisie de l'être absent.

Lisons un des premiers textes qui mettent en scène cette

évocation visuelle et volontaire du divin, dans un petit traité
du moine anglais saint Aelred de Rievaulx (mi-XIIe siècle),
Quand Jésus eut douze ans[5]. Le traité s'inscrit dans l'exégèse
monastique du temps, mais Aelred l'écrit pour répondre aux
demandes d'un autre moine, Yves de Wardon, qui s'interroge
sur un verset de Luc (2, 42-43) rapportant la disparition
pendant trois jours de Jésus lorsque, âgé de douze ans, il est
venu avec ses parents de Nazareth à Jérusalem pour la Pâque.
Notre auteur, dans son prologue, félicite Yves de son attitude
imaginative et tendre qui engendre chez Aelred le récit
destiné à combler la lacune textuelle et mystique de l'épisode : « Je devine, mon fils, je devine avec quelle familiarité,
avec quelle dévotion, avec quelles larmes tu es accoutumé de
questionner Jésus en personne dans les saintes oraisons
quand se présente devant les yeux de ton cœur (*ante oculos
cordis*), dans ton cœur, la douce image du doux enfant. »
L'interrogation d'Yves porte sur la vie cachée de Jésus et son
tour est très concret, très vécu : « Alors, me semble-t-il, tu
t'écries dans un transport intérieur : "Ô doux enfant, où
étais-tu ? Où te cachais-tu ? Où avais-tu trouvé refuge ? De
quelle société jouissais-tu ?... Ou du moins, n'étais-tu pas
caché avec quelques garçonnets de ton âge en une retraite où
tu leur versais les mystères de tes secrets, selon la parole de
l'Évangile : Laissez les petits enfants"... » L'interrogation
part du texte évangélique, de sa lacune, pour retrouver ce
texte au terme d'une invention qui a comblé le vide narratif
par le biais de la projection d'Aelred qui, dans cette partie
« historique » de son traité, entend bien *voir* ce qu'a fait Jésus
pendant ces trois jours : « Il ne faut pas que l'admirable
suavité de cette très sainte histoire nous échappe. » Alors
Aelred assume à son tour le souci de l'absence de Jésus en
s'identifiant à sa mère : « Où étais-tu, bon Jésus ? Qui te
procura à manger ou à boire ? Qui fit ton lit ? Qui t'enleva tes
chaussures ? Qui réconforta ton tendre corps en le pomma-
dant et le baignant ? » La réponse à la question de l'absence se
fait prudemment et affectivement à la fois, à la croisée de la
rêverie et de la conjecture, qui, en faisant appel au contexte
historique et rituel (nous dirions anthropologique), annonce
la méthode de Pierre le Mangeur : Aelred rappelle que les

juifs avaient coutume, pour la Pâque, de se séparer entre hommes et femmes. Jésus s'est donc retiré de la structure familiale pour rejoindre le groupe des hommes, puis celui des femmes ; les trois jours suivants, préparé par ce premier départ hors de la famille terrestre, il a vécu en compagnie de Dieu son Père, puis des anges et enfin des Patriarches. Mais la rêverie sur la sortie du noyau familial importe : Jésus à douze ans, âge d'indétermination sexuelle, âge de l'entrée au monastère au XIIe siècle, quitte la cellule familiale en oscillant d'un groupe à l'autre : « Il est donc loisible de penser (*unde credibile est*) que durant ce voyage, l'enfant Jésus accordait la douceur de sa présence tantôt à son père et aux hommes de son entourage, tantôt à sa mère et aux femmes qui l'accompagnaient... » Si l'on pense aux lumineuses analyses de Caroline Bynum sur *Jesus as Mother*[6] au XIIe siècle, à l'homosexualité mystique d'Aelred de Rievaulx, telle qu'elle est analysée par John Boswell[7], on peut conclure que notre auteur, en méditant ici sur Luc, invente la légende rêveuse de Jésus comme androgyne fondamental.

La rêverie d'Aelred peut se développer parce qu'elle utilise les lacunes du texte évangélique ; les Évangiles reproduisent et annoncent l'absence dans la présence : Jésus donne à la fois sa familiarité et son étrangeté : Il naît, grandit, vaque, erre, parle, mais sa présence laisse subsister de larges pans d'obscurité et de silence. Son absence de trois jours, à douze ans, préfigure les grandes disparitions de Pâques et de l'Ascension. Mais l'effacement visuel du Christ ne se fait pas brusquement : entre Pâques et Ascension, certains peuvent encore le voir, à condition de mériter sa proximité ; de même, le mystère de l'absence de Jésus enfant se laisse percer par qui sait, près de lui, devenir mère, père, frère, amant, à qui sait *se soucier*, comme Yves et Aelred.

L'effusion nécessite une technique préalable : la construction visuelle de la présence retrouvée passe par une attitude de narration, attentive et minutieuse ; Yves et Aelred se racontent mutuellement la présence inconnue de Jésus, avec une sorte d'émulation amoureuse, intellectuelle et imaginative. La rhétorique classique a un nom pour désigner cette mise en scène de la réalité absente : *l'hypotypose*. Empruntons au dernier théoricien classique de la rhétorique sa définition de l'hypotypose : pour Pierre Fontanier, « l'hypotypose peint les choses d'une manière si vive et si énergique qu'elle les met en quelque sorte sous les yeux et fait d'un récit ou d'une description une image, un tableau ou même une scène vivante[8] ». En ce cas, par l'identification ascétique et affective, le narrateur, en méditant sur un texte ou une image, se projette en Jésus, se confond avec lui et produit lui-même, sous forme verbale et/ou vécue, la séquence narrative d'une action sacrée. Cette élaboration de la projection imaginaire s'insère dans le système de communication céleste qu'instaurent les moines au XIIe siècle; Dom Jean Leclercq a ainsi défini la méditation monastique sur la vie du Christ au XIIe siècle : « Se mettre en présence du Christ aux différents moments de son existence terrestre et produire des actes[9]. »

Il reste à comprendre ce qui fait naître au XIIe siècle cette rhétorique ascétique de la rêverie en Dieu. Galopons un peu dans l'histoire chrétienne de l'Occident.

On l'a dit, le christianisme connaît une immense nostalgie de l'incarnation : pendant trente-trois ans, Dieu s'est donné à voir. Comment accepter cette terrible suspension de la visibilité essentielle? Les premiers siècles du christianisme vivent d'attente : la vue céleste reviendra avec la parousie, le retour du Christ aux Temps derniers. L'Église doit lutter pour imposer cette dure tension entre la présence réelle du divin (naguère et déjà jadis) et son éloignement actuel, alors que les hérésies majeures du premier millénaire prétendent effacer l'incarnation : Jésus n'était pas Dieu, ou bien le Dieu de la seconde personne n'avait qu'une simple apparence humaine. Et la nostalgie chrétienne s'exacerbe quotidiennement dans le sacrifice de la messe qui évoque symboliquement la brève épiphanie. Des systèmes concrets de médiations, nécessaires à l'attente si longue, apparaissent ou se développent à partir du VIIIe siècle, avec l'enrichissement cérémonial du culte, la multiplication de la vénération des saints, la dévotion tactile-verbale aux reliques (qui lance l'Europe dans une folle course aux saints restes entre le IXe et le XIIe siècle)[10]; au milieu du IXe siècle, le dogme de la présence réelle du Christ dans l'Eucharistie se définit dans l'œuvre de Paschase Radbert, approuvée par l'Église.

Il restait à combler le désir de voir que laissaient entier les protocoles de symbolisation ou de méditation spirituelle. Lorsque, vers 850, l'abbé Loup de Ferrières s'interroge, en réponse à une demande du moine Gottschalk, sur la vision de Dieu par les élus, il lui importe de savoir si les âmes pourront voir le Créateur avec les yeux de la chair (*oculi carnis*) et non avec l'esprit[11]. La réponse demeurait incertaine, car Augustin lui-même n'avait rien pu affirmer sur cette question classique de la « vision béatifique » (peut-on voir Dieu avant le Jugement?); mais il fallait aux fidèles au moins la consolante espérance d'une vision concrète après la mort et, beaucoup plus tard, au début du XIVe siècle, lorsque le pape Jean XXII tenta de réfuter la théorie de la vision béatifique, il se heurtera à une opposition résolue et scandalisée de l'Église et des laïcs, dont un des plus illustres, le roi de Sicile Robert d'Anjou, rédigea un traité, *La Vision bienheureuse*[12], où il conclut à la certitude de cette vision.

Le débat sur la visibilité de Dieu ne s'éteint jamais au cours du Moyen Âge et, si l'Église paraît souvent réticente devant la promotion du visuel, on peut suivre dans l'histoire chrétienne deux pentes de la saisie de Dieu : l'une, introjective, dérivée d'Augustin, le perçoit dans la défaillance du sujet et dans l'invasion brusque du sacré. L'autre, projective, confortée par le désir de voir, peut-être issue de Jean Scot et de l'Orient iconophile, l'accueille et en développe l'image dans l'âme rêveusement biographique de lui. Cette attitude, longuement entravée par la rude leçon d'Augustin, s'est lentement préparée en Occident : on pense aux techniques projectives développées par Grégoire le Grand quand il dit, dans sa préface aux *Moralia in Job*[13], qu'il éprouve des douleurs d'estomac en lisant et commentant les souffrances de Job.

L'appétence visuelle du divin se perçoit clairement au Moyen Âge central, dans l'efflorescence de l'art roman et de la miniature, dans la volonté de compléter les lacunes de l'Écriture. Le XIIe siècle, par l'image, par la méditation, par la narration historique ou légendaire, s'attache à la face humaine et visible de l'incarnation. Entre le Xe et le XIIe siècle, les moines et les clercs rédigent d'innombrables légendes subsidiaires qui imaginent l'enfance et la formation de Judas, de Pilate, de saint Étienne, etc.; à la fin du XIIe siècle, Pierre le Mangeur invente l'histoire sainte avec son *Histoire scolastique*[14] : Pierre dilate la part humaine de l'incarnation en insérant les événements bibliques dans les chroniques universelles, en expliquant les mœurs juives, en rapprochant de l'homme le rude texte sacré. Le XIIIe siècle redécouvre les Apocryphes du Nouveau Testament, qui fourmillent de détails concrets sur les personnes de Marie, Joseph et Jésus.

Cette forte expansion du désir de voir rencontre, au XIIe siècle, les nouvelles techniques de schématisation visuelle pratiquées par l'Église, qui, au faîte de sa puissance sociale et culturelle, entreprend de parcourir et de rassembler la totalité de son savoir et de sa doctrine; elle découvre alors la « raison graphique » et la visualisation de la doctrine[15]. Il s'agit à la fois de transmettre et de trouver par la vision. Les victorins, ces chanoines qui constituèrent une élite remarquable de l'Église au XIIe siècle, mettent au point une technique méditative de l'exégèse qui consiste à considérer attentivement et visuellement la lettre du texte biblique, en réaction contre l'exégèse mécanique qui attribuait à chaque mot du texte un sens spirituel. Hugues de Saint-Victor privilégie le tableau; dans le *De Arca Noe Morali*[16], il prépare pour ses frères une représentation fort vive : « Comme illustration de cette construction spirituelle, je vous donnerai l'Arche de Noé que votre œil verra extérieurement : ainsi votre âme, intérieurement, se façonnera à sa ressemblance. Vous verrez des formes, des couleurs, des figures qui plairont à votre œil... L'arche signifie l'Église et l'Église est le corps du Christ; j'ai donc dessiné la personne entière du Christ, tête et membres, en forme visible pour vous le représenter clairement. »

Mais il faut se garder d'enchaînements trop lâches, car cette promotion du visible prend des tours très contrastés au XIIe siècle. Du côté clérical et canonial (Chartres, Saint-Victor), la raison théologique part à la conquête du monde sensible; la matière et l'homme participent à la divinité[17]. On parvient à l'invisible par le visible. Mais la visibilité n'a alors qu'un statut instrumental, médiat, propédeutique à la méditation rationnelle. Ainsi, Alain de Lille, un des plus grands théologiens du XIIᵉ siècle, hiérarchise quatre modes de visions : les modes corporel, imaginatif, rationnel et spirituel (*intellectualis*). Les anges seuls bénéficient du quatrième mode par la théophanie et l'homme tend à la vue rationnelle (ou théologique) par les modes sensoriels (corporel et imaginatif) ; le miroir du monde ne peut réfléchir Dieu que si on le purifie des médiations iconiques devenues trop encombrantes. Alain de Lille le note avec une puissance de vocabulaire étonnante, lorsqu'il dit que, dans la vision théologique, « les images sont déféquées par l'esprit : autrement dit, l'esprit se purge de l'imagination[18] ».

À l'opposé, du côté monastique (et la rêverie christique se trouve essentiellement chez des moines : Aelred, Isaac de l'Étoile, Guerric d'Igny, etc.), la convocation imaginative du divin couronne et récompense la perfection angélique du statut monacal ; contre les chanoines et les clercs, les moines, dans la controverse qui court au XIIᵉ siècle sur les raisons de l'Incarnation et de la création de l'homme (« *Cur Deus homo?* » et « *Cur homo?* »)[19], réaffirment une idée ancienne (elle remonte à Grégoire le Grand) : Dieu a voulu l'homme comme créature de remplacement des anges ; l'homme constitue la dixième espèce angélique et prend le relais des anges déchus dans l'économie du salut ; mais ce remplacement ne se produit que si l'homme, par l'ascèse et la contemplation, donc grâce à la vie monastique, atteint la perfection angélique. L'évocation imaginative de Dieu, maîtrisée et reproduite, manifeste et prouve l'angélisme du moine : le moine-ange a droit à la familiarité du Christ. Le prestige culturel et théologique de la visibilité, au XIIᵉ siècle, rencontre cette revendication d'angélisme et produit, au plus intime de la communication, la rêverie participative, plus fusionnelle que projective. La théologie de l'évocation a donc aussi une valeur polémique et corporative.

La postérité de la rêverie monastique ne paraît pas mince, si l'on considère que l'ascèse franciscaine s'y rattache : pour François, la pauvreté constitue d'abord une imitation du Christ ; l'errance manifeste le désir de mettre ses pas dans les pas de Jésus. Toutefois, la pente tactile-verbale des visionnaires semble attirer la dérive franciscaine, plus que la narration-voyance. La mystique féminine du bas Moyen Âge, avec ses fulgurances, oblitère souvent (mais pas toujours : une étude plus serrée relèverait d'autres occurrences de la rêverie dirigée, au sein de cette mystique). Il faut attendre Ignace de Loyola, au XVIᵉ siècle, pour trouver un nouveau cours de cette veine fantasmatique.

Les *Exercices spirituels* se présentent comme un manuel d'accès à la divinité par l'ascèse (« exercice »), le travail, la répétition, la volonté. Il s'agit de donner au fidèle le moyen de « faire élection » de Dieu ; Ignace distingue trois temps, trois modes de l'élection : le premier dispense de l'exercice, car Dieu se donne alors directement au dévot, « quand Dieu Notre Seigneur meut et attire la volonté, de telle sorte que sans douter, ni pouvoir douter, l'âme fidèle suit ce qui lui est montré. Ainsi firent saint Paul et saint Matthieu quand ils suivirent le Christ Notre Seigneur[20] » ; le second mode d'élection se réalise par les Exercices : « On reçoit assez de lumière et de connaissance par l'expérience des consolations et des désolations et par l'expérience du discernement des divers esprits. » Le troisième mode paraît résulter du second : « Temps tranquille. L'âme utilise ses puissances naturelles. »
Or la pratique de l'expérience divine, dans le second mode d'élection, se fonde sur une manipulation systématique des représentations sensibles et principalement visuelles du dévot ; l'exercice conduit le fidèle à Dieu par la contemplation réglée et progressive de tableaux imaginés. Les quatre semaines des Exercices se composent d'une série précise et ordonnée, jour par jour, de visions volontaires de scènes de la vie du Christ (ou du pécheur, au cours de la première semaine). Les contemplations sont de structure invariante ; seuls les contenus assurent la progression. Prenons l'exemple de la contemplation de la Nativité de Jésus (seconde semaine, premier jour, seconde contemplation ; par. 110.117) : le dévot commence par une prière, suivie de trois préambules ; les préambules permettent de rassembler les éléments du tableau : « Premier préambule. L'histoire. Ici, le départ de Nazareth : Notre Dame, enceinte de presque neuf mois, etc. Second préambule. Composition : voir le lieu. Ici, par le

regard de l'imagination, voir le chemin de Nazareth à Bethléem. Considérer sa longueur, sa largeur ; si ce chemin est en plaine ou à travers vallées et collines. Regarder aussi l'emplacement ou la grotte de la Nativité, etc. Troisième préambule. Demander ce que je veux. Ici, demander une connaissance intérieure du Seigneur, qui pour moi s'est fait homme, afin de mieux l'aimer et le suivre. » Ensuite le fidèle observe le tableau qu'il a composé, selon un ordre rigoureux : « Premier point. Voir les personnages. Voir Notre Dame, Joseph, la servante, et l'Enfant Jésus après qu'il est né, etc. Second point. Regarder, observer et contempler ce qu'ils disent... Troisième point. Regarder et considérer ce qu'ils font : leur voyage et leur peine. » Enfin, la contemplation se termine par un « colloque » : ce dialogue avec Dieu couronne le tableau : grâce à la voyance systématique, le fidèle peut converser avec Dieu devenu proche ; au colloque de la Nativité, on préférera celui de la première semaine, plus explicite : « Imaginant le Christ Notre Seigneur devant moi placé sur la croix, lui demander dans un colloque comment lui, le Créateur, il en est venu à se faire homme. » (Par. 53.)

Car telle est bien la visée des *Exercices* : conduire le dévot à la communication directe avec Dieu. Ignace le précise à l'intention du directeur de l'exercice : « Le directeur ne doit pas engager le retraitant à la pauvreté ni à quelque promesse. Il est plus utile et bien meilleur dans la recherche de la volonté divine que le Créateur et Seigneur se communique lui-même à l'âme fidèle... qu'il laisse le Créateur agir sans intermédiaire avec la créature et la créature avec son Créateur et Seigneur. » Ignace fonde la conversion sur le plaisir du sujet, sur son désir d'identification et de participation ; l'histoire sainte, prise comme argument d'une scène à jouer et non comme savoir spirituel ou doctrinal, permet cette projection : « Ce n'est pas d'en savoir beaucoup qui satisfait et rassasie l'âme, mais de sentir et goûter les choses intérieurement » (par. 2).

Les tableaux incluent progressivement le sujet dans le mystère lui-même. Dans le premier point de la Nativité, Ignace donne une place au dévot *dans* le tableau, après y avoir placé les personnages : « Et moi me faire un petit pauvre et un petit esclave indigne qui les regarde, les contemple et les suit dans leurs besoins comme si je me trouvais présent avec toute la révérence et tout le respect possible ». (Par. 114.) Notons cette position du sujet dévot, regardant le tableau et dans le tableau, à la limite de l'histoire représentée et de l'organisation de la narration sur le cadre même du tableau. Le sujet, spectateur interne, est présent dans la scène de la Nativité, mais comme petit esclave sans rôle effectif dans le drame sacré. Le parallèle avec le fantasme freudien paraît clair, si l'on suit J. Laplanche et J.-B. Pontalis : « Dans le fantasme, en effet, le sujet ne vise pas l'objet ou son signe, lui-même pris dans une séquence d'images. Il ne se représente pas l'objet désiré mais il est représenté participant à la scène sans que, dans les formes les plus proches du fantasme originaire, une place puisse lui être assignée[21]. »

Précisément, le sujet réussit à focaliser sur sa minuscule personne, et à son bénéfice, la souffrance céleste et universelle de la Famille, comme il le note avec jubilation dans le troisième point, en considérant les peines subies à Bethléem : « Et tout cela pour moi ! » (Par. 116.) La joie est à peine moralisée par la suite du texte : « Puis, réfléchissant, tirer quelque profit spirituel. » La jouissance du petit spectateur de la souffrance familiale évoque l'étonnement heureux de Paul commentant la révélation dc Damas : « En tout dernier lieu, Il m'est apparu à moi, l'avorton. » (I Cor. 15,8.) Mais dans l'exercice, moi, l'avorton, je *fais* apparaître Dieu, lui-même tout petit.

Le choix de la position interne et marginale du sujet dans le tableau s'appuie sur la tradition, ancienne en christianisme, qui représente le dévot en esclave ou servante du Christ (*servus, ancilla*) ; chez Aelred aussi, les deux narrateurs se donnaient le statut de la servante dévouée, plus soucieuse que la mère de la fugue christique, mais impuissante à tout sauf à l'anxiété.

Comment produire cette entrée dans le tableau, élective et heureuse ? Par un travail systématique de l'imagination, dont Ignace donne le protocole minutieux ; le principe général est celui de la séparation. Il s'agit de passer du monde terrestre au monde céleste par l'intermédiaire continu de la sensibilité, formée des sens constamment sollicités, mais aussi de la structure affective projetée désormais sur la famille sainte et sur Jésus. Ignace donne les indications pratiques précises sur les conditions de ce déplacement; le dévot change de lieu familier : « Il quittera la maison où il habitait et il ira dans une autre maison ou dans une autre pièce pour y vivre dans le plus grand secret. » (Par. 20a.) La première semaine, purgative, prépare la phase illuminative du colloque divin; le regard apprend à se tourner ailleurs : « 7ᵉ addition. Me priver de toute lumière. Fermer fenêtres et portes pendant que je serai dans ma chambre. 9ᵉ addition. Retenir mes regards, sauf pour recevoir un interlocuteur ou pour prendre congé de lui. » (Par. 79 et 81.) Mais après avoir atteint la communication avec Dieu, le regard peut absorber le visible terrestre dans la scène totale où le dévot figure désormais lui-même : « 4ᵉ note à la 7ᵉ addition. Tirer parti de la lumière et des agréments de la saison, tels que la fraîcheur en été ou le soleil et la chaleur en hiver, dans la mesure où l'âme pense ou estime que cela peut l'aider pour se réjouir en son Créateur et Rédempteur. » (Par. 229a.) Notons enfin que l'exercice doit se faire sous la conduite d'un directeur qui n'a nullement le rôle d'un maître spirituel, on l'a vu, mais plutôt d'un metteur en scène et d'un entraîneur : attentif aux progrès et aux retards, il accélère ou ralentit les rythmes ascétiques. Nous sommes loin du doux dialogue d'Aelred et d'Yves; en ce début de XVIᵉ siècle, l'exercice solitaire de la rêverie en Dieu constitue une réponse catholique à l'individualisme cultuel du protestantisme. Admirons cette réplique qui réussit à conserver le rythme festif et décoratif catholique dans l'austérité individualiste des Réformes. Cette construction volontariste de la vision de Dieu a aussi pour fonction de réfuter concrètement des affirmations protestantes sur la prédestination.

Désormais, par le biais des collèges jésuites, la rêverie ascétique prend corps, quitte à se diluer parfois en imagerie pieuse ou à se séculariser en tentatives philosophico-esthétiques, par exemple chez Rimbaud, comme on l'a vu, ou chez Baudelaire : « Je fermerai partout portières et volets/ Pour bâtir dans la nuit mes féeriques palais/ ... Car je serai plongé dans cette volupté/ D'évoquer le Printemps avec ma volonté/ De tirer un soleil de mon cœur, et de faire/ De mes pensers brûlants une tiède atmosphère[22]. »

On abandonnerait ici cette histoire de la rêverie christique si le beau film d'Alain Cavalier, *Thérèse*, ne venait réactiver cette forme. Le film narre la vie de Thérèse Martin (sainte Thérèse de l'Enfant Jésus, ou de Lisieux), depuis sa décision d'entrer au Carmel jusqu'à sa mort. Thérèse, fiancée, promise, épouse de Jésus, vit avec lui et le voit constamment, sans aucune séparation. Cette vie aux côtés de Jésus se situe à l'opposé de la visitation qui saisit l'autre Thérèse (d'Avila) ; notre Thérèse, paisiblement, connaît le troisième type d'élection ignacien, plus proche de l'état que du labeur. Le travail préliminaire se réduit à un jeu enfantin : Thérèse, en cachette, confie à sa sœur l'argent d'une messe à faire dire à l'intention de Pranzini, féroce criminel promis à l'échafaud et rebelle à toute contrition chrétienne. Thérèse, au moment de l'exécution imaginée, mime en priant l'existence menacée de Pranzini, se frotte le cou au moment où l'on découpe le col de chemise du condamné. La jeune fille, projetée en Pranzini, se fait image du Christ supplicié qui a subi lui-même le supplice par mimétisme de l'humain. Elle obtient alors, à distance, un geste du condamné vers le crucifix. Thérèse, une fois munie de ce don de projection vers Jésus (visé au travers de Pranzini), peut jouir de la communication directe avec Jésus, vu intérieurement, sans construction iconique, rappelé simplement par une gravure pieuse quotidiennement caressée et par un crucifix épinglé sur l'oreiller des nuits. Le seul moment de retour au mime se produit lorsque l'amie la plus proche, tourmentée par l'absence actuelle du Christ, fuit le Carmel : Thérèse, alors, « marche pour quelqu'un », en tournant en rond obstinément autour de son lit de malade, comme pour neutraliser d'un trajet inverse la fuite nocturne. Le petit monde des épouses de Jésus (où seule Thérèse paraît choisie) vit loin des malaises et des hystéries visionnaires, au plus proche du quotidien actif : on y parle de frustration, de masturbation, d'éloignements momentanés (une carmélite demande à Thérèse, à propos d'une brève brouille avec l'Époux : « Alors, vous vous êtes remis ? »), qui ne provoquent pas la terrible solitude des mystiques, mais de charmantes parties de cache-cache amoureux (Thérèse dit : « Il est encore plus beau quand il se cache »). La vie imagée de Thérèse se poursuit sans négativité, sereinement, jusqu'à l'agonie tuberculeuse.

Curieusement, le film ne réclame du spectateur aucune participation de foi ni de simple adhésion au mystère bien visible de l'union entre Thérèse et Jésus. Alors qu'une visionnaire représentée suscite le malaise, car elle manifeste ce qui ne peut se partager, inaccessible assemblage d'illumination et de folie, la vue de Thérèse voyant remplit d'aise. Comment expliquer ce plaisir? Ne faut-il pas voir dans le spectacle d'une organisation rêveuse réussie plus que dans les contenus évoqués le fondement stable et plaisant (décrit, répété, choyé) de la rêverie christique? Car, au fond, les efforts d'Yves et d'Aelred, du dévot d'Ignace ou de Thérèse ne visent aucune vérité ni aucune révélation : la connaissance approchée de Jésus n'apporte rien d'inédit, mais un plaisir récurrent s'empare de tous ceux qui, à tour de rôle, mettent en scène la maîtrise de la rêverie : Thérèse rêvant de Pranzini, les carmélites devant Thérèse, Alain Cavalier filmant la sainte et sentant, à ses dires, Thérèse sur son épaule (épaule de la caméra et de la christophorie), nous-mêmes spectateurs et glossateurs. Pourtant le thème de la rêverie (Jésus) importe; en dehors de la foi (non requise), la familiarité culturelle et cultuelle avec la personne divine, mais humainement repérable, nous donne le contenu de la voyance; elle assure que la rêverie a bien une visée et atteint son but (alors que la rêverie organisée de Baudelaire ou de Rimbaud, frustrante, exercice sans application, se présente comme un simple départ dans l'imaginaire). Enfin, l'histoire christique, si on veut bien l'abstraire de la Révélation, offre, avec un sûr protocole de sublimation, le caractère de ces fictions universelles qui ré-arrangent les parentés (Père apparent; vrai Père; mère vierge; faux frères) et que Freud appelle « roman familial ». Les lacunes du texte évangélique, les ambivalences du langage dévotieux permettent la prolifération des rectifications individuelles : Aelred mettait en scène le choix de la vraie famille masculine, le dévot de saint Ignace se glissait en petit esclave surnuméraire mais choyé d'une famille souffrante, Thérèse, houspillant et caressant son Fiancé, se mettait en ménage avec un Père devenu enfant. Les directeurs de régie

spirituelle ou cinématographique, artisans-témoins d'un travail sans souffrance, admirent le bon réglage de l'imagination,
le joyeux déroulement de la scène, l'heureuse maîtrise du
faire-voir. Thomas *redivivus*. Bienheureux ceux qui mois-
sonnent le champ visuel.

CHAPITRE III

Au cœur du Moyen Âge :
les dominicains et la maîtrise narrative

1. Systématisation du récit : l'élaboration du légendier universel

La nécessité narrative que nous avons observée dans les chapitres précédents rencontra la forme qui lui convenait au milieu du XIIIe siècle avec le légendier universel des dominicains, dont l'exemple le plus illustre et le plus diffusé est, bien sûr, la *Légende dorée* de Jacques de Voragine (vers 1265). Que faut-il entendre par « légendier universel »? Il s'agit d'un recueil de textes hagiographiques abrégés et de récits liés aux grandes célébrations du calendrier liturgique regroupés selon l'ordre des fêtes de l'année ; il est universel dans la mesure où il ne retient que les récits liés à un culte observé dans l'ensemble de la chrétienté. Il n'a pas de fonction directement liturgique, mais sert d'auxiliaire pour la prédication, soit à l'usage direct du prédicateur itinérant, pour les légendiers les plus petits, soit à l'intention des maîtres des « *studia* » dominicaines qui formaient les prédicateurs. En un peu moins d'un siècle, on voit se succéder ces légendiers dominicains, depuis celui de Jean de Mailly, dont une première version fut rédigée à la fin des années 1230 jusqu'à l'énorme *Speculum sanctorale* de Bernard Gui au début du XIVe siècle, en passant par l'*Épilogue sur la vie des saints* de Barthélemy de Trente (1245), par le *Miroir historial* de Vincent de Beauvais (vers 1260), par la *Légende dorée* de Jacques de Voragine (vers 1265) et par le légendier de Rodrigo de Cereto (fin du XIIIe siècle)[1]. Examinons les raisons et les modalités de cette floraison exceptionnelle.

Les dominicains simplifient et centralisent le récit chrétien pour deux raisons convergentes : la romanisation de l'Église au XIIIe siècle et la nécessité de la prédication errante au peuple.

Depuis la réforme grégorienne, Rome accentue son contrôle sur les fidèles de l'Europe en pratiquant une uniformisation du culte. Cette tendance s'observe dès le XIIe siècle dans l'aménagement de l'espace romain, qui perd sa spécificité pour devenir le modèle abstrait du lieu ecclésial[2]. Les ordres mendiants, tout particulièrement liés à la papauté, contribuent largement, au cours du XIIIe siècle, à cette uniformisation, en se divisant, de fait, les tâches : entre 1240 et 1245, le ministre général de l'ordre franciscain Haymon de Faversham compile et harmonise les éléments de la liturgie romaine universelle en une œuvre qui fera autorité dans l'Église pendant des siècles[3]. Les dominicains, exactement au même moment, mettent en place la liturgie unifiée de leur ordre, dans le même esprit d'universalité, sous la conduite du maître général Humbert de Romans. Mais surtout, les prêcheurs mettent en place le récit universel qui accompagne la liturgie et la prédication ; cet effort, cependant, n'a pas le même caractère officiel que celui qui préside à la liturgie, même si Humbert de Romans lance un appel solennel à la constitution d'un corpus narratif sur l'ordre, dont nous traiterons dans la section suivante de ce chapitre. Cependant la romanisation ou l'universalisation des légendiers apparaît clairement.

Le premier recueil connu, celui de Jean de Mailly, est encore régional : les saints bourguignons y occupent une large place ; il est vrai que ce légendier, comme l'a montré le père Dondaine[4], a dû être entrepris alors que Jean de Mailly n'était pas encore entré dans l'ordre. Mais avant Jacques de Voragine, dont le recueil n'a aucune coloration locale, le cas de Barthélemy de Trente paraît révélateur d'une phase de transition[5]. Sur les 356 chapitres de son *Epilogus*, 148 traitent d'une matière universelle, 101 semblent spécifiquement romains et 78 se relient à des cultes locaux ou régionaux. Les 101 chapitres « romains » concernent moins une particularité diocésaine que la centralité du siège des apôtres : ainsi 54 chapitres adaptent le missel romain à propos des féries du temps pascal; tous ces chapitres et bon nombre d'autres notent la situation romaine de la célébration, comme si Barthélemy composait un guide du pélerin. Cette attention portée à la liturgie romano-curiale marque un tournant par rapport à une très ancienne domination liturgico-narrative gallicane. En outre, la part régionale du légendier de Barthélemy ne rayonne pas autour d'un centre, comme dans le cas des légendiers monastiques des périodes précédentes : on a plutôt l'impression de suivre un itinéraire de prédicateur errant; en effet les saints patronages se déploient sur une aire assez vaste qui semble correspondre assez exactement à la zone de déplacement missionnaire de Barthélemy; pour l'essentiel, cette aire se compose des quatre provinces ecclésiastiques qui entourent le Haut Adige : Salzbourg, Aquilée, Ravenne, Milan. Pour le reste, on suit Barthélemy à la trace vers Rome, en passant par Pise, Arezzo, Trani, Agnani. Une autre géographie se laisse deviner et se superpose à la précédente : celle des terres d'Empire (Bourgogne, Provence, Bavière, Suisse). Sans doute faut-il voir là une conséquence des orientations de Barthélémy, qui fut un proche de l'empereur Frédéric II. Vingt ans plus tard, Jacques de Voragine, ligurien de tempérament guelfe, effacera toute trace régionale de son légendier, qui rassemble les récits de tous les grands saints de la liturgie romaine universelle.

Les nécessités de la prédication au peuple ont aussi conduit à cette universalisation. L'immensité des premières provinces dominicaines et le principe de la mobilité des prêcheurs, d'un couvent à l'autre, écartent tout enracinement local de la prédication. La tenue régulière des chapitres provinciaux et généraux de l'ordre assure une circulation rapide des matériaux narratifs, neufs ou compilés, comme le montre, dans le domaine connexe de la chronique et des exempla, la diffusion preste et vaste de la légende de la papesse Jeanne, notée par Jean de Mailly vers 1250, reprise par Étienne de Bourbon vers 1260 puis par Jacques de Voragine (dans sa *Chronique de Gênes*) et par Martin le Polonais (*Chronique des papes et des empereurs*) avant la fin du siècle[6].

Notre glissement du légendier aux formes narratives complémentaires nous donne l'occasion de noter une autre nouveauté essentielle des recueils dominicains : l'histoire s'y introduit largement. Dans la *Légende dorée*, Jacques de Voragine introduit dans son chapitre sur le pape Pélage une longue chronique universelle ; les récits de miracles dispersés à la fin des chapitres introduisent le présent à la suite des narrations anciennes. Mais cette intégration du temps dans l'immobilité du récit s'accompagne, complémentairement, d'une intégration du temps mobile de l'année liturgique au temps fixe des calendriers, qui place l'Incarnation au cœur du présent. Jean de Mailly omettait les fêtes du cycle pascal, sans doute en raison de leur incompatibilité avec la structure calendaire fixe. Barthélemy adopte une solution encore fruste, en créant une énorme parenthèse entre les fêtes de la fin de mars et celles du début d'avril, où il loge les quatre mois qui courent de la septuagésime à Pentecôte. Jacques de Voragine trouve une solution beaucoup plus élaborée, de meilleur rendement symbolique : il insère la série septuagésime-quadragésime à la fin de janvier, puis les fêtes pascales proprement dites à la fin de mars et enfin l'Ascension et la Pentecôte début mai ; une telle disposition permet une reproduction approximative de l'année réelle.

Cette imbrication des temps reflète un autre aspect du légendier, qui se manifeste pleinement chez Jacques de Voragine : sa tendance à la totalisation ; au fil des récits, le dominicain intègre les éléments variés de doctrine, de liturgie et d'histoire qui constituent la *Légende dorée*, en un compendium de la vie chrétienne, qui assurera son succès (plus de mille manuscrits en sont conservés) jusqu'à la Renaissance, où sa fonction vulgarisatrice sera assumée par *l'Imitation de Jésus*.

2. L'ordre dominicain et le modèle des Pères du désert au XIIIe siècle

« Cette narration convient parfaitement à ma situation et je pense que ce que vous venez de me dire est à mon adresse » : ces mots de surprise et de jubilation, le jeune prince Josaphat

les lance à Barlaam, Père du désert indien, lorsqu'il l'entend
raconter une anecdote exemplaire, d'après le récit qu'en fait
Jacques de Voragine, dans la *Légende dorée* (LA, 818). Les
commanditaires dominicains de la fresque de la Thébaïde au
Camposanto de Pise souhaitaient assurément que les bourgeois de la ville connussent la même stupéfaction, la même
inquiétante familiarité avec les épisodes représentés. Si les
spectateurs devaient prendre pour eux, comme Josaphat, la
leçon donnée, les prêcheurs, de leur côté, s'identifiaient sans
aucun doute aux Pères du désert, dont le dominicain Cavalca
avait diffusé le message par sa fameuse traduction italienne
des *Vitae patrum*[8], utilisée dans les cartouches de la fresque.

On voudrait ici chercher les racines de cette identification
dominicaine au cours de la première période de l'ordre, au
XIIIe siècle. Pour quelles raisons et sous quelles modalités les
prêcheurs se vivaient-ils, ou voulaient-ils se présenter en
Pères du désert? Le paradoxe paraît net : on sait, bien sûr,
qu'une des originalités de l'ordre dominicain réside dans son
implantation et sa visée urbaines ; ce trait apparaît avec
certitude dans les principes proclamés et dans la pratique ;
Humbert de Romans, un des plus importants maîtres généraux de l'ordre au XIIIe siècle, donne une justification détaillée de cette orientation urbaine dans l'adresse « Aux laïcs
dans les cités » contenue dans son manuel *De eruditione praedicatorum*[9] ; la réalité de cette implantation préférentielle a été
confirmée par les enquêtes lancées par Jacques Le Goff sur les
rapports entre urbanisation et développement des ordres
mendiants : ainsi, à la fin du Moyen Âge, un frère dira
précisément que la fondation d'un couvent dominicain à
Guérande, en Bretagne, doit se faire parce que la ville, de plus
de trois mille habitants, se situe au-dessus d'un seuil minimal
de densité urbaine[10]. De son côté, John Freed, dans sa
monographie sur les Frères et la société germanique au
XIIIe siècle[11], a fait coïncider parfaitement, en des tableaux
précis, le développement urbain allemand et celui de l'ordre
des prêcheurs.

De quel désert, alors, les dominicains se veulent-ils les
Pères? La précision de l'évocation pisane, d'autres émer-
gences plus anciennes de cette identification, dont je parlerai
plus loin, empêchent de rabattre cette assimilation sur un

simple prestige métaphorique des Pères. L'explication risque d'être facile et dangereuse : l'extrême labilité des notions médiévales permet de justifier n'importe quelle superposition, selon le modèle des « paraboles » mariales, où tout objet, tout individu du monde évoque Marie. Il faut donc avancer prudemment et ne pas se confier à la seule confrontation des textes (littérature hagiographique, historique et homilétique des prêcheurs du XIII⁰ siècle d'une part, *Vitae patrum* de l'autre). Il faut tenter de rapprocher des structures de pensée et d'action et non de simples thèmes erratiques, puis repérer des points institutionnels et réels de fixation du parallèle. Mais avant de risquer cet essai, rassemblons les indices de l'identification.

Les indices d'une identification

Ces indices paraissent nombreux, trop nombreux même ; certains risquent de nous entraîner sur de fausses pistes. En effet, au XIII⁰ siècle, les *Vitae patrum* semblent fort répandues dans et hors l'ordre des prêcheurs. Mais il convient de distinguer plusieurs modes de diffusion, pour approcher peu à peu de la saisie dominicaine de cette antique tradition :

1) L'Occident dans son ensemble connaît bien les *Vitae patrum*, depuis le VI⁰ siècle au moins ; très tôt, plusieurs collections circulent, l'*Historia monachorum in Aegypto* de Rufin[12], le *Liber Geronticon* de Paschase de Dumi, le *Liber vitas sanctorum patrum orientalium*[13] du moine asturien Valerio del Bierzo. Très tôt aussi, l'Église reconnaît à ces recueils une valeur éminente : la *Regula Magistri*, au début du VI⁰ siècle, s'y réfère[14], le décret pseudo-gélasien les recommande[15]. Les *Vitae* fournissent un modèle à l'hagiographie monastique occidentale, puisque Grégoire de Tours en reprend le titre ; le IV⁰ livre des *Dialogues* de Grégoire le Grand se répand sous le titre de *Vitas sanctorum patrum per Italiam commorantium* ; toujours au VI⁰ siècle, on connaît une collection régionale qui évoque les figures saintes du Jura, les *Vitae sanctorum patrum Jurensium*[16]. Ce prestige ne se dément jamais jusqu'à la fin du Moyen Âge ; les moines recopient sans cesse les *Vitae*. Les travaux minutieux de Columba Battle[17] permettent de saisir l'ampleur de cette diffusion : ses recensements, appliqués à la

section des *Vitae patrum* qu'on appelle *Verba seniorum*, signalent l'existence de 112 collections longues manuscrites conservées entre le VIIe siècle et le XVe siècle; il faut y ajouter 257 manuscrits partiels, plus de 400 mentions des *Vitae* dans les inventaires de bibliothèques et les testaments. On peut joindre encore à ces collections les *Vies* séparées d'Antoine, de Thaïs, etc., en langue latine et en langues vulgaires. Il faut remarquer, enfin, que la traduction de l'*Histoire des moines d'Égypte* par Wauchier de Denain, au début du XIIIe siècle, constitue « le plus ancien exemple conservé de vies de saints en prose française[18] ».

Il faudra donc tenir compte de cette relative banalité des *Vitae patrum* dans notre interrogation sur les mécanismes de l'identification dominicaine aux Pères du désert. Cependant, les chiffres méritent une correction qualitative : la plupart des manuscrits recensés proviennent des bibliothèques monastiques, où ils portent souvent le titre significatif d'*Adhortationes sanctorum patrum ad profectum et institutionem monachorum*; ils font partie, à côté des textes de Jean Cassien et des *Regulae* bénédictines, de la littérature disciplinaire et morale des moines, à usage interne. Le prestige des *Vitae patrum*, dans l'univers monastique, procède du respect obligé plus que de la richesse du modèle.

2) Mais, à partir du XIe siècle, les réformateurs du monachisme et les tenants du nouvel érémitisme redécouvrent le sens et la vigueur des *Vitae patrum*. Significativement, Lester Little intitule un essai consacré à ces ermites *The new Egypt*[19]; les ascètes, comme Romuald de Ravenne, Pierre Damien, Jean Gualbert, Bernard de Tiron, Robert d'Arbrissel ou Étienne de Muret rejetaient à la fois la corruption des villes et la richesse des monastères; le modèle égyptien s'imposait; les indices en sont nombreux : ainsi, les *Vies des Pères* constituaient la lecture favorite de Romuald au cours des dix années qu'il passa au monastère catalan de Saint-Michel de Cuxa. Pierre Damien disait, à propos d'une fondation de Romuald, Sitria, qu'il s'agissait d'une nouvelle Nitrie, du nom du désert où vécut saint Antoine[20]; dans l'opuscule qu'il consacre à la réforme monastique, Pierre Damien écrit qu'au nouvel ermite le savoir importe peu et qu'il doit se contenter des Évangiles et des dits et gestes des Pères du désert[21]. Étienne de Muret,

lors de ses repas avec ses compagnons, écoutait en silence les vies des saints ou des Pères. L'ouvrage que ses disciples lui consacrèrent, le *Liber de doctrina* ou *Liber sententiarum*, est composé sur le modèle des *Vitae patrum*, en collection de Dits et d'anecdotes[22]. Les réformateurs monastiques, eux aussi, se référèrent aux Pères du désert : les *Consuetudines* des Chartreux les citent comme modèles[23]. Chez les Cisterciens, Bernard de Clairvaux et Guillaume de Saint-Thierry se veulent les héritiers des Pères[24]. Cet engouement nouveau importe à notre enquête, si l'on se rappelle ce que Dominique doit aux cisterciens, aux prémontrés et aux grandmontins.

3) Par ailleurs, depuis la fin du XIIᵉ siècle, les *Verba seniorum* jouent un rôle de plus en plus marqué dans la prédication et la théologie. Les dits des Pères fonctionnent comme autorités ou comme *exempla*. Les premières traces d'utilisation des *Vitae* dans le sermon se trouvent chez Pierre le Mangeur (un exemplum), Pierre de Blois (2 exempla) ; à partir de Jacques de Vitry (environ 25 exempla), ce recours devient massif. Les recueils d'exempla qui naissent au début du XIIIᵉ siècle privilégient cette source. Il est impossible d'en effectuer le recensement ; il suffira de noter que le manuscrit anonyme Paris BN Latin 15912 contient 270 exempla tirés des *Vies des Pères* sur un total de 800 anecdotes. En théologie, le succès est identique : Guillaume Peyraut utilise de nombreuses anecdotes du Désert dans sa *Summa virtutum ac vitiorum* (vers 1240) ainsi que Thomas d'Aquin dans sa *Somme théologique* ou ses *Commentaires sur les Sentences*. Il faut souligner la nouveauté de ce statut d'autorité qui procède sans doute à la fois du prestige des Pères auprès des réformateurs de l'époque précédente et de la commodité technique des *Verba* : à la fois anecdotique et édifiant, bref et complet, le dit s'insère mieux que tout fragment patristique dans le sermon ou le traité. L'immensité et la variété du corpus en fait un réservoir inépuisable de sagesse chrétienne. Un exemple de cette commodité d'emploi nous est fourni par un passage de la *Légende dorée* de Jacques de Voragine, dans le chapitre sur « l'exaltation de la Croix ». Jacques cite Grégoire le Grand qui, pour prouver la vertu extraordinaire de la croix, rapporte la tenue d'une assemblée

de démons; or, dans Grégoire, le contenu du débat manque;
Jacques le restitue grâce à un fragment de la *Vie des Pères* :
« Saint Grégoire a passé sous silence, pour abréger, le mode
de cette discussion; mais on peut s'en rendre compte par un
exemplum semblable qu'on lit dans la *Vie des Pères*» (LA,
p. 610). Les *Vies* paraissent bien intégrées au tissu continu du
savoir chrétien *authentique*. Les dominicains, donc, du fait de
leur domination nette dans l'univers de la prédication et de la
théologie au XIIIe siècle, manient constamment les *Verba
seniorum* : jusqu'au XIVe siècle, il faudrait citer, outre les
prédicateurs et les théologiens, les auteurs d'immenses
recueils d'exempla ou de récits édifiants : Vincent de Beauvais, Étienne de Bourbon, Thomas de Cantimpré, Humbert
de Romans, Arnold de Liège, Jean de San-Giminiano, Jean
Gobi, etc.

4) Mais, jusqu'à présent, les signes d'une identification
spécifique nous échappent, puisque les *Vitae* font partie d'un
savoir partagé et suscitent un engouement assez général.
Cependant, on peut repérer deux œuvres dominicaines, à peu
près contemporaines (vers 1260), qui marquent une lecture
particulière des *Vitae*, non réductible à l'usage général : en
effet, un même texte prend des significations bien différentes
selon le type d'appréhension qu'il suscite. Je voudrais, désormais, montrer que les *Vitae patrum* ont joué le rôle d'un *modèle*
et non pas seulement d'une *règle* ou d'une *source*.

La première de ces deux manifestations apparaît dans les
légendiers dominicains, et principalement dans la *Légende
dorée*. On a vu que les prêcheurs ont inventé le légendier
hagiographique universel de grande diffusion; laissons de
côté le légendier de Jean de Mailly, écrit vers 1230, à un
moment où l'auteur n'était pas encore prêcheur. La véritable
construction dominicaine du légendier ne commence qu'avec
l'*Epilogus in gesta sanctorum* (1245) de Barthélemy de Trente;
dans l'*Epilogus*, six chapitres se rattachent au Désert : Paul,
Antoine, Marine, Macaire, Barlaam et Josaphat (et Marie
l'Égyptienne, mais dans un seul manuscrit). En ce début
encore timide, il faut noter la présence de Barlaam et Josaphat; la légende ne fait certes pas partie du noyau premier des
Vitae patrum, puisque le récit, attribué à Jean Damascène, ne

circule en Occident qu'à partir du Xᵉ siècle; mais précisément, Barthélemy puis Jacques de Voragine lui donnent une
tournure proche de celle des *Vitae* ou des *Verba* en détachant
les épisodes romanesques comme autant d'*exempla* du désert;
ce récit jouera un rôle essentiel dans le prestige des Pères, en
donnant un fil biographique à la série des *Verba Seniorum*. Avec
Jacques de Voragine, le Désert envahit la narration hagiographique; énumérons les titres de quinze chapitres : Paul,
Macaire, Antoine, Jean l'Aumônier, Marie l'Égyptienne,
Marine, Pélagie, Marguerite, Thaïs, Pasteur, Jean, Moïse,
Arsène, Agathon, Barlaam et Josaphat. Et cette énumération
ne rend pas compte d'une pénétration en profondeur : ainsi,
les vies de Jérôme et Marie-Madeleine prennent une coloration désertique; la vie de Thaïs se double d'un épisode
parallèle; les cinq vies des abbés (Pasteur, Jean, Moïse,
Arsène, Agathon) rassemblent, à la fin du recueil, des *verba*
énoncés par d'autres pères, en plus des dits des abbés épo-
nymes. Le Désert s'étend donc. En dehors de l'influence de
cette insertion (on connaît le succès prodigieux de la *Légende
dorée*; on sait aussi comment le légendier fut utilisé dans la
prédication qui multiplia sa diffusion), la nouveauté capitale
réside dans l'intégration biographique et calendaire des *Vitae*
et des *Verba* : jusque-là, on distingue les *sancti* et les *patres*
(parfois saints à titre individuel, comme Antoine, Paul ou
Thaïs). Avec Jacques de Voragine, les véritables *seniores* (les
abbés Pasteur, Jean, Moïse, Arsène et Agathon) entrent dans
le sanctoral pour leurs saintes paroles, leurs *verba*. Cette
intégration calendaire (préparée par le *Liber de Natalitiis*
cistercien de la fin du XIIᵉ siècle[25], où ne figurent pourtant pas
les abbés) a même donné naissance à un culte ordinaire : on
célèbre Barlaam et Josaphat fin novembre parce que Barthélemy de Trente et Jacques de Voragine, ne disposant pas d'un
jour de fête adéquat, ont placé leur chapitre en fin de recueil,
donc juste avant la célébration de l'Avent.
    Voici donc le lieu de l'identification : le schéma biogra-
phique qui autorise et suscite la projection. Cette projection
collective se réalisera pleinement dans les *Vitae fratrum* de
Gérard de Frachet[26].
    Avant d'entrer dans la description des structures d'identifi-

cation, il faut préciser un point de méthode; la comparaison des textes (*Vitae patrum*/*Vitae fratrum*) ne peut se fonder sur le texte intemporel des *Vitae patrum*. Faute de pouvoir déterminer les textes connus de Gérard de Frachet, on se limitera à l'adaptation qu'en propose, au même moment, Jacques de Voragine, en insistant sur les *Verba seniorum* plus que sur les *Vies* « romanesques », puisque l'ajout des cinq chapitres sur les abbés constitue une originalité puissante de la *Légende dorée*. L'enquête sur les sources réelles de Gérard et Jacques, demeure, quoique difficile, souhaitable.

L'ouvrage de Gérard de Frachet, personnage important de l'ordre (il fut prieur provincial de Provence) procède d'une volonté expresse du maître général Humbert de Romans qui, au chapitre général de 1256 à Paris, ordonna à tous les frères de mettre par écrit et de lui adresser les faits mémorables accomplis par des prêcheurs; puis il confia cette masse de documents à Gérard de Frachet qui composa son recueil vers 1260, puis le compléta jusqu'à sa mort en 1271.

L'identification entre dominicains et Pères du désert se lit clairement dans le titre *Vitas fratrum*; la bizarrerie morphologique *Vitas* dérive directement du modèle : depuis le VIe siècle, on parle couramment des *Vitas patrum*, par influence de la morphologie du roman commun. La substitution de *fratrum* à *patrum* fait sens en indiquant à la fois le modèle et son renouvellement. Certes l'emploi du mot « frater » pour désigner les membres des ordres mendiants a constitué une nouveauté et une désignation propre; mais le vocable joue sur plusieurs registres. Dans les *Vitae patrum* les ermites se désignent mutuellement comme « *fratres* »; le mot « *pater* » n'apparaît guère; pour signaler une autorité éminente, on parle plutôt d'« abbas ». Le « Père » du désert est ce frère à qui l'on accorde, non dans son monde, mais dans l'univers du livre et des lecteurs, un statut exemplaire; cette hiérarchie nominale se retrouve exactement dans les *Vitae fratrum* : les prêcheurs se nomment entre eux « *fratres* »; dans leur hiérarchie, ils usent du terme fonctionnel de « prior » et non plus d'« abbas »; mais Gérard, à distance d'historien, emploie le mot « pater » pour désigner Dominique et Jourdain de Saxe. Mais la substitution de « *frater* » à « *pater* » prend un autre

sens; depuis le XIᵉ siècle, les nouveaux ordres incluent des
« *fratres* », les convers; contrairement à certaines idées reçues,
l'existence des frères convers ne s'explique pas par une
imitation de la hiérarchie féodale, mais plutôt par une volonté
d'aspirer dans l'ordre religieux les *laboratores*. Ces frères
convers, figure et esquisse d'une société totalement chrétienne, constituèrent peut-être un des modèles dominicains :
ainsi, le créateur de cette institution, vers 1040, Jean Gualbert, leur fit faire les mêmes vœux qu'aux ermites de Vallom-
brosa, sauf pour le silence et la clôture[27]. Cette licence devint
devoir de parole et d'errance chez les dominicains : le frère est
ce nouveau père qui prêche dans le monde.

La forme même du livre de Gérard renvoie à son modèle :
pour l'auteur, il s'agit d'*exempla* (et, on l'a vu, au XIIIᵉ siècle,
les *Vitae patrum* sont d'abord des sources d'*exempla*), de *frag-
menta*; pour Humbert de Romans, dans sa préface, le recueil
rassemble les *facta* et les *dicta* des frères (VF, 3).

La composition fait du groupe le sujet de l'œuvre; la
première partie décrit la naissance de l'ordre, la quatrième
son développement, la cinquième les morts illustres des
frères; et cette narration se construit exclusivement par anecdotes courtes rapportées chacune à un frère; les regroupe-
ments thématiques se font uniquement sur le contenu des
enseignements des frères : tous ces traits dérivent des collections de *Verba seniorum*. Certes, les parties II et III des *Vitae
fratrum*, consacrées l'une à Dominique, l'autre à Jourdain de
Saxe, se rapprochent davantage du *libellus* hagiographique,
mais, là aussi, la succession des fragments l'emporte sur la
cohérence biographique. La biographie véritable est de
groupe : *Vitas*.

Donc, sous la double forme de la biographie sainte et du
recueil d'apophtegmes, l'ordre dominicain se donne un
modèle et une conduite d'imitation. Comment jouait ce
modèle?

Structures de l'identification

Le groupe, on l'a dit, forme le sujet principal des deux
collections (*Vitae patrum* et *Vitae fratrum*); dans les deux cas, le
texte brosse la fresque d'une société autosuffisante. Cette

société cristallise une hagiographie communautaire, distincte de tous les récits médiévaux de fondation religieuse, où l'institution prolonge la vie sainte d'un homme éminent, comme une relique vivante aux ramifications toujours croissantes. Alors que les grandes branches religieuses ou les ordres sont désignés d'après le nom du fondateur ou du lieu initial, les Pères et les Frères (les prêcheurs) se nomment en tant que groupe.

Ici, la description de la société des Pères et des Frères (dans la *Légende dorée* et dans les *Vitae fratrum*), malgré le prestige des fondateurs, tient lieu de récit de l'origine et annonce le groupe avant de célébrer les saints fondateurs.

Examinons le double récit descriptif de la fondation, marqué par les signes et les prodiges ; dans les deux cas, deux solitaires, indépendamment l'un de l'autre, choisissent de fuir le monde et se rencontrent par l'effet du hasard et de la providence : Antoine et Paul, Dominique et François. Ils ne se rejoignent que par le biais du surnaturel et de la vision : « Antoine se croyait alors le premier des moines qui vécût en ermite ; mais averti en songe qu'il y en avait un meilleur que lui de beaucoup, lequel vivait dans un ermitage, il se mit à le chercher à travers les forêts » (LA, 94-95). Il le trouve grâce aux indications d'un hippocentaure, d'un satyre, puis d'un loup ; après un instant de réticence de la part de Paul, « ils se jetèrent dans les bras l'un de l'autre en s'embrassant ». Dominique, après bien des tribulations, arrive enfin à Rome pour la confirmation de son ordre ; une nuit, au cours d'une prière, il voit en vision la Sainte Vierge : elle obtient de Jésus que le monde ne soit pas détruit tant qu'il n'a pas bénéficié de l'action sainte de Dominique et des prêcheurs ; puis elle le présente au Seigneur ; enfin, elle recommande, de la même façon, François et ses mineurs. Le lendemain, dans une église, Dominique reconnaît François qu'il n'avait jamais vu auparavant et il « se précipita sur lui en le couvrant de saints baisers et d'embrassements sincères » (LA, 470). La sainteté de la tâche à accomplir dans la pauvreté, sans souci du lendemain, se scelle divinement par le miracle de la nourriture donnée par le Ciel : « Quand l'heure du repas fut arrivée, un corbeau apporta une double ration de pain : or comme

Antoine était dans l'admiration, Paul répondit que Dieu le servait tous les jours de la sorte, mais qu'Il avait doublé la pitance en faveur de son hôte » (LA, 95). Dominique voyageant en Italie avec un compagnon, le sent défaillir de faim; il l'aide à parcourir une courte distance pour trouver « un pain d'une blancheur admirable, enveloppé de linges très blancs » (VF, 72-73). Cette subvention divine se poursuit aux débuts de l'ordre; Dieu, par l'intermédiaire d'un marchand, envoie les 500 livres nécessaires à la survie du couvent de Paris; Il remplit le sac de farine d'une noble dame qui a nourri les frères, fournit les 5 marcs dus par l'ordre à un créancier de Leipzig ou les 6 000 sous nécessaires au couvent de Limoges (VF, 28, 29, 47 et 49).

Les deux fondateurs s'honorent et se respectent; ils rivalisent d'humilité : « Il y eut un pieux débat entre eux pour savoir qui était le plus digne de rompre le pain : saint Paul voulait déférer cet honneur à son hôte et saint Antoine à son ancien. Enfin, ils tinrent le pain chacun d'une main et le partagèrent également en deux » (LA, 95). Une semblable joute sainte se livre entre Dominique et François, lorsqu'ils doivent donner une réponse identique au cardinal d'Ostie qui les interroge sur leur refus de faire des frères des évêques ou des prélats : « Ce fut à qui répondrait le premier. L'humilité de François lui donna la victoire en ne s'avançant pas. Saint Dominique remporta aussi la victoire en répondant le premier par obéissance » (LA, 668).

Dominique et Antoine préfigurent les structures communautaires du groupe : un agrégat indéfini de *fratres* agissant et parlant en associations binaires d'un maître et d'un compagnon (le *socius*); cette structure duelle est antérieure à la sainteté du fondateur : Dominique, dans l'hagiographie dominicaine, joue d'abord le rôle de *socius* de son évêque Diègue d'Osma; la rencontre éphémère et miraculeuse avec un compagnon d'égale dignité ne dure que l'instant de la manifestation fondatrice et se clôt immédiatement (par la mort de Paul, par le départ de François); la postérité érémitique ou communautaire du compagnon saint, Paul ou François, n'importe plus : dans les *Vitae fratrum*, les franciscains n'apparaissent que rarement et à titre individuel (comme les cisterciens, les clercs ou les évêques). Mais la rencontre ouvre un buissonnement instantané des *fratres*. En effet, Antoine l'ermite se trouve immédiatement entouré de fratres et d'abbés qui lui demandent conseil, qu'il guide, morigène et encourage par ses *verba*; de même, la seconde partie des *Vitae fratrum*, consacrée à Dominique, ne raconte pas les étapes institutionnelles de la fondation de l'ordre, mais la vie de Dominique, *pater* parmi les *fratres*. Les biographies d'Antoine et de Dominique se superposent : tous deux poursuivent l'hérésie; Dominique s'oppose aux Cathares (LA, 467), Antoine aux Ariens (il avertit « un grand d'Égypte, de la secte d'Arius, appelé Ballachius », qui « ravageait l'Église de Dieu » et le fait périr après sa persistance dans l'erreur — LA, 107); tous deux affrontent le diable dans un combat violent : le démon jette une pierre sur Dominique impavide (VF, 77), apparaît à Antoine sous une stature extraordinaire, avant de finir sous les crachats du saint (LA, 105). Tous deux, avec le soutien d'une armée d'anges, luttent contre les hordes démoniaques; tous deux protègent les frères contre la tentation (LA, 106 et 476).

Il faut insister sur ce parallèle entre Antoine et Dominique : Jacques de Voragine, lorsqu'il raconte la vie d'Antoine, utilise la fameuse biographie d'Athanase, mais en choisissant les épisodes qui dépeignent l'action directrice du Père du désert; et, pour lui, cette vie vaut comme fragment et origine des *Vitae patrum* : citant sa source, il écrit : « *Haec leguntur in Vitis Patrum* » (LA, 107). De même, la biographie de Dominique n'apparaît dans les *Vitae fratrum* qu'en seconde partie, après la description de la naissance de l'ordre : la société sainte des frères constitue bien le thème majeur de l'ouvrage. On touche là une originalité forte de l'historiographie hagiographique de l'ordre; la première vie de Dominique, rédigée en 1233-1234 par Jourdain de Saxe, s'intitule *Libellus de principiis ordinis praedicatorum*; certes, les successeurs de Jourdain adopteront, pour les besoins de la liturgie, le titre classique de *Legenda beati Dominici* (Pierre Ferrand, 1237-1242; Constantin d'Orvieto, 1246-1247; Humbert de Romans, 1254-1256), mais au bout du siècle, Thierry d'Apolda maintient la tradition d'hagiographie communautaire avec le *Libellus de vita et obitu et miraculis sancti Dominici et de ordine quem instituit*, écrit à la demande du maître général Muño de Zamora entre 1280 et 1291[28]. L'entreprise de Gérard de Frachet n'est pas isolée, si l'on songe aux chroniques dominicaines rédigées par le frère Svipert de Patak en 1259, par deux frères anonymes (en 1263-1266 et 1263-1271), à l'éloge de l'Ordre écrit vers 1278 par Étienne de Salagnac (*De Quatuor in quibus Deus praedicatorum ordinem insignivit*[29]). La littérature dominicaine du XIIIe siècle privilégie le thème de l'ordre comme ensemble, comme ruche, pour reprendre le titre de la collection d'*exempla* de Thomas de Cantimpré, le *Bonum universale de apibus*. Il s'agit là d'une nouveauté essentielle : les nouveaux ordres du Moyen Âge central, à partir du XIe siècle, ne produisirent pas d'hagiographie communautaire et se référèrent, jusqu'aux franciscains inclus, aux éloges du fondateur et aux recueils de *Consuetudines* et de *Regulae*.

Des modèles médiévaux, pourtant, sont invoqués par Humbert de Romans, dans sa préface aux *Vitae fratrum* (VF, 4), en une liste large qui inclut des histoires ecclésiastiques (Eusèbe, Bède), des martyrologes et des légendiers (Grégoire de Tours, Grégoire le Grand, Florus, Usuard), des recueils de vies des Pères (le livre de Barlaam de Jean Damascène, Jérôme à qui on attribuait plusieurs biographies du Désert, Jean Cassien) ; mais il cite aussi deux collections monastiques, celle d'Eudes de Cluny et celle de Pierre de Cluny ; si l'œuvre d'Eudes se rapproche plutôt du recueil de préceptes illustré par Jean Cassien, le *Liber miraculorum* (vers 1156) de Pierre le Vénérable embrasse bien l'histoire européenne de l'ordre de Cluny. Mais ce précédent, comme celui du *Dialogus miraculorum* du cistercien Césaire de Heisterbach (vers 1230), confirme l'originalité des *Vitae fratrum* ; nos auteurs monastiques se réclament du genre du « miracle » et non de l'*exemplum* ; le degré de sacralité est moindre : le miracle confirme une sainteté ; l'*exemplum* hagiographique la construit ; or le mot *exemplum* revient sans cesse sous la plume de Gérard de Frachet pour désigner les anecdotes dominicaines ; un passage de Césaire de Heisterbach analysé par Jacques Le Goff établit clairement cette distinction capitale : « Le disciple ayant, à l'appui d'un exemplum, fait allusion à une anecdote

qui figure dans la Vie de Jean l'Aumônier, le moine [c'est-à-
dire le maître] répond : *"Simile aliquid legitur de Karolo impera-
tore in Vita sancti Aegidii ; sed miracula non sunt in exempla trahenda.
Hoc etiam scias quid hujusmodi scripturae authenticae non sunt"*[30]. »
Ainsi les recueils monastiques demeurent dans l'aléatoire (ils
traitent, entre autres, de saints qui se trouvent être moines),
alors que les *Vitae fratrum* décrivent l'essence (illustrée par des
exempla) d'une sainteté de groupe.

La rédaction des *Vitae fratrum* enregistre une double sacralisation : celle des Pères du désert et celle des prêcheurs : la
première, comme le montrent le texte de Césaire et l'utilisation massive des *Vitae patrum* comme source authentique dans
les sermons et les sommes du XIIIᵉ siècle, dérive de la promotion analysée plus haut ; la seconde se construit autour
d'Humbert de Romans et de Gérard de Frachet ; le modèle
des *Vitae patrum*, prototype d'une hagiographie de groupe, y
joue un rôle essentiel.

L'histoire de l'ordre devient une biographie unique, où
l'individualité propre de chaque frater importe peu ; bon
nombre d'anecdotes ne citent même pas le nom des acteurs :
on passe, comme dans les *Vitae patrum*, de « quidam frater » à
« alius frater ».

La composition d'ensemble du livre renvoie au modèle
hagiographique général : élection, sanctification par les
œuvres et glorification *post mortem*. La première et la seconde
parties, on l'a vu, relatent l'annonce de l'élection divine et
virginale de l'ordre. La quatrième partie, la plus longue,
narre le mode de sanctification collective ; les deux premiers
chapitres donnent la clef de cette sainteté : la « ferveur »
(chapitre 1), la vigueur de la discipline et la perfection des
vertus (chapitre 2). Ces deux traits majeurs sont de groupe :
la discipline cimente l'ordre, la ferveur l'élève. Cette ferveur
(et il faut noter que Jacques de Voragine attribuait cette vertu
à Antoine) ne se distribue pas en actions singulières comme
les vertus des chapitres ultérieurs ; ici se dit une histoire :
« Aux temps primitifs, il y eut une telle ferveur dans l'ordre
que nul ne pourrait la raconter... On voyait partout dans
l'ordre une ferveur admirable. On ne voyait jamais une église

sans orants » (VF, 148). Quarante ans après la fondation, les débuts de l'ordre apparaissent déjà comme une origine mythique et dorée.

Puis Gérard énumère les vertus sanctifiantes, comme dans un procès de canonisation : humilité (chapitre 3), continence (chapitre 4), oraison (chapitre 5), diligence aux offices (chapitre 6), confession (chapitre 7). Chacun de ces chapitres accumule des anecdotes attribuées à des « *fratres* » distincts. Ensuite, dans les chapitres suivants de cette quatrième partie, Gérard dresse le portrait collectif du *frater*, entièrement fondé sur ses rapports avec l'ordre : entrée et tentation de sortie. Les entrées dans l'ordre sont classées dans une liste raisonnée : par considération de la vanité des plaisirs (chapitre 9), par la vertu du verbe de Dieu (chapitre 10), par la considération des peines présentes et futures (chapitre 11), par une révélation spéciale (chapitre 12), par une dévotion spéciale à Marie (chapitre 13). Le combat saint se limite à la résistance aux tentations ; or toutes ces tentations visent à exclure le frère de l'ordre : en effet « le diable tend des embûches à un ordre qui lui est tout à fait nuisible » (chapitre 14) ; ces tentations, pour une part issues de la tradition des Pères reprise par la culture monastique, se répartissent ainsi : tentation des novices (chapitre 16), tentation de gueule (chapitre 17), tentation de volonté propre (chapitre 18), de curiosité philosophique (chapitre 19), d'ambition (chapitre 20). À part la traditionnelle gourmandise, ces tentations donnent toutes à l'individu une mauvaise indépendance par rapport au groupe.

La cinquième et dernière partie poursuit cette biographie communautaire avec la liste des signes de glorification (troisième moment du schéma hagiographique), au moment de la mort ; là aussi, la composition est paradigmatique : « Des martyrs (chapitre 1), De la mort heureuse des frères (chapitre 2 ; notons que ce trait apparaît dans la mort des saints confesseurs), Des visions au moment de la mort (chapitre 3), Des révélations sur la mort des frères (chapitre 4), Des peines purgatoires des frères (chapitre 5), Des embûches du diable (chapitre 6), Des aides aux défunts (chapitre 7), Du mauvais sort des apostats (chapitre 8), Des miracles posthumes (chapitre 9). » D'une telle composition, le lecteur pourrait conclure à la fin des prêcheurs, mais le chapitre ultime (chapitre 10), par une chronique de l'ordre, ouvre l'évocation systématique sur les durées indéfinies de l'histoire, exactement comme la *Légende dorée* s'achève sur la chronique pélagienne qui inclut la sainteté dans le présent de l'action.

On comprend, dès lors, de quel désert les dominicains se veulent les Pères : ce désert, c'est le monde évidé par l'ordre, c'est la *tabula rasa* sur quoi se construit le microcosme des prêcheurs, l'univers comme volonté dominicaine. Notons la singulière absence du siècle dans les *Vitae fratrum*; on a déjà le silence de Gérard sur la construction institutionnelle de l'ordre; on ne trouve non plus aucune notation sur la gestion de l'ordre et sa vie urbaine. Les seules mentions de villes et de couvents situent la parole et l'action; alors que l'on connaît bien la solide installation foncière et universitaire des prêcheurs à partir des années 1240, le couvent n'apparaît dans les *Vitae fratrum* que comme lieu de repos et de rassemblement; en aucun cas, le couvent ni la province n'existent en eux-mêmes, et ceci trace une différence considérable avec l'histoire monastique. Le désert, c'est cet espace uniforme, de l'Angleterre à la Terre Sainte, de l'Espagne à la Livonie où se déploie la parole prédicatrice. Et précisément, cette conception spatiale du désert rapproche la vision dominicaine des *Vitae patrum* : les clunisiens, les chartreux, les cisterciens qui se prévalaient de la Thébaïde pour vanter le choix de lieux retirés, de déserts occidentaux, se méprenaient : le désert des Pères est fait de zones d'errance et de lieux de repos. Et l'errance passe aussi bien par les villes, villes des péchés et de l'incitation à la pénitence (Thaïs, Marguerite, Jean l'Aumônier), villes des tentations. Le véritable héritage des Pères est recueilli par les prêcheurs, en ce qu'ils se confrontent à la crise de la culture médiévale urbaine, aux côtés des chanoines réformés et des laïcs, selon l'analyse de Lester Little[31]. On comprend dès lors les grands schèmes d'action répétitifs qui scandent également les *Vitae patrum* et les *Vitae fratrum* : la tentation, l'affrontement avec le diable, qui expriment le risque constant de tomber hors de l'ordre, hors du sacré; ce risque vient du côtoiement de Babylone. L'antidote à la tentation, comme dans le Désert, inverse le risque : à la promiscuité urbaine, il faut substituer le bon frottement, la bonne cohésion des Frères ; aux attaques des démons, on offre le mur des poitrines saintes, le mur des paroles confraternelles. Car les *Vitae fratrum*, comme les *Vitae patrum*, présentent une mise en scène de la parole : les mots les plus humbles passent toujours par le relais de l'écoute et du récit d'un autre frère ou par la tribune d'un chapitre général ou d'une assemblée de quelques frères. En ce XIIIe siècle, où la sacralité de la parole l'emporte sur l'humilité et la dignité du silence (condamné par Pierre le Chantre comme *taciturnitas*[32]), l'orientation dominicaine contribue à sacraliser les *Verba seniorum*, à les tirer du statut pauvre de littérature disciplinaire à usage monastique ; en retour, l'ordre obtient, du modèle de la Thébaïde, la représentation de la sacralité de sa mission prédicative. Les dominicains annoncent bien les formes nouvelles de religiosité, non pas seulement par leur implantation urbaine, mais par leur définition de l'individu saint comme accent singulier d'une parole universelle, où l'énonciation importe plus que la leçon : on entend déjà les cris et chuchotements de la nouvelle mystique.

Cette parenté structurale du discours du désert et du discours dominicain relève d'une composition imaginaire ; elle ne transcrit pas la réalité historique de l'ordre. Et pourtant, même en ce domaine, le modèle des *Vitae patrum* procura une aide à l'ordre.

Les prêcheurs en quête d'un modèle institutionnel

Lorsque Dominique fonde son ordre en 1215, il dispose d'une pléthore de modèles d'organisation, tout en subissant certaines contraintes ; il semble s'être appliqué à passer en·re les mailles du réseau ecclésial afin de mieux asseoir l'originalité fonctionnelle et sacrale propre de sa fondation. Les *Vitae patrum* n'en fournirent pas de modèle, mais justifièrent le contournement et le dépassement des modèles imposés. Mais il faut noter que la promotion des Pères du désert dans l'ordre ne peut guère se situer avant les années 1260 (Jacques de Voragine et Gérard de Frachet) ; la mise en place de la justification s'opère *a posteriori*, dans un moment de développement rapide de l'ordre, mais avant sa pleine légitimation dans l'Église et dans le siècle.

Retraçons rapidement les étapes de la construction empirique de l'ordre par Dominique[33]. Dominique fut d'abord prêtre et chanoine régulier au chapitre cathédral d'Osma, où l'évêque Diègue avait introduit la réforme et la règle de saint Augustin. À la fin du XIIᵉ siècle, l'ordre de saint Augustin apparaît très divers puisqu'y adhèrent des chapitres urbains plus ou moins réformés, un groupe savant et urbain (les victorins), des ermites cénobites (Grandmont, Prémontré) peu différents des communautés bénédictines réformées. Augustin apporte sa caution à un principe assez libre d'organisation, même si, dans les régions parcourues par Dominique, la réforme canoniale comporte des aspects plus contraignants. Dominique disposait là d'un cadre souple, non d'un vrai modèle.

La vocation du saint, née lors des grands déplacements avec Diègue en Allemagne et à Rome (1203-1205), s'affirme lors de la fameuse rencontre de 1206 à Montpellier avec les légats cisterciens découragés par les mauvais résultats de leur prédication anticathare ; on connaît, grâce à Pierre des Vaux de Cernai, leur dilemme : ou réformer le clergé et ne plus pouvoir prêcher, ou bien prêcher parmi un clergé corrompu, donc sans résultats. Diègue leur suggère de dépasser ce dilemme en constituant un groupe qui « suive et enseigne l'exemple du Bon Maître, procédant en toute humilité, allant pieds nus, sans or ni argent, imitant en tout la voie apostolique ». Voici donc, par la bouche de Diègue, devant Dominique, face aux cisterciens, que s'offre un second modèle, la « voie apostolique », avec en filigrane la formule « *verbo et exemplo* » qui signe la vie cénobitique d'Égypte[34].

Le modèle apostolique a une longue histoire depuis le XIᵉ siècle[35], dans les mouvements de réforme de l'Église, du côté orthodoxe (Cîteaux, Prémontré) comme du côté hérétique (vaudois, cathares, groupes d'Arras, de Soissons, de Milan). Si la mention de la voie apostolique est constante dans la littérature dominicaine, le modèle ne semble guère s'être articulé, pour deux raisons :

La référence apostolique, si vivement revendiquée par des groupes hérétiques ou semi-hérétiques, peut impliquer des connotations anti-ecclésiales en manifestant l'inutilité de la hiérarchie post-apostolique. Or, dans les premiers temps de l'ordre, les frères sont encore suspects à de larges fractions de l'Église. John Freed rapporte les termes d'une lettre des chanoines, abbés et prêtres de Cologne, adressée, au début des années 1220, à l'évêque Engelbert : « Nous craignons que ces hommes [les frères] n'affligent le clergé et ne mettent en danger la cité comme l'Esprit Saint l'a prophétisé par la bouche d'Hildegarde de Bingen[36] » (Hildegarde avait annoncé, en 1164, la venue future de faux prêcheurs à Cologne). La description que le prêcheur Bernard Gui donne des hérétiques apostoliques réunis autour de Gérard Segarelli dans les années 1260 pourrait parfaitement s'appliquer aux premiers frères : « La secte trompeuse qu'il rassembla moins par son prestige que par son impudence, il l'institua Ordre des Apostoliques : ils devaient parcourir le monde tels de pauvres mendiants, vivre d'aumônes et enseigner le peuple en disant : "Faites pénitence, car le règne des cieux approche" et d'autres choses semblables qui, au premier abord, semblaient justes à leurs auditeurs, surtout des ignorants."[37] » Le péché de Gérard Segarelli, pour Bernard Gui, consiste à « vouloir observer et suivre la voie et la vie des apôtres... sans se rendre compte que les chemins traditionnels conduisent plus sûrement au salut ». Il fallait donc emprunter des chemins déjà parcourus par l'Église, tout en traçant de nouveaux itinéraires ; on imagine alors que la discipline floue du Désert, reconnue et prestigieuse, offrait ce chemin de traverse. Auparavant, Étienne de Muret, fondateur de Grandmont et modèle de Dominique, avait évoqué une troisième règle, à côté de celles de Benoît et d'Augustin, la règle de Basile, règle du monachisme oriental encore présent en Italie, avant de préciser que la règle des règles demeurait l'Évangile[38]. Pour Étienne comme pour les dominicains, la référence orientale masquait l'appel à l'évangélisme retrouvé.

En second lieu, si l'on ancrait plus solidement la règle apostolique dans l'Église catholique, on désignait alors l'évêque, successeur des apôtres, comme seul habilité à distribuer la prédication ; et selon les normes anciennes rappelées par le décret de Gratien, l'évêque distribuait ce pouvoir de parole aux prêtres séculiers, successeurs des disciples.

Précisément, la question de l'autonomie de la prédication se posait à Dominique dès 1207, au moment de l'assassinat d'un légat du pape en Languedoc et de la mort de Diègue d'Osma. La nécessité de la prédication devint plus grande et Dominique ne jouissait plus de la permission explicite de prêcher accordée à Diègue hors de son diocèse. À cette situation, semblait répondre un décret nouveau du synode d'Avignon en 1209 : les évêques constituent sous leur autorité un ministère de la prédication (*officium praedicationis*) indépendant du soin des âmes (*cura animarum*). Foulques, évêque de Toulouse, fait ainsi prêcher Dominique dans son diocèse de 1209 à 1215 ; mais Dominique maintient l'autonomie du modèle apostolique esquissé par Diègue. Il semble vouloir se libérer de toute tutelle épiscopale quand il va demander confirmation de son ordre en 1215. Vivre en communauté pauvre (règle d'Augustin, règle apostolique), indépendamment du siècle, mais dans l'Église, au service de la Parole : là encore, les Pères du désert offraient symboliquement le compromis nécessaire à l'entreprise.

La demande de confirmation de Dominique auprès d'Innocent III impliquait une nouveauté considérable : il s'agissait de confier perpétuellement à l'ordre nouveau la licence et la mission de prêcher, hors du contrôle épiscopal. Le pape accepta, à condition que l'ordre, selon le canon XIII du concile du Latran IV, adoptât une forme de vie confirmée. Dominique choisit alors la règle de saint Augustin ; il obtint par la bulle du 21 janvier 1217 la confirmation du titre et de l'office des prêcheurs. On connaît, par un récit de Thomas de Cantimpré, corroboré par les recherches récentes de Vladimir Koudelka et de M. H. Vicaire[39], les circonstances qui firent passer du terme *praedicans* au substantif *praedicator* : le pontife, dans l'adresse de la bulle (« *Ordo qui praedicatorum diceretur et esset* ») avait d'abord utilisé la forme *praedicantium* ; son notaire aurait signalé l'anomalie grammaticale qui, rectifiée, donna la forme nouvelle qui correspondait au vœu de Dominique : selon Thomas de Cantimpré, le nom *praedicator* devait indiquer l'*habitus* et non seulement l'*actus*. Dominique a donc recueilli, par les ruses de la grammaire et par son obstination à contourner les modèles réguliers et apostoliques, l'héritage égyptien de la maîtrise libre et communautaire de la parole prédicative. L'enjeu est important ; en effet, l'expression « *ordo praedicatorum* » se trouve déjà sous la plume de Grégoire le Grand pour désigner ceux qui ont le droit commun et divin (évêques et clercs) ou le droit extraordinaire (par commission ou privilège) de prêcher[40].

Une fois obtenu ce « magistère de la parole » qu'on pourrait dire de droit supra-ordinaire et divin, Dominique poursuit l'organisation de l'ordre selon le modèle implicite du Désert : en été 1217, il prend la décision de disperser au loin (Paris, Espagne, Rome et Bologne) sa petite communauté. En 1220, quelques mois avant sa mort, il délègue à la communauté le pouvoir de rédiger les statuts de l'ordre : l'individu s'efface devant le groupe. Les statuts de 1220-1221 élaborent une législation qui demeure très souple et la règle dominicaine ne se précisera que lentement au cours du siècle. Constamment, l'ordre préférera le consensus adopté dans une situation singulière à la définition préalable ; et encore au XIVe siècle, le prêcheur Jean Dominici, à propos d'un point de discipline, mettra le laconisme des règles au bénéfice de l'ordre en se référant explicitement aux *Vitae patrum* : « L'obéissance des anciens était telle que dans les *Vies des Pères* on remarque fréquemment qu'ils n'avaient aucune constitution pour lutter contre de telles délices[41]... »

L'intérêt des dominicains pour les Pères du désert, vers 1260, relève aussi de cette image d'une communauté souple, adaptée à toute situation et à tout individu. La brève partie consacrée à Jourdain de Saxe exalte, chez le maître général, son « discernement », qualité éminente pour l'abbé Pasteur (LA, 803.805) — qui consiste à savoir distinguer ce qui convient à chaque situation particulière ; pour Gérard de Frachet, c'est ce discernement qui permet à Jourdain de multiplier les conversions. On peut se demander si le jugement mitigé d'Humbert de Romans sur le travail de Gérard de Frachet ne correspond pas à une réaction institutionnelle (Humbert fut un législateur très ferme) au sein d'un ordre qui commençait à s'implanter dans le siècle et avait moins besoin de la vision mythique d'une communauté de consensus.

Gérard de Frachet et Jacques de Voragine favoriseraient alors un courant que l'on pourrait dire « spirituel » si l'ordre dominicain ne manquait cruellement de cette branche qui assurait aux franciscains une large écoute auprès des masses urbaines ; l'éloge des temps primitifs, époque du consensus, de l'errance et de la pauvreté stricte, le parallèle avec la Thébaïde prendraient sens dans cet épisode de la création avortée d'une branche spirituelle chez les prêcheurs[42].

La référence aux Pères du désert, chez Gérard de Frachet et Jacques de Voragine, permet de penser et de formuler à la fois le compromis institutionnel et la distinction sacrée : la création de l'ordre, groupe de prédicateurs dispersés, vivant en pauvres dans le siècle et exerçant un ministère sacré, conjoint les exigences grégoriennes de réforme et l'aspiration érémitique, la nécessité de l'encadrement clérical et le souci du salut individuel des moines, la vie cénobitique et la vie solitaire. À ce compromis difficile, on pourrait donner comme patron Jean l'Aumônier, cet ermite réformateur des villes. Le récit mythique de la *Vie des Pères* offrait la solution imaginaire qui échappait aux réformateurs des siècles précédents : une centaine d'années avant Dominique, Norbert de Xanten donnait un exemple clair d'échec dans cette tentative de concilier l'inconciliable : au concile de Fritzlar en 1118, on lui reprocha de ne pas observer les mœurs des chanoines réguliers, tout en vivant sur le mode monastique sans avoir formulé de vœux ; on l'accusa aussi de prêcher sans autorisation. Certes, il obtint un peu plus tard cette autorisation du pape Gélase II, mais renonçant à la prédication, il fonda alors, à l'écart des villes, le monastère de Prémontré : on croit lire, dans la succession chronologique, le programme que Dominique voulait assumer dans la simultanéité. La construction imaginaire de la nouvelle Thébaïde permettait de penser la nouvelle règle qui engloberait toutes ces aspirations diverses et contradictoires.

Les Pères du désert, enfin, offraient l'exemple d'une communauté distincte des institutions ecclésiales, tout en étant d'Église. J'ai tenté de montrer, ailleurs[43], qu'on trouvait dans la *Légende dorée* une construction segmentaire de la société chrétienne, où des groupes communautaires, rassem-

blés selon leur degré d'efficacité sotériologique, se hiérar-
chisaient par des mécanismes successifs d'inclusion et
d'exclusion; ce découpage privilégiait l'ordre des prêcheurs
où se concentrent les qualités salutaires qui se raréfient
graduellement parmi les groupes inférieurs en dignité spirituelle (prêtres, moines, Église, peuple chrétien). Or les *Vitae
fratrum* réitèrent ce schéma en associant et repoussant tour à
tour (suivant les niveaux d'opposition ou d'alliance) les
différentes communautés chrétiennes. Ainsi, l'« ordo » épiscopal, au sommet de la hiérarchie ecclésiale, respecté par
rapport à tout autre « ordo », risque cependant de corrompre
l'« ordo » suprême, qui distribue lui aussi la Parole, celui des
Prêcheurs. C'est ce que signifie Jourdain de Saxe à un synode
d'évêques : « Tant qu'ils [les évêques dominicains] furent
dans notre ordre, nous les avons bien corrigés; mais cette
dissolution, que vous leur avez causée, leur est échue dans
votre ordre » (VF, 141). À un cistercien, donc membre d'un
ordre fort estimé des prêcheurs, Jourdain dit : « Comment
votre ordre pourrait-il durer? » Cette conviction d'appartenir
à un *ordo « ordinans »* suprême, dans le siècle, séparé de toute
autre institution, participant directement à la gestion du salut
universel, trouvait une préfiguration mythique chez les Pères
du désert, chez un Jérôme tour à tour vêtu de pourpre et nu,
chez ces abbés infatigables critiques de toute installation,
durs manipulateurs de pailles et de poutres. Le désert des
prêcheurs, c'est bien cette réduction de l'espace à l'étendue
nue où se construit la cité de Dieu. Le modèle des *Vitae patrum*
a bien rempli une des fonctions du mythe : doubler le réel
d'une légitimation incontestable.

Deuxième Partie

Dynamique du récit.
La vie de saint dans l'histoire

CHAPITRE IV

Une vie de saint dans la durée.
La légende de saint Eustache

A. Un Eustache carolingien?

Dans le grand légendier du Moyen Âge occidental, la vie d'Eustache, à la fois si romanesque et si édifiante, au sein d'une production hagiographique souvent pauvre et répétitive, constitue une réussite exceptionnelle, sanctionnée par un grand succès. À la suite de tant de copistes et de compilateurs, résumons à nouveau.

Placide, général de l'empereur Trajan, homme charitable, mais païen, se convertit au christianisme après avoir rencontré le Christ sous la forme d'un cerf magnifique qu'il pourchasse en forêt. Le Sauveur l'instruit, lui annonce une vie d'épreuves. Après le baptême, Placide, devenu Eustache, subit une longue suite de malheurs : la peste et les voleurs ruinent ses biens ; il est contraint à l'exil, la nuit même où Trajan offre un festin à ses familiers. Sur le bateau qui l'emmène en Égypte avec sa famille, le capitaine s'éprend de sa femme et abandonne Eustache et ses deux fils sur une terre. Dans son errance, le malheureux doit traverser une rivière : il passe un premier enfant sur la rive opposée, et, au milieu du gué, au moment où il retourne chercher le deuxième enfant, il voit un lion et un loup s'emparer chacun d'un garçon. Il s'installe alors comme paysan dans un hameau où il demeure quinze ans. Enfin, ses tribulations cessent : l'empereur a besoin de ses talents militaires, le fait rechercher ; il est retrouvé contre son gré et réintègre sa fonction de général ; ses deux enfants, arrachés aux bêtes féroces sans qu'il le sache, ont été recueillis par des paysans qui les ont sauvés et, quinze ans plus tard, se sont engagés dans l'armée romaine; la femme d'Eustache, protégée du déshonneur par la mort subite du capitaine, est devenue une pauvre hôtesse dans la ville où campe l'armée d'Eustache. Dans son établissement, les deux jeunes officiers, en sa présence, se racontent leur vie et se reconnaissent comme frères. La mère fait part de ces retrouvailles au général qui commande ses enfants et reconnaît en lui son époux Eustache. Après sa victoire sur les Barbares, le tolérant Trajan meurt, et Hadrien, qui lui succède, persécute les chrétiens et fait subir le martyre à la famille réunie.

L'énigme d'Eustache

Le texte légendaire, en son développement, en ses origines, en sa matière même, paraît aussi étrange que la vie de son héros.

La légende d'Eustache, en chrétienté, apparaît tardivement et disparaît précocement, malgré un vif succès. On peut distinguer trois moments dans cette brève existence littéraire.

— *La diffusion* (VIIIᵉ-XIᵉ siècle) : les premières traces de la vie d'Eustache ne se repèrent qu'au VIIIᵉ siècle, à un moment où le grand légendier occidental paraît déjà constitué. Le texte des Passions grecque et latine circule en Occident et en Orient entre le VIIIᵉ et le Xᵉ siècles. Au Xᵉ siècle, le succès du récit en Occident se mesure au nombre des manuscrits en latin; une traduction en anglo-saxon se répand à cette époque.

— *L'apothéose* (XIIᵉ-XIIIᵉ siècle) : la plupart des langues vernaculaires de l'Europe accueillent le récit. Les grands légendiers latins compilés par les prêcheurs au cours du XIIIᵉ siècle lui font une place d'honneur (Jean de Mailly, Vincent de Beauvais, Jacques de Voragine). La légende prospère particulièrement dans le domaine français : on connaît douze manuscrits en prose française renvoyant à quatre types différents, onze versions en vers, sans compter la vie écrite au début du XIIIᵉ siècle par Pierre de Beauvais[1]. On apporte de Rome les reliques du saint au début du XIIᵉ siècle, en l'abbaye de Saint-Denis, avant de les transférer en 1223 dans une nouvelle châsse ; à cette occasion, on consacre au saint une paroisse de Paris, élevant à ce titre une ancienne chapelle de sainte Agnès, dépendant jusque-là de Saint-Germain-l'Auxerrois. Les représentations iconographiques de la vie du saint se développent au même rythme, selon les relevés effectués par Louis Réau ou par H. Avernhammer.

— *Une désaffection progressive* (XIVᵉ-XXᵉ siècle) : la légende perd de sa popularité ; elle n'est plus racontée à l'époque moderne et contemporaine, comme en témoigne le catalogue d'Aarne et Thompson, qui ne signale de versions populaires nombreuses qu'en Lithuanie[3]. La tradition se conserve sans éclat à l'intérieur de l'Église ; ainsi, le récit se lit dans le grand recueil des *Gesta Romanorum*, somme des anecdotes édifiantes du Moyen Âge, compilée au XIVᵉ siècle ; le compilateur en reproduit la trame inchangée, mais la double d'un commentaire exégétique serré, selon les tendances symbolistes du siècle[4]. Au XVIIᵉ siècle, les milieux cléricaux tentent d'exhumer la tradition : en 1660, le dominicain Combéfis édite et traduit un manuscrit de la Passion grecque : en 1661, le jésuite polymathe et polygraphe Athanase Kircher croit retrouver le site de la conversion d'Eustache au mont Vulturello, près de Tivoli ; en 1665, il expose sa découverte dans son *Historia Eustachio-Mariana* qui, comme on le verra plus loin, présente un véritable dossier hagiographique (vie, généalogie, description du site de la conversion et de l'église construite en ce lieu par Constantin) ; Kircher passe la fin de sa vie près de ce lieu, tentant d'y organiser un pèlerinage. Au XIXᵉ siècle, le chanoine Schmidt adapte la légende, dans un recueil destiné à la jeunesse ; cette adaptation provoquera une curieuse résurgence du récit au Québec, comme l'a montré le père Lemieux[5]. La lente agonie cléricale d'Eustache mène à sa fin, ordonnée par Jean XXIII, qui l'exclut du calendrier.

La vie d'Eustache surgit brusquement dans l'histoire, en sa forme accomplie, qui reste intangible jusqu'à son extinction.

En effet, si la tradition indique qu'Eustache subit le martyre sous Hadrien, au IIᵉ siècle, le nom du saint manque dans la *Depositio Martyrum* et dans le *Martyrologe Hiéronymien*. Aucun lieu, aucun culte, aucun document ne mentionne le souvenir du saint dans les premiers siècles du christianisme. Puis, au VIIIe siècle, Eustache sort tout armé de la culture chrétienne : la première trace de la légende se lit dans le traité *Des Images* de Jean Damascène[6]; l'auteur ne rapporte que le récit de la conversion et de l'apparition du cerf, mais le texte semble déjà complet; le Damascène n'expose que ce qui a trait à son propos doctrinal, dans la controverse contre les iconoclastes, et le titre du chapitre désigne en Eustache un martyr. À la même époque, une diaconie de Rome est dédiée au saint : un évangéliaire romain du VIIIe siècle mentionne son nom à la date du 20 septembre.

Il est possible que les Passions grecque et latine remontent au VIIIe siècle; rien ne le prouve. Des premières traces lacunaires du VIIIe siècle, apparues simultanément à Rome et en Orient, on passe au Xe siècle. On dispose alors de témoignages sûrs : la légende se développe simultanément en toute la chrétienté. De ce siècle, datent, en effet :

— les manuscrits grecs les plus anciens;
— les manuscrits latins les plus anciens;
— une amplification de Simon le Métaphraste;
— une glose de Nicétas le Paphlagonien;
— un poème de Flodoard;
— des versions copte, syriaque, géorgienne, anglo-saxonne[7].

Il semble donc impossible de déterminer l'aire originelle de la légende, d'autant que toutes les versions s'entretraduisent exactement. Depuis les bollandistes, au XVIIIe siècle, la recherche n'a guère avancé; ces derniers penchaient pour une origine grecque, eu égard aux consonances des noms des héros du récit. Le débat, repris avec âpreté par les philologues du début de ce siècle[9], n'offre aucune issue. Le dernier commentateur, R. Aubert, fait prévaloir la thèse romaine : l'Orient ne rend pas de culte au saint et la tombe d'Eustache se trouve non au Forum, mais au Champ de Mars, parmi les martyrs romains.

Le texte, complet et immuable, jaillit mystérieusement entre le VIIIe siècle et le Xe siècle; ainsi R. Aubert conclut-il : « On est dès lors porté à penser que le culte d'Eustache a pris naissance par hasard à Rome autour d'un personnage fic-tif[10]. » Ce jugement désabusé et désinvolte m'autorisera donc à risquer d'aventureuses hypothèses sur la genèse du récit.

La grande stabilité de celui-ci étonne d'autant plus que le texte rassemble en une composition synthétique trois moments distincts dont on repère aisément la genèse indivi-duelle, mais dont la combinaison ne se défait pas. Le récit forme un précipité dont on peut connaître analytiquement la composition sans en voir la formation ni la dissolution.

1. *La conversion.* La conversion de Placide reprend et cite celle de Saül de Tarse, le futur Paul, telle que la rapportent les *Actes des Apôtres* (IX, 3) : Saül, persécuteur des chrétiens, voit une lumière surnaturelle sur la route de Damas ; la terreur le jette à terre, comme Placide. Le Seigneur demande à Saül, comme à Placide : « Pourquoi me persécutes-tu ? », puis l'ins-truit rapidement du processus qui doit le conduire à la vérité. Un autre passage des *Actes* (X), le récit de la conversion de Corneille, est cité explicitement dans la Passion grecque et repris dans toutes les versions postérieures : Corneille, lui aussi, a su mériter sa conversion par une pratique païenne de la vertu chrétienne de miséricorde.

La force symbolique de l'image du cerf joue en deux sens dans la sensibilité médiévale ; l'animal figure à la fois le Sauveur et le sauvé, le pasteur et le catéchumène, Jésus et Placide. Dans le psaume XLI, le cerf dans l'eau représente l'âme à la recherche de Dieu[11]. Les mentalités médiévales voient en cette eau celle du baptême, comme le manifestent les sculptures des bases de piliers en l'église d'Ainay à Lyon. La fin du cerf pourchassé renvoie à la mort initiatique du baptême. Mais cet aspect sacrificiel de la mort du cerf, sensible dans les images de cerfs broutant la grappe eucharis-tique, telles qu'elles apparaissent en l'église Saint-Jouin de Marnes, orientent aussi le processus symbolique vers la figuration du Christ[12]. La course du cerf évoque, enfin, l'activité apostolique, selon l'interprétation que Tertullien donne du psaume LIX (« Mes ennemis m'ont entouré comme une bande de chiens ») et de Habaquq 3,19 : « Yahvé est ma force ; il donne à mes pieds l'agilité des cerfs et des biches[13]. »

Cette riche symbolique se trouve donc associée en même temps à Jésus, à Placide le catéchumène et à Eustache le confesseur ; à la fin du Moyen Âge, quand le récit perdra de sa force, elle sous-tendra les légendes d'Hubert et de Julien.

2. *Les tribulations et la séparation.* Le sens général des épreuves qui accablent Eustache évoque la figure de Job, comme le signifie Jésus quand il apparaît au futur saint. Les séparations successives et les reconnaissances s'inscrivent dans la tradition des récits grecs antiques de l'*Itinéraire Clémentin.* Enfin, le motif de la rivière traversée et de l'enlèvement par des bêtes sauvages se retrouve dans la littérature folklorique de tous les pays[14] et sert d'emblème à la forme générale du conte-type 938 de la classification d'Aarne et Thompson.

3. *Le martyre.* La mort d'Eustache et des siens se conforme à un modèle classique dans l'hagiographie chrétienne ; elle offre la fin la plus haute à un héros édifiant. Dans le détail de sa réalisation, le martyre transmue Eustache en un second Daniel : comme le prophète (*Daniel*, 6), le saint échappe aux lions ; le taureau d'airain rougi, écho de l'histoire de Phalaris d'Agrigente, tue les martyrs sans endommager leur corps, de même que les acolytes de Daniel, Shadrak, Méshak et Abed Nego sortaient indemnes de la fournaise (*Daniel*, 3).

La légende d'Eustache fait donc énigme en son sens et en sa forme : cette vie tardive, certainement fictive, a charrié des significations intenses, attestées par son succès entre le VIII⁰ siècle et le X⁰ siècle, puis au XIII⁰ siècle. Ensuite, cette forme significative a dû se perdre. Il paraît donc légitime de rechercher un principe de concordance entre le texte et les mentalités contemporaines du succès.

Le texte légendaire, du VIII⁰ siècle jusque dans sa survie au XIX⁰ siècle, conserve sa consistance, alors même qu'il paraît formé d'éléments hétérogènes et banals, d'unités « précontraintes », selon le mot de Claude Lévi-Strauss. Et précisément, on croit retrouver ici le fameux principe du « bricolage », par lequel l'anthropologue définit la pensée mythique : « Le propre de la pensée mythique est de s'exprimer à l'aide d'un répertoire dont la composition est hétéroclite et qui, bien qu'étendu, reste tout de même limité[15]. »

— *Eustache, absent emblème de la dynastie carolingienne*

Le sens et la forme du texte légendaire s'expliqueraient alors par la fonction du récit : un peu plus qu'un *exemplum* politico-moral, un peu moins qu'un mythe fondateur, la légende d'Eustache, sans doute importée d'Orient, aurait pris vie et vigueur dans le milieu impérial et clérical de la cour de Louis le Pieux et de Charles le Chauve, illustrant et fondant la brève et fragile utopie d'un ordre clérico-impérial. L'étonnante stabilité des épisodes hétéroclites renverrait alors à la fixité d'un itinéraire fondateur, de la Rome païenne à la nouvelle Rome chrétienne, en passant par le désert des épreuves.

L'hypothèse ne se soutient d'aucune preuve documentaire ; seule s'observe une triple concordance.

1. Première concordance : Eustache et son double Denys

En septembre 827, des émissaires de Michel le Bègue apportent solennellement, à la cour de Louis le Pieux à Compiègne, un exemplaire[16] grec des écrits attribués à Denys l'Aréopagite. Événement d'importance, qui consacre la figure de Denys. Certes, on connaissait, en Occident, l'existence du *Corpus Dionysiacum* avant l'arrivée de cette ambassade, mais l'immense prestige de Denys date de cette épiphanie diplomatique et des efforts alors déployés dans les milieux cléricaux de la cour : l'activité inlassable d'Hilduin, abbé de Saint-Denis depuis 815, assure une grande diffusion aux textes et à la légende de Denys ; la traduction, entreprise immédiatement, s'achève en 835. Hilduin rédige une vie *(Post beatam et salutiferam)*, qui fixe durablement la figure composite de Denys, synthèse de trois personnages distincts :

— un Athénien converti par Paul, au Ier siècle donc, mentionné par les Actes des Apôtres (17, 34), sous le nom de Denys l'Aréopagite.

— le martyr de Paris, décapité avec ses disciples au IIIe siècle, dont Grégoire de Tours a rapporté les souffrances.

— le mystique grec, auteur du *Corpus*, qui vécut sans doute au Ve ou au VIe siècle (la plus ancienne mention du *Corpus* se trouve dans les actes d'un concile de Constantinople en 533).

Un tel amalgame ennoblit évidemment le saint protecteur de Paris, qui, depuis les Mérovingiens, abrite en son sanctuaire les dépouilles royales. Or, la vie d'Eustache semble transposer curieusement celle de Denys.

— Les deux saints méritent leur conversion par l'exercice païen de vertus chrétiennes : l'un par sa charité, l'autre par son inquiétude religieuse ; un miracle violent les arrache à leur ignorance : l'apparition du cerf ou l'éclipse qui assombrit Athènes. Dans les deux légendes, l'ébranlement thaumaturgique précède un énoncé du Credo, du symbole des Apôtres, par la bouche de Jésus dans un cas, par celle de Paul dans l'autre. La présence de Paul, réelle dans la vie de Denys, métaphorique dans celle d'Eustache, unit les deux récits. Suit un baptême immédiat, qui bénéficie aussi à la famille du converti (en effet, le texte d'Hilduin transforme Damarie, simple comparse dans les *Actes* en une épouse de Denys).

— Denys connaît ensuite, comme Eustache, de longues tribulations, d'Athènes à Rome, puis à travers la Gaule qu'il tente de convertir, avant de périr à Paris.

— Les martyres des deux saints présentent des caractères communs : les bêtes féroces les épargnent; Denys échappe miraculeusement à la fournaise qui laisse intacts les corps d'Eustache et des siens. Enfin, pour Hilduin (les compilateurs du XIIIᵉ siècle modifieront ce détail qui donnait une longévité étonnante à Denys), ce supplice se déroule sous l'empereur Hadrien, responsable de la mort d'Eustache. Il faut noter aussi que les dates de célébration des deux saints (20 septembre et 9 octobre) sont voisines dans le calendrier[18] et que les reliques d'Eustache, au XIIᵉ siècle, trouvèrent refuge en l'abbaye de Saint-Denis.

Tout se passe comme si la légende d'Eustache, au cours du IXᵉ siècle, profitait du prestige nouveau, spirituel et politique de Denys, ou bien en doublait la leçon d'une variante laïque.

2. Deuxième concordance : de la typologie à la tripartition

À la parenté biographique et cultuelle, s'ajoute une convergence des interprétations offertes par les textes hagiographiques et doctrinaux, qui échangent et rapprochent leurs significations.

Georges Duby a signalé le rôle du *Corpus Dionysiacum,* et surtout des deux traités *De la Hiérarchie,* dans l'instauration du schéma triparti de la société, à partir du IXe siècle[19].

En cette matière, Eustache et Denys conjoignent leurs démonstrations, l'une active, l'autre méditative; d'un côté, la doctrine hiérarchique de Denys, en un texte du *Corpus* du moins, se fonde sur la perception d'un Dieu de l'épreuve et du secours, le Dieu de Job et d'Eustache. De l'autre, la bio-graphie d'Eustache met en scène la hiérarchie des ordres chrétiens.

Soit la VIIIe lettre de Denys, *à Démophile, serviteur, sur le devoir de ne pas se mêler des autres et de pratiquer la bonté.* Dans cette lettre, Denys reproche à Démophile d'avoir violemment attaqué un prêtre chrétien qui, lors de la célébration du rite, n'avait pas repoussé un païen venu chercher un secours spirituel. Dans un contexte de conversion, Denys associe un éloge de la hiérarchie (Démophile devait respecter l'autorité du prêtre : « Chacun doit rester dans les limites ordonnées de sa fonc-tion ») à une exaltation de la charité (il convenait d'accueillir une âme encore privée des lumières divines). Comme dans la vie d'Eustache, la charité se hausse jusqu'à la vertu de patience et de foi, dans l'épreuve acceptée : « Et Job fut justifié parce qu'il demeura exempt de toute méchanceté. » Le Dieu de Denys, comme celui d'Eustache, convertit les égarés et rassemble ceux qu'il a dispersés : « Il leur promet d'avoir soin d'eux, et lorsqu'ils sont encore loin de lui, il suffit qu'ils approchent pour qu'il coure au-devant d'eux », « il convoque ses amis, c'est-à-dire ceux qui sont bons, pour que le rassemblement soit complet de ceux qui vivent dans l'allé-gresse[20]. »

Réciproquement, la légende d'Eustache a pu se lire comme une représentation narrative de la typologie ternaire de la société chrétienne, classique depuis Origène et Jérôme, mais dont la pertinence s'affirme nettement dans les mentalités du IXe siècle. Il faut citer ici le fameux texte de Grégoire le Grand, dans les *Moralia in Job* : « On en est venu à une triple distinction dans les formes de vie reçues par l'Église : les prêtres, les continents et les gens mariés... Noé, qui guida l'arche sur les flots, symbolise les pasteurs : au-dessus du peuple, pour en être les modèles, ils guident la Sainte Église parmi les vagues des épreuves. Daniel, dont on nous décrit la merveilleuse abstinence, figure la vie des continents : ayant renoncé à tout ce qui est du monde, ils dominent par l'élévation de leur âme cette Babylone qu'ils méprisent. Job nous représente la vie des justes mariés : se servant de leurs richesses terrestres pour faire de bonnes œuvres, ils sont en marche, comme par la route de ce monde vers la céleste patrie[21]. »

Eustache incarne successivement, dans la durée de sa vie, ce triple modèle.

— Au début de sa vie, et jusqu'à son arrivée en terre d'exil, il mène la vie sage du juste marié. Il pratique la charité. Enfin, le modèle de Job apparaît explicitement lorsque Eustache accepte de se soumettre aux épreuves que Jésus lui envoie et se met en marche « par la route de ce monde ».

— En sa terre d'exil, le saint assume le rôle de Daniel, dans la solitude et l'abstinence. La prégnance de ce modèle érémitique explique la passivité d'Eustache : en quinze ans, jamais il ne tente de retrouver son épouse ni de sortir de sa médiocre condition ; lorsque les envoyés de Trajan le recherchent, il dissimule son identité : il a renoncé à Babylone, c'est-à-dire à Rome. Cette fidélité au modèle de Daniel justifie peut-être, plus que la « contamination » évoquée par Louis Réau, la façon dont, sur le portail de la Calende, en la cathédrale de Rouen, l'artiste du XIVe siècle a figuré Eustache, au moment où les bêtes féroces s'emparent de ses enfants. « Il est représenté en orant, comme Daniel entre les deux lions : exemple de contamination des thèmes iconographiques[22]. »

— Comme Noé, Eustache, à son retour d'exil, devient un chef qui guide son peuple contre les envahisseurs ; sa pratique militaire ne reproduit pas celle de sa vie païenne : il rassemble, lève une conscription générale. Parmi les vagues de l'épreuve, il réunit sa famille et la conduit, au nom de la foi, vers le supplice. La simultanéité du triomphe militaire et du martyre marque bien le statut du dernier Eustache, chef chrétien.

Ces états successifs d'Eustache déploient dans la durée une vision théorique de la société chrétienne, en un itinéraire didactique ; ainsi s'explique l'hétérogénéité et la résistance du montage narratif : sa cohérence, narrativement faible, s'affermit du contrefort théologique. Eustache peut dire de lui-même : « Je ne suis pas moi » (*non sum ego*) sans attenter à son existence de héros de légende.

Mais il convient d'aller plus loin : dans cette typologie des états, on sent affleurer la tripartition fonctionnelle. Au cours de la première phase de sa vie, Placide, *magister militum*, incarne la fonction guerrière. Lors de son exil, le saint travaille aux champs. Le poème que Flodoard consacre à Eustache, au cours de la première moitié du Xe siècle, dans son *De Christi triumphis apud Italiam*[23], souligne plus nettement encore la nature de la condition du saint :

> ... et pauper in agris
> Ruricolae ediderit vitam mercede laborum

Le sort du saint conjoint la typologie morale (*pauper, mercedes* au sens de rachat, *labor* au sens de peine) et la description sociale (*ruricola, mercedes* au sens de salaire, *labor* au sens de travail). Au même moment, Théopista, l'épouse d'Eustache, exerce la fonction nourricière et urbaine d'aubergiste.

Le martyre public et édifiant fait du saint un *orator* laïc ; il ne pénètre dans le taureau d'airain qu'après avoir prononcé une prière et un prêche publics. La première fonction, celle de l'*orator*, s'affirme faiblement, mais il faut garder à l'esprit qu'Eustache demeure un laïc et que le récit, du moins tel que je le reconstruis, prend un sens théologico-politique en exaltant une transformation, par la conversion, du statut des gouvernants : par un itinéraire chrétien, par le travail et/ou la pénitence, un chef militaire devient le « préfet-prélat » de son peuple[24]. La fable transcrit une formule utopique de tripartition de la société, fondée sur le caractère sacré du chef.

On pense alors au milieu favorable dans lequel elle a pu être accueillie : les cours de Louis le Pieux et de Charles le Chauve. Jan d'Hondt a décrit la « troupe des réformateurs utopiques » qui entoure Louis : « Leur programme impérial n'était qu'un sous-produit d'une conception plus vaste, où l'Empire constitue un cadre séculier qui n'existe que pour fournir un support à l'Église. » La pénitence publique de Louis, au concile d'Attigny, en 822, ne désigne-t-elle pas cet accès au statut de souverain chrétien signifié par l'histoire d'Eustache?

Plus tard, Charles le Chauve conservera cet entourage clérical, autour d'Hincmar dont Jan d'Hondt dit qu'il fut « le vrai roi de Francie[25] ».

Le récit prend alors rang, parallèlement à la légende de Denys, de mythe fondateur de l'ordre clérico-impérial. Malheureusement, aucun document ne confirme cette interprétation, puisque, entre le texte du Damascène ou les mentions romaines du VIIIe siècle et le poème de Flodoard au Xe siècle, la vie d'Eustache reste suspendue. La seule confirmation, bien légère, de ce rôle mythique provient d'une autre concordance : Aelfric, qui écrivit un des premiers textes relevant de l'idéologie tripartie en Occident[26], fut aussi le premier traducteur occidental de la légende d'Eustache en langue vernaculaire, à la fin du Xe siècle[27].

Au-delà des faits et des textes, au-delà des interprétations, on peut rêver, imaginer le scénario de l'irruption de l'histoire d'Eustache à la cour de Charles le Chauve, en ajoutant au récit la fiction de sa transmission. Dans la nébuleuse formée par la convergence des trajectoires thématiques, se dessine un tracé, aussi net et aussi arbitraire que celui de la Grande Ourse.

— La légende d'Eustache a pu être prélevée dans l'immense trésor de l'hagiographie orientale; rien ne le prouve, mais le romanesque du récit, son caractère familial évoquent bien l'atmosphère byzantine[28] et renvoient peut-être aux antiques légendes indiennes ou grecques. La tonalité du récit l'apparente à la vie d'Alexis où à celle des Sept Dormants.

— Puisant dans cet arsenal de récits merveilleux, qu'il connaissait bien, Jean Damascène, au début du VIIIe siècle, « invente » ou exhume le récit qui lui servira à des fins polémiques et apologétiques; il s'agit de prouver, contre les iconoclastes, que Jésus a voulu faire apparaître son effigie;

l'histoire renouvelle, sur le mode typologique, l'épisode de la conversion de Paul.

— Le récit passe rapidement à Rome par le canal des moines byzantins qui fuient les persécutions iconoclastes, s'établissant en couvents sur le sol italien, ou bien poursuivent, comme l'évêque Arsène d'Horte, père d'Anastase le Bibliothécaire, une carrière ecclésiastique et diplomatique en Occident.

— De Rome, le récit migre, au cours du IXᵉ siècle, vers les cours de Louis le Pieux ou de Charles le Chauve. Byzance jouit d'un grand prestige à la cour impériale, comme on a pu le mesurer à l'accueil fait en 827 au *Corpus Dionysiacum* : l'Orient apporte sa sagesse, ses Pères, sa doctrine du pouvoir sacré des empereurs. Les contacts se multiplient ; par exemple, Arsène d'Horte parcourt la Gaule en 865. Son fils Anastase, ce « brigand », selon le mot du père de Lubac[29], haut dignitaire pontifical, deux fois excommunié, faussaire, faiseur de papes, successivement ami et ennemi de Charles le Chauve et de Hincmar, joue un rôle considérable dans les échanges entre Byzance, Rome et la cour de Francie. Or Anastase écrivit une vie de Denys qu'il fit passer pour la traduction d'un texte de Méthode et la dédia à Charles le Chauve[30].

La vie d'Eustache a pu bénéficier du prestige oriental et du sens politique de la légende et de la doctrine de Denys, dont l'importance ne faiblit pas au cours du IXᵉ siècle, puisque, à la traduction d'Hilduin, succède celle de Jean Érigène[31]. Anastase, dans sa seconde lettre à Charles le Chauve, en propose lui-même une nouvelle traduction, avec des attendus assez méprisants sur la science hellénique de l'Érigène. L'Église a pu encourager la diffusion de la légende d'Eustache, si elle exalte bien une restauration carolingienne sous la tutelle cléricale. En dehors même de la justification du schéma triparti, le texte loue un haut fonctionnaire de l'Empire (*magister militum*), illustre l'efficacité des levées militaires, au moment où le système administratif et militaire carolingien commence à se défaire. Autre éloge, bien venu en la circonstance, celui de la cellule familiale, dispersée, puis rassemblée dans la gloire ; l'Église et l'Empire privilégient, au

IXe siècle, la famille étroite, « agnatique », aux dépens de la famille large, « cognatique »[32]. Enfin, au moment de la seconde vague d'invasions, l'Empire carolingien, comme celui de Trajan, subit la pression des peuplades barbares : il faut donc trouver de nouveaux Eustache.

Une dernière concordance manifeste, dans les mentalités du IXe siècle, le besoin d'entendre une histoire qui parle de conversion et de triomphe glorieux de l'Empire.

3. Troisième concordance : la conversion d'Harold

Ermold le Noir compose, vers 827, un poème en l'honneur de Louis le Pieux[33]. Le texte se présente comme une chronique laudative des principaux actes du règne royal, puis impérial, de 781 à 826. Plusieurs analogies frappantes avec les légendes de Denys et d'Eustache apparaissent.

— *Une image de la hiérarchie clérico-impériale.* Lors du sacre de Louis, le 5 octobre 816, le monarque s'adresse au pape et à ses sujets ; il demande l'aide du pontife et des nobles, « pour que mon clergé et mon peuple, les petits et les grands, continuent de vivre sous mon autorité selon la loi ancestrale » (*Quo clerus populusque meus, pauper potensque/Jura paterna sequi me faciente queant* — v. 952-953). Il s'agit là, certes, d'une typologie sociale tout à fait classique dans le haut Moyen Âge : l'opposition duelle entre laïcs *(populus)* et clergé *(clerus)* ; mais, en la personne du souverain, apparaît un troisième terme, le « préfet-prélat » mi-laïc, mi-religieux, qui s'appuie sur l'élite des laïcs (les nobles) et de l'Église (les clercs réformés sur le modèle monacal) ; en effet, les deux groupes se dédoublent hiérarchiquement, les laïcs en puissants et en pauvres *(Dives agat legem, pauper teneatur eadem)*, le clergé en clercs encore indisciplinés *(Regula sancta patrum constringat in ordine clerum)* et en moines *(Monachorum ordo Benedicti)* (v. 954-957). Ermold rejoint ici le désir d'un ordre clérico-impérial qui animait l'entourage ecclésiastique de la cour et que l'on retrouve dans un texte contemporain (828) cité par G. Duby[34] ; des évêques francs s'adressent à Louis : « Le corps de la communauté est réparti principalement entre deux personnes éminentes — parce que le corps du roi est lui-même ainsi partagé, et que cette duplicité initiale diffue sur le corps tout entier du peuple de Dieu. »

Plus loin, Ermold, rapportant son propre comportement lors de la seconde guerre de Bretagne (automne 824), confirme le souci carolingien de séparer nettement les ordres laïc et clérical; le clerc Ermold ne doit pas combattre, selon l'injonction amusée de Pépin : « Moi-même, j'ai porté le bouclier sur mon épaule et l'épée à mon côté; mais personne n'a eu à se plaindre de mes coups. Pépin à ce spectacle s'amusait et me disait : "Frère, laisse les armes; la lecture est mieux ton affaire *(Cede armis, frater, litteram amato magis)*." » (V. 2016-2018.) Le monarque sépare en son peuple ce qu'il unit en sa personne[35].

Une longue scène anime et illustre cette conception de la hiérarchie clérico-impériale. Il s'agit du récit de l'évangélisation des Danois et de la conversion de leur roi Harold, qui occupe la quasi-totalité du chant IV et dernier du poème. Les différentes phases de l'action s'intègrent facilement dans notre corpus imaginaire de la rêverie clérico-impériale du IXᵉ siècle.

— *Le péril barbare.* Dans Ermold, comme dans la légende d'Eustache, l'action s'inscrit dans le contexte d'une menace extérieure. Curieusement, le récit de la seconde guerre contre les Bretons s'insère entre l'évocation du début de la mission auprès des Danois et la description du cérémonial de la conversion (v. 1994-2027).

— *Une conversion.* Pour évangéliser les Danois, Louis envoie Èbe, archevêque de Reims (autre concordance!); le prélat apparaît comme une émanation cléricale de la personne impériale, non comme un pasteur de l'Église : Ermold précise que « c'était par les soins de Louis que ce prélat avait reçu sa première éducation et avait été formé aux arts libéraux » (v. 1908-1909). Louis donne lui-même le contenu de la catéchèse[36] selon une formule qui peut évoquer le symbole des apôtres, dont on a déjà noté le rôle dans les conversions de Denys et d'Eustache : « Explique-lui qu'il y a un Dieu dans le Ciel, créateur de l'univers et de tout ce que contiennent la terre, la mer et les airs... Celui qui pouvait, avec son père, sauver le monde par sa passion, voulut mourir sur la terre par miséricorde (v. 1914-1915). » Si l'on superpose les deux récits, Louis, par son initiative et par l'énonciation de la doctrine, occupe la place de Jésus.

Èbe effectue sa mission avec succès ; à l'exposé des vérités chrétiennes, Harold répond, comme Eustache, « *Credo* » (v. 2034), même si cette confession de foi demeure conditionnelle chez le Danois ; il croira, si la réalité chrétienne des pays francs confirme le discours doctrinal. Harold se rend donc auprès de Louis, accompagné de sa femme et de ses enfants :

> *Engilin-ipse pius* placido *tunc tramite-heim*
> *Advolat induperans conjuge cum, subole*[37].

Harold, comme Eustache, doit *voir* pour croire. De même que Jésus sauvait Placide en lui présentant son effigie en cerf, de même, Louis convertit le Danois par la démonstration de la puissance carolingienne à Ingelheim. Par une ellipse étonnante, le processus de la conversion s'efface au profit de la description du spectacle offert aux yeux d'Harold, qui peut alors, immédiatement, prononcer lui-même le credo transmis par Èbe et énoncé par Louis : « Il [Èbe] soutient qu'il n'y a qu'un seul Dieu, créateur du ciel, de la terre et de la mer [v. 2200-2201]... »

Ce que voit Harold, ce n'est pas la splendeur du décor, mais une effigie, une représentation, une longue suite de fresques et de statues, qui dépeignent l'histoire du salut humain. À l'événement singulier d'une conversion, Ermold substitue la théorie (procession et modèle) d'un devenir collectif. Louis, comme Jésus, donne à voir : il représente (figure et vaut pour) Dieu. La représentation figurée en l'Église et au Palais offre à l'Empereur la puissance spirituelle (par elle, il convertit) et la puissance temporelle : « Le palais est décoré de ces tableaux et d'autres encore : ils retiennent et charment la vue de quiconque les regarde. C'est là que César dicte ses volontés à ses sujets et donne ses soins assidus aux affaires du royaume [v. 2164-2165]. »

Tout importe dans la description de ces images (v. 2062-2163) : et d'abord sa composition, qui reproduit la tripartition des ordres. Ermold évoque, en premier lieu, le site d'Ingelheim, fruit du travail : « Cet endroit se trouve près du Rhin au cours rapide, au milieu de terres aux cultures riches et variées... Le palais immense... œuvre de maîtres ouvriers [v. 2061-2062]... » On passe alors aux fresques de l'église et aux statues du palais, comme si les deux ordres supérieurs accédaient seuls à la représentation. L'apparat impérial fixe en lui la totalité de la figuration et de l'ordre; Louis règne sur l'Église et le Palais qui reposent sur les fondations du labeur. Harold (et « quiconque ») peut lire en cette figuration une histoire du triomphe chrétien et impérial, en sa double version, cléricale et guerrière, de la Déviation à la Rénovation; sur les murs de l'Église, le récit du salut se déroule de gauche à droite : « À gauche est expliqué comment Dieu plaça les premiers hommes dans le Paradis [v. 2072-2073]... » Par-dessus l'autel, « l'autre côté rappelle la vie mortelle du Christ » (v. 2100). De même, les sculpteurs du palais se répartissent en deux groupes : d'un côté apparaissent les actions héroïques ou odieuses[38] des héros païens de l'antiquité, de l'autre les hauts faits des héros chrétiens : « Dans une autre partie du palais, on admire les exploits d'ancêtres plus proches, inspirés par l'esprit chrétien » (v. 2148-2149), jusqu'à Charlemagne.

— *Un baptême.* Du palais, Harold et Louis, accompagnés de leurs épouses et de leurs enfants, se rendent à l'église où le Danois reçoit le baptême. Le cortège impérial s'avance : d'abord Louis, précédé de Charles le dernier-né, escorté des dignitaires de l'Église Hilduin et Hélisachar, puis Lothaire et Hérold, enfin Judith l'impératrice avec les comtes Matfrid et Hugues.

Encore une fois, Ermold commente la scène; encore une fois, il s'agit d'ordre. Le poète traduit le geste de la conversion en une future conversion des gestes; en effet, il invite Harold à transformer les objets du culte païen en outils : « Eh bien! illustre Harold, je te le demande maintenant, qu'aimes-tu mieux : la religion de notre roi ou les idoles sculptées? Va jeter dans les flammes ces dieux d'or et d'argent, et ce sera un titre d'honneur pour toi et les tiens. S'il en est un de fer, ce fer sera bon pour cultiver les champs. Fais-en fabriquer des socs : une charrue qui retourne la terre te sera de meilleur profit que ce dieu [v. 2324-2331]. » Immédiatement après ce commentaire, Ermold rapporte les préparatifs du festin qui se déroulera plus tard, puis raconte la chasse offerte à Hérold.

Ainsi, Harold, comme Eustache, naît à l'ordre chrétien en renonçant. À l'église, il se dépouille de sa fonction sacerdotale païenne; en préparant la future prospérité de son royaume, en festoyant et en chassant, il traverse la fonction laborieuse et pénitentielle. Puis au palais, au cours de la cérémonie de l'hommage, il perd sa suprématie politique et guerrière : « Et, joignant les mains, il se remet en la puissance de l'empereur, avec tout le royaume dont il était le maître[39]. »

Orator par l'énonciation du Credo (soufflé par Louis), bellator auxiliaire du monarque par le serment vassalique, laborator par les rites symboliques de prospérité, le Danois assume la réunion des trois ordres en sa personne, mais sur un mode subordonné et subalterne; il devient le vicaire du préfet-prélat qui, seul, peut dominer la tripartition essentielle qui culmine en la personne impériale. Les dons offerts par Louis, à l'issue de la cérémonie, confirment cette triple insertion qui n'est que la réduction, le simulacre de l'ordre impérial : « Puis, selon le vieil usage des Francs, l'empereur donne à Hérald un cheval et des armes... Il lui donne, près de ses frontières, des domaines, des vignobles, des régions fertiles; il lui donne, pour rehausser l'éclat du service divin, tous les vases sacrés que réclame le culte; pour les clercs des saints ordres, des vêtements; il lui donne aussi des prêtres, avec les livres de la foi catholique [v. 2488-2489 et 2494-2499]. »

— Une chasse. Il convient de revenir sur la chasse offerte à Harold. Un incident soigneusement noté par Ermold répète, ou annonce, ou module la scène première de l'élection du chasseur : « Or, il arrive que, forcé par les chiens, un jeune daim fuit à travers les bois épars et bondit parmi les saules auprès desquels s'étaient arrêtés la cour, l'impératrice Judith et le tout jeune Charles[40]. L'animal passe avec rapidité, mettant tout son espoir dans la vitesse de sa course : à moins de réussir à fuir, il est perdu. Le jeune Charles l'aperçoit, brûle de se mettre à sa poursuite, comme fait d'ordinaire son père, et il supplie qu'on lui donne un cheval. Il réclame ardemment des armes, un carquois, des flèches rapides, et veut courir sur la trace, comme son père. Il fait prières sur prières. Mais sa mère aux traits si beaux lui défend de s'éloigner et refuse ce qu'il demande. Si son précepteur et sa mère ne le retenaient, obstiné comme sont les enfants, il s'élancerait à pied. Mais d'autres, partis à la poursuite du jeune animal, le capturent et le ramènent vivant à l'enfant. Alors, il saisit des armes à sa taille et frappe la bête tremblante. Tout le charme de l'enfance flotte autour de lui; la vertu de son père et le nom de son aïeul rehaussent son prestige [v. 2394-2413].»

L'effigie de Jésus — le cerf — ne pouvait souffrir des assauts de Placide le païen, qui alors sacrifiait sa propre personne; chasseur chassé, il se substituait au Sacrifié devenu sacrificateur. Hostie vivante, il renaissait en Eustache. La chaîne eucharistique, en cette scène onirique, se prolonge : Eustache le sacrifié a symboliquement fondé l'Empire; il a sacralisé la personne impériale, qui, à son tour, délègue à sa descendance le rôle de sacrificateur. Précisément, Ermold évoque le père, Louis, et le Nom du Père du père, Charlemagne.

Du Père au Fils, le pouvoir sacré se transmet en cette scène, qui double et inverse la légende d'Eustache[41]. À la place de Dieu, Louis, origine des effigies et des paroles sacrées. À la place d'Eustache, le chasseur converti, deux figures complémentaires. Charles, élu par la chasse miraculeuse, maître inné du rituel sacrificiel; le vrai Fils soumet les créatures, occupe, de pleine grâce, le rang fondé par Eustache, celui de prince chrétien. Harold, converti, choisi par Louis, devient son fils adoptif, pour autant qu'il se soumet à l'ordre impérial, dont il reproduit en sa personne le pâle reflet[42].

La légende instaure et le poème illustre; les deux récits composent les deux versants d'un grand mythe carolingien. Mais à quoi sert ce mythe? Pourquoi fabuler ainsi? Claude Lévi-Strauss a montré que les mythes permettaient de penser les contradictions[43]. En effet :

— L'épisode de la chasse, dans la version impériale du mythe, flatte les desseins du monarque : on sait qu'en 826 Charles a trois ans : il est né en 823 de la belle Judith, seconde épouse de Louis, bien après le partage proclamé de l'Empire entre les fils du premier lit. Louis prétend alors doter Charles contre les principes qu'il a posés lui-même. L'épisode fabuleux de la chasse de Charles justifie, par l'ordre providentiel, ce retournement.

— Le double mythe, pris dans sa totalité, expose les

origines divines de la fonction impériale, sommet d'une hiérarchie des ordres chrétiens où la monarchie n'a pas sa place,
sinon au-dessus ; c'est-à-dire en dehors du système qui la
rejette théoriquement et historiquement.

— Au prix d'une narration onirique, la tripartition rêvée,
celle du Maître sacré qui domine les ordres subalternes, efface
la tripartition menaçante, celle qui émancipe les *milites*, les
chevaliers, et exalte le rôle des nouveaux *oratores*, les moines,
celle qui exclut la figure sacrée de l'Empereur.

Par le mythe, l'idéologie carolingienne intègre symboliquement dans l'ordre clérico-impérial l'institution qui la ruinera,
le féodalisme.

Par-delà le silence du XIᵉ siècle, il resterait à expliquer la
résurgence de la légende d'Eustache au XIIIᵉ siècle. En effet,
le texte, immuable, retrouve toute sa force dans une société
bien différente. Faute de raisons solides, il faut égrener
quelques hypothèses.

— Le pouvoir capétien restaure peu à peu l'idée d'une
monarchie sacrée, autour du sanctuaire de Saint-Denis. À
partir du XIIᵉ siècle, on lit à nouveau le *Corpus* de Denys.
G. Duby a montré qu'une nouvelle lecture, princière, de la
tripartition se faisait en ce temps[44]. En marge de l'innovation
du XIIᵉ siècle, la nostalgie carolingienne demeure, comme le
montre le succès des chansons de geste[45].

— La nouvelle tribulation orientale, celle des Croisés,
renouvelle l'intérêt des fidèles pour un récit qui justifie selon
un plan divin les épreuves subies outre-mer.

— La technique de la glose exégétique, développée au
terme d'une longue tradition, actualisée par la science scolastique, trouve un objet de choix en cette légende composite et
complexe, où peuvent se déchiffrer, au fil du récit, les trois
sens spirituels de l'histoire d'Eustache.

— Enfin, au XIIIᵉ siècle, le succès de la légende semble
assuré, pour une large part, par l'ordre des prêcheurs, grâce à
ses sommes hagiographiques. Or, il semble qu'une tendance
de l'ordre dominicain ait construit l'utopie d'une hiérarchie
théocratique. Eustache apparaîtrait alors non plus comme le
fondateur de la dynastie sacrée, mais comme la figure du
milicien chrétien dressé contre les puissances temporelles.

B. Eustache dans la *Légende dorée*

Saisissons maintenant la légende d'Eustache au cœur de la narrativité du XIIIᵉ siècle, dans la *Légende dorée* de Jacques de Voragine, où, parmi tant de récits fabuleux, le récit prend l'allure d'un conte et correspond assez bien à l'espèce narrative où l'ont classé Aarne et Thompson (*Novelle : romantic tales ; subdivision : tales of fate*)[46]. Dans la première partie de la légende, jusqu'au martyre final, il s'agit bien d'une histoire de sort surmonté, correspondant dans la logique du récit de Claude Bremond[47] à la séquence élémentaire Dégradation → Amélioration.

De plus, la succession des aventures d'Eustache a une cohérence narrative assez forte, si l'on considère que notre héros gagne sa place au martyrologe par l'exercice de trois mérites : la miséricorde dans sa vie païenne, la patience dans son exil et le martyre enfin. La suite ordonnée de ces trois mérites fait penser aux trois épreuves qu'affronte le héros du conte merveilleux : épreuve qualifiante, épreuve principale, épreuve glorifiante[48]. Ici, comme dans le conte, chaque épisode conditionne celui qui le suit : par la pratique de la miséricorde, Placide est « sélectionné » pour l'épreuve principale, la plus longue, la plus difficile, la plus romanesque et c'est sa réussite dans cette épreuve qui lui permet d'accéder à la gloire sanctifiante du martyre.

La logique du récit est donc simple et efficace. En outre, la présence de motifs simples et universels confère au texte une bonne teneur narrative : séparation de la famille, quête et reconnaissance d'un homme providentiel, recognitions successives par des récits et par des signes ; un motif (N 251 de la typologie des motifs de S. Thompson)[49] est particulier à cette légende, celui de la rivière et des bêtes sauvages ; or sa puissance narrative et symbolique est grande (c'est d'ailleurs ce motif qui permet de discerner des antécédents à la légende).

Ce résumé de la légende est trompeur, car il omet un effet important : c'est le refus systématique du suspens narratif. En effet, lors des visions que lui accorde le Christ, au moment de sa conversion, Eustache apprend tout ce qui l'attend : « Quand tu auras été humilié, je viendrai à toi et te rendrai ta gloire première [LA, 714]. »

À aucun moment, le narrateur ne nous abandonne à la surprise du récit. À l'instant où les soldats retrouvent Eustache : « Il entendit une voix lui dire : "Confiance, Eustache, dans peu tu seras rétabli dans les honneurs, et tu retrouveras ta femme" [LA, 715]. »

Plus gravement, les ressorts mêmes du narratif sont affaiblis : ce qui définit le récit, l'action, fait défaut ; Eustache subit mais n'agit guère : à l'encontre des bienséances déontologiques inhérentes au genre, il ne part point en quête de sa femme qu'il sait vivante ; pas le moindre geste ni au cours de ses quinze ans de retraite, ni au faîte de sa gloire retrouvée. Cette inertie des personnages frise l'incohérence : comment la femme d'Eustache, hôtelière dans le lieu de garnison de l'armée romaine, peut-elle s'abstenir de toute enquête sur le sort du général Placide ? Seul le hasard agit, les personnages subissent. Les motivations des rares actions accomplies sont bien faibles : Eustache part de Rome « pour échapper à la honte » (LA, 714). Le narrateur ne nous dit rien des raisons qui poussent Eustache à accepter de reprendre son état de général. Simple manipulation des personnages.

Eustache ou les vertus théologales : dans un récit laïc, le personnage est décrit par ses actions et par ses relations avec d'autres êtres. Le récit clérical narre la vie spirituelle du saint, prise en elle-même ; le saint est seul face à Dieu, les autres ne sont que des comparses épisodiques. Il est présenté non pas dans son faire, mais dans son être moral et spirituel. C'est ce qui explique sa passivité. Ainsi, Placide-Eustache gagne sa dignité de saint par l'acquisition successive de trois mérites essentiels : cette acquisition s'opère par un progrès spirituel, non par des actions.

D'ailleurs, la progression du récit suit un ordre plus théologique que narratif ; les trois mérites dont l'évocation forme l'armature du texte sont acquis par l'exercice des trois vertus théologales du christianisme :

— *La charité :* avant sa conversion, Placide est miséricordieux : « Comme il se faisait un devoir de s'adonner aux œuvres de miséricorde, il mérita d'être dirigé dans la voie de la vérité [LA, 712]. »

Lorsque la vérité lui est dévoilée, Eustache est désormais capable de pratiquer les deux autres vertus :

— *L'espérance.* Eustache suit le programme théologique donné par le Christ : il sait qu'il aura à supporter le malheur et la tentation du désespoir. Il accepte l'épreuve parce qu'il est lesté de la grâce : « Seigneur, s'il faut qu'il en soit ainsi, à l'instant commandez que les tentations nous éprouvent, mais donnez-moi la vertu de patience (LA, 714). »

Au comble du malheur, Eustache n'oublie pas qu'il est désigné pour l'exercice de cette vertu d'espérance; c'est ce que manifeste la fin de son discours de lamentation après le rapt de ses enfants : « Placez une garde à ma bouche dans la crainte que mon cœur ne se laisse aller à des paroles de malice, et que je ne mérite d'être rejeté de devant votre face (LA, 715). »

— *La foi.* Au terme de son périple spirituel, Eustache affirme par son martyre sa foi : « Le Dieu que j'adore, c'est Jésus-Christ, et je n'offre de sacrifices qu'à lui seul (LA, 718). »

La légende d'Eustache est plus un tableau animé des vertus chrétiennes qu'une succession d'actions. Eustache n'affronte pas d'épreuve réelle (sauf si l'on emploie le mot dans le sens de « malheur ») : tout est donné par la révélation du Christ. Faire de la vie d'Eustache un récit, faire jouer sa liberté, le traiter en agent d'une causalité serait blasphématoire : Dieu a écrit l'histoire de Placide avant qu'elle ne se déroule. Le parallélisme entre les trois épreuves du conte et l'exercice des trois vertus était trompeur : les moments de la légende cléricale constituent les *preuves* de la sainteté du personnage et non des *épreuves*. Dieu agit sur le mode du fait accompli. L'histoire humaine ne fait que manifester les desseins de Dieu. Dans la vie de Dominique, telle que la rapporte Jacques de Voragine (LA, 466-483), le lecteur ne voit qu'une succession dense de miracles qui prouvent la sainteté de la tâche entreprise par le prêcheur; c'est une pure décision de Dominique, dont la validité spirituelle est immédiatement entérinée par tous les miracles et toutes les révélations nécessaires. La légende cléricale se détourne de l'action pour mieux exalter la prédestination divine.

Une construction herméneutique. La légende d'Eustache, derrière la pellicule du récit, dresse un tableau animé des vertus. C'est un itinéraire plus discret que celui du *Pilgrim's Progress* de Bunyan, mais tout aussi didactique. On pourrait parler d'une herméneutique narrative, car il semble que la gradation du texte corresponde à un approfondissement de la leçon que donne le malheur humain.

Tout se passe comme si Jacques de Voragine projetait sur l'axe horizontal du récit les catégories verticales de l'exégèse médiévale. Si l'on se réfère à la fameuse doctrine médiévale des quatre sens développée dans l'herméneutique religieuse, il semble que la narration cléricale, à partir du sens littéral (celui que donne immédiatement le développement du récit) explore les trois sens spirituels qui peuvent émaner de la vie de Placide-Eustache.

— *Le sens allégorique.* (« Quand donc les choses de l'ancienne loi signifient celles de la loi nouvelle, on a le sens allégorique », dit saint Thomas d'Aquin[50].) On déchiffre ce sens à la fin du premier épisode, mais on peut le déceler tout au long du texte. Eustache est le Job de la nouvelle loi. Telle est la décision du Christ : « Il faut que, par la voie des tentations, tu te montres un autre Job (LA, 714). »

Eustache bénéficie de la perfection accrue de la nouvelle loi : « Je me souviens, Seigneur, que vous m'avez dit que je serais tenté comme Job, mais je vois que je suis traité plus durement encore (LA, 715). »

Le sort d'Eustache prend en charge celui de Job pour exprimer la nécessité de l'humilité prônée par les Évangiles.

— *Le sens moral.* (« Quand les choses réalisées dans le Christ ou concernant les figures du Christ sont le signe de ce que nous devons faire, on a le sens moral », continue saint Thomas.) Il peut apparaître dans les deux premiers épisodes : leçon de charité, leçon de patience devant les malheurs du monde. La transposition à la vie du chrétien lecteur de la *Légende dorée* est facile à faire : la vertu de charité peut être pratiquée par tout homme de bien, mais l'espérance doit être soutenue par la foi; la vérité de la foi, donnée à Placide par le Christ lui-même, est désormais transmise par l'Église. En ces temps premiers, Jésus doit éclairer Placide qui sera son apôtre et peut ensuite remonter au ciel en une allégorie inversée de l'Ascension et de la Pentecôte.

— *Le sens anagogique.* («Si l'on considère que ces mêmes choses signifient ce qui est de l'éternelle gloire, on a le sens anagogique», toujours selon saint Thomas.) Ce sont les deux derniers épisodes qui manifestent ce sens; on peut déceler deux annonces de la vie éternelle : l'une est indirecte, symbolique (la réunion miraculeuse de la famille d'Eustache, malgré les enlèvements, les rapts des bêtes sauvages, est l'image de la réunion des âmes au paradis); la seconde est plus directe : Eustache et sa famille sont jetés dans un taureau d'airain rougi au feu; trois jours après, on retire leurs corps intacts, image de la résurrection charnelle; cette survie des corps, trois jours après la mort, renvoie d'ailleurs à la résurrection du Christ trois jours après la Crucifixion.

La construction du texte est complexe : l'ensemble du récit est lu à quatre niveaux et, en même temps, chaque épisode est soumis à l'emprise d'un sens prédominant. Subtile insertion du symbolique achronique dans le narratif linéaire. La faiblesse narrative de la légende n'est pas une maladresse de l'auteur; elle relève d'un choix. Le sens littéral ne doit pas oblitérer la richesse des sens spirituels. Le récit ne doit pas « prendre », car il étoufferait la saveur de l'ingrédient théologique, ou du moins, il doit avoir la consistance minimale en laquelle les éléments symboliques se lient sans se dissoudre.

Sur terre comme au Ciel. Une figure thématique sous-tend la construction de la légende d'Eustache : l'inversion. L'amélioration obtenue (le mérite vertueux) est une dégradation (la séparation, l'exil, la persécution). L'errance est la permanence. La mort est la vie. Cette inversion des valeurs est signifiée dès les premières paroles du Christ : « Voilà pourquoi je suis venu; c'est pour te chasser moi-même par le moyen de ce cerf que tu courais (LA, 713). »

Cette figure se justifie par la répartition de l'intrigue sur deux niveaux : le niveau terrestre et le niveau céleste; la causalité céleste se projette sur la causalité terrestre en l'inversant : Eustache subit ses malheurs sur terre, mais poursuit sa triomphale trajectoire céleste. C'est ce qui explique l'incohérence humaine du comportement d'Eustache : il ne réagit guère à l'enlèvement de sa femme parce qu'il est un nouveau Job. À une logique terrestre des motivations affectives, il substitue une logique céleste des Vertus. Cette prédominance d'une « clef » céleste (au sens musical du mot) se lit dans la nature des paroles rapportées par le narrateur. On relève dix discours rapportés (monologues ou dialogues) dans ce texte. Si l'on excepte les trois discours (nos 7, 8, 9) tenus au moment de la recognition générale, on observe là encore une gradation à signification théologique :

— discours nos 1, 2, 3 : Dieu s'adresse à l'homme (révélation);

— discours nos 4, 5, 6 : l'homme implore Dieu (prière);

— discours no 10 : parole du saint (confession de la foi : les discours de l'homme et de Dieu se rejoignent).

La parole est distribuée selon l'axe vertical; la communication humaine est réduite à peu de choses. Là encore, la verticalité de la signification théologique surplombe la linéarité du récit.

La narration cléricale apparaît comme un dispositif où le didactique piège le narratif.

C. Un *Eustache* jésuite : l'*Historia Eustachio-Mariana* d'Athanase Kircher.

Tout commence comme une fable : « Il m'est arrivé, bienveillant lecteur, la même aventure qu'à ceux qui arrachent épines et broussailles pour la culture de leur champ, y tracent des sillons, en ôtent pierres et rocs et y trouvent alors ce qu'ils n'attendaient pas, ce qu'ils ne pouvaient espérer, un trésor[51]. »

En 1661, le jésuite Athanase Kircher[52], poursuivant une recherche sur les monuments antiques du Latium[53], découvre, au pied d'une éminence, le mont Vulturella, une pauvre église abandonnée, qui abrite une statue de la Vierge, couverte de poussière et de toiles d'araignée. Violemment ému par cette déréliction, le jésuite décide de relever la ruine. Son insatiable curiosité lui fait retrouver l'histoire vénérable du sanctuaire : selon les indications du prêtre de la paroisse voisine de Guadagnolo, complétées par ses propres recherches érudites, la petite église célèbre ici le souvenir de la conversion de saint Eustache.

Il ne faut pas se méprendre : le prodigieux polymathe ne rapporte pas là une de ses multiples trouvailles, à ranger dans le musée des curiosités kirchériennes[54], parmi la lanterne magique, les flux ignés du globe terrestre, l'origine bacillaire de la peste, etc.[55].

Ici, Kircher a trouvé le Sacré dans le signe que lui adresse la Vierge ; au mont Vulturella, le jésuite gravit son chemin de Damas. Il a éprouvé le choc d'une seconde conversion : « Sous je ne sais quel aiguillon de dévotion intime, mes entrailles s'échauffèrent d'étrange façon » (p. 3). De fait, de 1661 jusqu'à sa mort en 1680, Kircher se consacre au sanctuaire : après une recherche minutieuse qui l'occupe quatre ans, il fait célébrer une fête grandiose à Vulturella en 1664, publie en 1665 son *Historia Eustachio-Mariana*, puis organise des pèlerinages en ce lieu qu'il habite, dès qu'il peut échapper à ses tâches du Collegium romanum. Après l'errance européenne des soixante premières années de sa vie, vient le moment de l'immobilité latine dans l'adoration d'un lieu sacré.

L'Oubli, poussière et ronces, recouvrait Eustache et Marie au mont Vulturella : avant de suivre Kircher dans l'exhumation de leur secret, il convient d'examiner les vestiges eustachiens offerts à la quête du jésuite.

Eustachius redux : une légende médiévale à l'âge moderne.

Malgré l'abondance des textes et de l'iconographie au XIIIe siècle, le culte de saint Eustache semble décliner à la fin du Moyen Âge ; le récit, complexe et romanesque, a peut-être souffert de la concurrence de la légende d'Hubert, plus simple et plus récente. Les pèlerinages et les récits populaires paraissent bien rares dans l'Occident moderne et contemporain. Pourtant, l'Église de la Renaissance n'a pas ménagé ses efforts pour la diffusion du texte hagiographique. Ainsi Kircher cite-t-il, dans sa préface, cinq sources du récit légendaire; or, en dehors des deux vénérables byzantins, le Damascène et le Métaphrase, sceaux de l'authenticité du récit, les auteurs mentionnés appartiennent à l'Église post-tridentine : en 1558, Lippomano, évêque de Bergame, co-président de séances importantes du concile de Trente, secrétaire privé de Paul IV, publie le tome VI de ses *Historiae de vitis sanctorum cum scholiis*[56], qui contient une traduction latine de la *Vie* rédigée au Xe siècle par Simon le Métaphraste. En 1570-1575, le chartreux allemand Surius reprend ce récit du Métaphraste, en l'allégeant de détails qu'il juge rapportés, dans son *De probatis sanctorum vitis*[57]. Puis, en 1586, le cardinal oratorien Baronius rédige, dans son *Martyrologe*[58], une brève notice sur Eustache; peu après, ses fameuses *Annales ecclésiastiques*, pilier de l'érudition cléricale à l'âge classique, racontent plus longuement la vie du saint[59].

Au moment même de la découverte de Kircher, en 1660, le dominicain français Combéfis édite le texte et la traduction latine de la Passion grecque du Xe siècle, qu'il fait suivre de la glose de Nicétas le Paphlagonien, à peu près contemporaine du texte fondateur[60].

À partir de ces documents, on perçoit deux façons de traiter les textes hagiographiques, durant l'âge moderne :

— d'un côté, commence, avec Baronius, auteur d'un *Martyrologe* qui fera référence jusqu'en 1940[61], une tradition d'érudition critique qui se poursuit, à l'âge classique, avec Combéfis, puis Le Nain de Tillemont, l'illustre historien janséniste[62]; les bollandistes, enfin, en 1747, éditent le sixième volume de septembre, où ils traitent d'Eustache[63];

— d'un autre côté, des ecclésiastiques, Lippomano, Surius, Kircher reproduisent ou paraphrasent pieusement la vie vénérable d'un saint qu'ils honorent.

Le livre du père Kircher constitue sans doute le dernier monument dévot élevé à Eustache, en un temps où le saint, malgré la récente reconstruction, achevée en 1642[64], de son église parisienne, malgré diverses versions dramatiques de sa vie publiées dans la Bibliothèque bleue, ne vit plus guère dans la conscience chrétienne.

Athanase Kircher réécrit donc, sans en changer la trame narrative, la Passion d'Eustache dans la première partie de son *Historia*, qu'il complète d'un dossier copieux : deuxième partie (p. 47-83) sur la généalogie d'Eustache, troisième partie (p. 84-100) sur le lieu de la conversion, quatrième partie (p. 101-150) sur l'église du mont Vulturella et cinquième partie (p. 151-179) sur le sanctuaire de Rome.

Je me propose ici d'analyser le sens que prend pour Kircher, jésuite du XVIIe siècle, cette légende d'Eustache. L'hypothèse de départ se formulerait ainsi : les textes hagiographiques, parce qu'ils se présentent comme des récits authentiques et édifiants, se transmettent sans changement notable des contenus narratifs, de siècle en siècle, sans ce remaniement incessant qui caractérise les contes populaires : mais la lecture et l'interprétation de ces récits religieux varient sans cesse en s'inscrivant dans l'histoire des mentalités. Ainsi, dans ma recherche sur saint Eustache, j'ai rencontré plusieurs phases interprétatives :

— au VIIIe siècle, la légende a une portée polémique, puisque sa première mention se trouve dans le traité *Des images*, du Damascène, écrit contre les iconoclastes. L'apparition du cerf christique conforte les positions orthodoxes;

— au IXe siècle, si l'on admet que le texte circule alors en Occident, le récit se lit comme un mythe fondateur de l'idéologie carolingienne : les trois moments de la vie d'Eustache figurent les trois ordres que la monarchie rêve de dominer, contre la fragmentation féodale.

— au XIIIe siècle, du moins dans la *Légende dorée*, les phases de la vie du saint renvoient, selon le principe d'analogie et de « stéréosémie » de la scolastique, aux trois vertus théologales et aux trois sens spirituels de l'exégèse chrétienne;

— à partir du XIVe siècle, dans les *Gesta Romanorum* et leurs traductions en langues vernaculaires, la signification symbolique travaille de façon à la fois ponctuelle et exhaustive les détails de la légende.

Donc, à l'époque moderne, le sens du récit hagiographique, avec le déclin de la sensibilité symbolique du Moyen Âge, semble s'exténuer. Pourtant, après les pieuses reproductions, non glosées, de la légende, au XVIe siècle et avant la dérive d'Eustache dans les eaux tièdes de la vulgarisation cléricale, jaillit cette œuvre superbe du père Kircher, ornée de belles gravures, coulée dans une claire typographie et un noble latin.

Quel sens se joue dans cette ultime interrogation sur la vie exemplaire d'Eustache? De quoi se fait-elle l'exemple et l'illustration? Remettons nos pas dans ceux d'Athanase Kircher.

Théâtre des divins arcanes.

1. Le trésor caché.

La découverte du père Kircher procède du hasard (casu, p. 149), ou bien d'une grâce extraordinaire : « comme mû par un instinct divin, je suis arrivé en ce lieu » (p. 148). Et, lors de sa recherche sur Eustache, le jésuite bénéficie encore une fois du hasard et/ou de la grâce; dans l'église romaine d'Eustache, autre champ à défricher, il trouve ainsi une inscription précieuse; ce texte lapidaire, mentionné par l'érudit Francesco Zazara, se dérobait à sa quête, mais « il arriva enfin qu'un matin, comme je veillais encore, occupé à cette recherche, un rayon de soleil passant par la fenêtre principale illumina une voûte entre des colonnes et fit apparaître ce texte, pour la joie et l'admiration de tous, dans les ombres que la lumière creusait dans les lettres gravées » (p. 163).

Dans les deux épisodes, un même processus se lit : le trésor sacré s'offre à qui s'abandonne à la grâce au cours d'une promenade érudite. La découverte (ou la conversion) semble moins le fruit du hasard (casus) que de l'occasion (occasio), comme le suggère le titre du deuxième chapitre de la troisième partie de l'Historia : « Sur le lieu propre où le Christ, apparaissant entre les cornes du cerf, offrit à saint Eustache l'occasion de sa conversion » (p. 86). Dans les deux récits de découverte, Kircher errant vise un but érudit, tout à cette disponibilité qu'emplira le miracle de la rencontre : le sacré préexiste à la quête, déposé dans le monde, donné à qui le mérite; il suffit de se préparer à cette rencontre.

Dans ce roman archéologique, de tels récits de découverte abondent, mais nul épisode ne suit mieux le modèle de la fable liminaire que ce récit où Kircher évoque l'invention de la clochette utilisée par saint Benoît, lors de sa première retraite à Subiaco, non loin du mont Vulturella[63] : « La clochette fut retrouvée, mais sans son battant, au temps d'Urbain VIII, 1 114 ans après, par un frère lai, gardien de la grotte sacrée et du sanctuaire, alors qu'il labourait la terre, par un événement inespéré, et pour la grande joie de tous » (p. 175).

Athanase et l'humble gardien de la grotte de Subiaco conservent en eux le dépôt de la foi et offrent ainsi à la Divinité l'occasion de l'augmenter par la découverte du trésor sacré. Les plans de la Providence font émerger de siècle en siècle les signes matériels de la vérité de la foi ; ainsi Kircher espère-t-il qu'un jour on exhumera du sol de l'église romaine d'Eustache le taureau d'airain en qui souffrirent les martyrs : « Sans doute la Divine Providence a-t-elle réservé à d'autres temps, pour la gloire de son nom divin, de le révéler et de le découvrir » (p. 167).

Dès lors, Kircher oriente sa recherche vers la collecte de ces signes providentiels, inscriptions, mentions érudites, objets et images dont la description hyperbolique et minutieuse remplit les pages de l'*Historia* ; le jésuite consacre plus de dix pages (p. 120-131) à la petite tablette de bois trouvée dans l'église du mont Vulturella. Il la mesure soigneusement (« les côtés AB et CD de la tablette ont cinq palmes et huit doigts ; les côtés AC et BD, quatre palmes et trois doigts », p. 121), en glose les détails par des annotations qui renvoient aux lettres superposées à la reproduction gravée de l'œuvre. L'*Historia* se fragmente en une série de notules descriptives ; la biographie d'Eustache ne constitue alors qu'une des pièces justificatives de la sacralisation du mont Vulturella. Le livre de Kircher, apothéose de la légende eustachienne par l'ampleur de la documentation et par l'élévation de la dévotion assignée, en prépare aussi le déclin : le récit, devenu une pièce de dossier, sera jugé comme tel et condamné ; moins d'un siècle plus tard, les bollandistes reprendront tous les éléments du dossier un par un, pour en contester l'authenticité et rejeter la légende parmi les « *Acta fabulosa* ». En sacralisant le réel (Vulturella),

Kircher extrait le récit de sa supraréalité légendaire et le signe providentiel, pris dans le langage de l'humaine raison, se transformera en un document qui se mesurera désormais à l'aune du vraisemblable. Paradoxe : la main de Jean XXIII, exécuteur contemporain du saint, était armée du glaive de Kircher, le défenseur d'Eustache.

Et pourtant, ces documents manifestaient, pour Kircher, la présence d'une Origine : le texte de la légende désigne le mont Vulturella comme lieu authentique de la conversion; la tablette, parmi d'autres objets et images, prouve la fondation première de l'église par Constantin le Grand, premier monarque chrétien, source de l'État catholique. Cette quête de l'origine sacrée fonde toute l'œuvre de Kircher; dans les systèmes théosophiques évoqués par l'*Œdipus Aegyptiacus*[66], il recherche une *prisca theologia*, tradition primordiale et universelle, hiéroglyphe de la vérité chrétienne. Sa *Turris Babel*[67] expose l'origine angélique des caractères de l'écriture, en deçà des différenciations entre les alphabets hébraïque, syriaque, samaritain, grec ou latin. Les signes divins (« *signa, indicia, vestigia* », etc., nombreux dans le texte de l'*Historia*), désignateurs de l'Origine, parsèment le monde. Tout est là, déjà là, enfoui, caché, secret, dans un *Mundus Subterraneus*, pour reprendre le titre d'un autre ouvrage de Kircher.

La crypte, la grotte, le souterrain, la ruine enfouie constituent le paysage intime de Kircher : crypte du mont Vulturella accessible par une étroite fissure ouverte dans le roc au moment de la Passion du Christ, crypte de l'église romaine, où furent enfouis les restes d'Eustache et où se déroulèrent les premières dévotions au saint, grotte de Subiaco, refuge de Benoît, grotte du dragon qui infestait la région, souterrain qui, sous l'église de Vulturella, conduit les eaux d'une source vers le bassin du monastère adjacent.

Parmi ces signes enfouis, Eustache. Non seulement l'Eustache-relique exhumé de la crypte romaine, l'Eustache-église relevé de sa ruine par Kircher, mais l'Eustache-homme dont le jésuite raconte l'histoire. Pour mieux exposer la grâce illuminante, la Providence le cache dans le souterrain des épreuves; le Christ lui-même, lors de sa seconde apparition, lui promet de l'arracher plus tard au *puits* des tribulations

(p. 11). Eustache se couvre de cette gangue sous laquelle il devient méconnaissable; ainsi, lorsque ses fidèles lieutenants le voient en son exil égyptien[68], sont-ils incapables de le reconnaître : « S'offrit à leur regard une figure sordide et abjecte, sous laquelle ils ne pouvaient se persuader que se cachaient l'honneur et l'excellence d'un chef si illustre et glorieux » (p. 23); Eustache est caché avec le Christ (absconditus cum Christo, p. 23). En son exil, rien ne paraît de sa splendeur, et les habitants de la contrée regrettent amèrement leur incapacité à découvrir le trésor vivant : « Hélas, si nous avions su quel homme il était, que n'aurions-nous fait par amour pour lui » (p. 26).

De cette gangue, la Providence extrait et expose ensuite l'or éclatant, comme le dit Jésus, en une parole qui joue terriblement sur le mot de fournaise, en évoquant l'instrument du martyre à venir : « Il est nécessaire que la tentation t'éprouve comme l'or dans la fournaise » (p. 11). La tribulation d'Eustache prend, dans le récit de Kircher, une nouvelle signification : elle permet, de façon exemplaire, le passage du caché au manifeste, du vestige au signe, du puits à la fournaise, de la trace à l'image, dans une grande procession lumineuse.

2. Le puits : latences de la grâce.

Eustache au double nom, exilé inconnu, chrétien clandestin, se présente comme un homme du secret. Sceau de la loi, sceau de la foi, il recueille et cache. Dès sa vie païenne, il apparaît comme le confident du monarque, le dépositaire du secret d'État : « Il était si agréable à César, que rien ne pouvait se faire sans lui, que le monarque ne tenait aucun débat secret en son cœur qu'il n'y fît participer Placide » (p. 6). Kircher reprend les mêmes mots pour exprimer la confiance dont jouit Eustache à son retour d'exil auprès d'Hadrien, successeur de Trajan : « César ne menait aucun débat secret (arcanum consilium) qu'il n'y fît participer Placide » (p. 27).

Placide, tiré à l'écart par le cerf merveilleux, bénéficie d'un enseignement secret, complété par le catéchisme nocturne du prêtre Jean. Dépositaire du secret, il devient lui-même mystère vivant : le prêtre le « devina par quelque signe caché de la

Divinité : ce n'était pas en vain ni gratuitement, et il n'allait pas sans un mystère divin que la bonté et la miséricorde infinies de Dieu, si admirables en ses saints, se montrassent à l'œuvre en ses esclaves, par une si admirable exposition du spectacle céleste » (p. 9-10).

La vie d'Eustache se développe comme une élucidation progressive du secret sacré; la merveille se cache pour mieux éclater au jour, en un processus d'accomplissement, de la vie purgative à la vie illuminative, selon les termes qui illustrent le passage de la première à la seconde semaine des *Exercices spirituels* d'Ignace de Loyola. Les épreuves d'Eustache prennent alors un sens nouveau : alors que dans les textes antérieurs à la légende chrétienne, dans les apologues boud-dhiques ou dans le conte arménien, dont les récits médiévaux gardaient des traces, le héros devait choisir entre deux rythmes de vie, entre un temps de la pénitence immédiate et un temps de l'expiation finale[69], alors que les narrations médié-vales lisaient, en cette vie soumise aux soubresauts de la tribulation, une succession de temps hétérogènes désignant les étapes nécessaires au salut et les ordres complémentaires de la société chrétienne, l'*Historia* présente la souffrance des tribulations comme une maturation continue, selon un temps de germination de la semence sacrée, déposée en Eustache au mont Vulturella, et, bien en deçà, dans la race octavienne d'Eustache. Dans le récit kirchérien, tout se trouve déjà inscrit dans le saint; il ne mérite pas son élection par une suite de pratiques juxtaposées, mais révèle progressivement sa nature sacrée. Alors que les légendes médiévales montraient en Placide le païen les vertus préchrétiennes de miséricorde, Kircher note sa charité en deux lignes, parmi les multiples traits de sa perfection innée. Dans l'épreuve médiévale, la sainteté se construit; ici, elle s'y révèle; aux différents moments de l'aventure, Dieu produit, désigne Eustache. Les épreuves d'Eustache, publications graduelles de sa grâce innée, s'entendent en un sens quasi typographique.

L'histoire procède non par mutations et changements, mais par un retour du même, de l'originel, dans une re-pré-sentation. Eustache revient, « dux » et « redux », chef de nouveau, avec les mêmes qualités éminentes et premières, son retour est une simple « restitution », selon le terme employé dans le titre du quatrième chapitre de la première partie (p. 32). Le temps épiphanique mesure une transformation non pas alchimique[70], mais métallurgique : l'or, déjà présent dans le gisement ethnico-sacré, une fois extrait de sa gangue par les épreuves, se purifie à la fournaise publique du martyre.

Dans sa continuité, la vie d'Eustache se conforme à un itinéraire : « ainsi, il se trouva devant une nouvelle porte ouverte sur la calamité à venir » (p. 19) ; les moments de cette vie sont des *stations* (*stationes*), arrêts dans le temps du pèlerinage : mais la station, l'arrêt, importe moins que le départ ou l'arrivée, la durée purgative moins que l'instant de la reconnaissance. Kircher évoque très rapidement le séjour d'Eustache en terre d'exil ; et encore le jésuite montre-t-il alors moins la peine et l'effort de quinze années en ce « rustique office » (p. 21) que l'éclat discret dont il brille en sa gangue même : « il illumina tout le bourg et les territoires voisins par de salubres avertissements et des enseignements sur le salut éternel » (p. 22). À l'inverse, Kircher décrit longuement la première scène de reconnaissance, lorsque les deux lieutenants de Placide, envoyés par Trajan, reconnaissent leur général. L'existence d'Eustache se justifie non par le séjour, la tâche ou l'état, mais par le *retard* providentiel, cette attente de l'occasion ostentatoire, comme le note un des deux lieutenants, Achatus : « Sais-tu que Placide, lorsqu'il *s'attardait*[71] parmi nous, avait une cicatrice... » (p. 24-25). Cette attente s'inscrit dans une préparation, une *méditation*[72], au sens ignacien du mot, qui conduit à la disponibilité et à l'occasion sanctifiante. L'attente du retour à la lumière ne se réduit pas à un repli, à une dissimulation, ni à une fuite : Kircher repousse avec horreur les « ridicules superstitions » qui assignent à la crypte du mont Vulturella le rôle d'une cachette contre les persécutions d'Hadrien. Le saint ne fuit ni ne recherche le martyre, il se prépare à l'occasion divine, dans la prudence et la confiance ; la *prudence*, vertu fondamentale et directrice, guide Eustache : « Eustache, les ayant fixés du regard, vit qu'ils étaient ses fidèles Achates de la milice romaine, si liés à lui par les anneaux nécessaires de l'amitié; pourtant, il dissimulait tout avec prudence, parce qu'il avait appris, à l'école du Christ, à dominer ses affections encore mieux qu'autrefois les ennemis de l'Empire romain; pourtant, parce qu'il se rappelait les mots par lesquels le Seigneur lui avait promis le retour à son état premier après d'innombrables peines, il se dit, comme prévenu par un instinct divin, qu'arrivait l'occasion et il décida qu'il fallait suivre l'inspiration céleste » (p. 23). Après son retour et son triomphe. Eustache conserve cette attitude de prudence et d'attente délibérante : « Il s'était soustrait, lui et sa famille, avec prudence (caute), aux sacrifices sacrilèges » (p. 36). Le saint reste réservé, se réserve, demeure en réserve de la Providence[73].

3. La fournaise : sémiurgie sacrée.

Le récit kirchérien représente cette manifestation progressive du sacré secret par les thèmes de la lumière et de la chaleur; dans la vie d'Eustache, comme dans sa survie archéologique, tout brille, resplendit (« fulgere, illuminare, praelucere, etc. »). Les scènes édifiantes, les ruines inspirées, les objets sacrés se voient, s'offrent au regard (« spectantur, ostenditur, videtur, etc. »). La grâce se désigne par mille feux, émanant également de Dieu, de ses saints et de ses lieux : « Enfin il plut à la Bonté Divine de tirer son féal des ténèbres vers la lumière » (p. 22). Le prêtre Jean, qui baptise Eustache et sa famille, « était tout bouillant du désir zélé de promouvoir la gloire divine » (p. 9) : « Eustache bouillait, incendié par le feu de l'amour divin » (p. 12).

La radiation solaire joue un rôle essentiel dans les découvertes du père Kircher : les rayons du matin, dans l'église romaine, pointent vers le texte cherché en vain par l'érudition humaine[74]. L'arrivée au roc de Vulturella se produit au moment de midi (« circa meridianum tempus », p. 2), à l'heure où la pauvre église, prise entre les collines de Ventrosa et de Guadagnolo d'une part, et le mont Vulturella d'autre part, jouit quelques instants de la pleine lumière. La scène originelle, la conversion d'Eustache, a lieu en fin de journée; or, selon la minutieuse chorographie annexée au texte, le cerf sur le mont sacré se trouve illuminé des feux du couchant[75].

La grâce livre son éclat dans le théâtre du monde; la conversion se déroule sur un plateau entouré de montagnes; or, du village voisin de Poli, Kircher dit qu'il est posé « comme dans le théâtre des monts qui l'entourent de toutes parts » (p. 168). Le martyre se joue dans un théâtre rempli d'une foule innombrable (p. 42)[76].

La divinité organise une mise en scène, une « disposition », selon le terme plusieurs fois répété dans la *Vita*. Cependant, le sacré ne se livre que difficilement, au moment voulu, au terme d'un travail d'extraction. Le saint doit réaliser le spectacle préparé, produit par Dieu.

Avant ce moment, le secret ne se dévoile que partiellement; seuls des mystères (au sens théâtral du mot), inarticulables, s'offrent aux humains sous la forme des *scènes touchantes* qui préparent le saint et le lecteur à la *scène édifiante*, qui dévoile et illustre le secret. La scène touchante trouble, procure un émoi indicible que Kircher signale sans pouvoir le raconter : « l'état d'âme d'Eustache... peut se concevoir, mais non s'expliquer par les mots, même en usant d'une grande emphase verbale » (p. 16-17); « qui pourrait rendre compte des immenses tourments de ces pensées agitées? » (p. 17); « on peut plus facilement imaginer qu'exprimer par les mots ses tourments en ce malheur poignant » (p. 14).

Eustache et le lecteur *voient* le malheur, qui apparaît, dans une rhétorique ignacienne, comme une méditation de la perfection; au lecteur s'offre le spectacle de la détresse d'Eustache : « Il était pitoyable de les *voir*... rien n'excitait plus la pitié que de *voir*... ». Devant Eustache, se multiplient les scènes d'effroi : « il *considérait (intuebatur)* ses fils aux faibles forces » (p. 18)... « tout absorbé dans le misérable spectacle *(spectaculo)* de ses fils » (p. 18). La vue touchante détourne du monde, de l'action, comme la mise en scène des péchés, dans les *Exercices spirituels*, tend à arracher le dévot à sa vie mondaine. Eustache voit, n'agit plus; au moment du rapt de ses enfants, il s'immobilise : « Arrêté *(constitutus)*, au milieu du torrent, il *observait* anxieusement ses fils sur chaque rive... il *vit* un lion très féroce et un loup très sauvage... il se voyait *(cernebat)* au milieu du torrent... il regardait *(respiciebat)* çà et là pour *observer*... » (p. 20).

La scène touchante laisse les acteurs muets, soit que leur discours soit frappé d'interdit (ainsi le capitaine du bateau qui emporte la famille Eustache en exil réduit-il le saint au silence : « il menaçait Eustache de mort s'il ajoutait un seul mot sur le rapt de son épouse », p. 17), soit que la parole alors fasse défaut (« il — Eustache — se recommandait à la clémence divine non tant par la parole que par des soupirs et des gémissements que nul ne saurait rapporter (*inenarrabilibus*) », p. 21). Ou bien encore, l'acteur du drame sacré sait que le moment de parler n'est pas encore venu; Théopiste, après avoir entendu la double narration de ses fils, retient sa joie et ses paroles : « Théopiste, qui se trouvait là par hasard, entendit leurs propos; mais elle, bonne femme rustique et humble, et pourtant véritable et authentique mère des deux officiers, presque défaillante de surprise, le cœur exalté, étouffait de son silence ce qu'elle venait d'ouïr des deux jeunes gens » (p. 29). En effet, la procession de la vérité ne peut s'effectuer qu'en suivant les degrés successifs d'une élucidation. Théopiste doit d'abord se faire connaître d'Eustache qui l'extrait de sa gangue rustique, pour en produire l'or pur devant ses enfants. Alors seulement, les scènes muettes peuvent se rassembler et confluer dans le grandiose spectacle de la réunion de la famille sainte, au terme d'une « tétraphonie sacrée » (p. 35). Chacun peut alors accourir et contempler le tableau annonciateur de la glorieuse scène finale du martyre, et, au-delà des siècles, du pèlerinage au mont Vulturella : « Et voici que les chefs de l'armée et les habitants du lieu, frappés par la nouveauté d'un événement aussi insolite, se rassemblent en un seul flot, sans autre désir que de *visiter*, de *voir*, et de *révérer* ceux qui, inconnus jusqu'alors, avaient passé aux yeux de tous pour une vile main-d'œuvre, pour l'excrément de la terre; et ils voulaient *contempler* ceux qui avaient été arrachés à la plus extrême pauvreté et emmenés vers le plus sublime degré de l'honneur » (p. 35).

Mais, pour arriver à ces grandes scènes édifiantes, les acteurs doivent agir; ils ne s'abandonnent pas à la divine régie, qui, au sein de la disposition providentielle, n'offre que l'occasion. Dieu, certes, choisit le moment du dénouement en tirant Eustache de son exil : Il divulgue le secret par des signes accessibles aux hommes : les lieutenants de Placide, feignant de l'embrasser, scrutent le cou de l'exilé pour y trouver la cicatrice distinctive. L'occasion se présente donc, mais les acteurs doivent assurer eux-mêmes le déploiement de la vérité en se reconnaissant mutuellement et en se faisant reconnaître. Leur effort doit articuler graduellement le mystère en signes du secret ; en effet, les signes inarticulés — le je-ne-sais-quoi, le tressaillement de sympathie, le souvenir d'une façon d'être (*modus procedendi*) — ne fournissent que des analogies, des probabilités indécidables ou, au mieux, d'intimes convictions. Seule la parole commune, communautaire, proclame la mission sacrée de la famille d'Eustache. Il convient qu'elle s'arrache à la fascination troublée pour manifester son être, au-delà de l'abjection présente, pour représenter un mystère encore indicible et palpitant (« il se produisait en elle — Théopiste — un secret mouvement des entrailles maternelles, né des affinités de la sympathie », p. 29).

Il faut donc accéder à la parole. La grande scène tétraphonique reproduit le modèle originel du premier tableau édifiant, celui de la conversion au moment de l'apparition du cerf ; la première rencontre frappe Placide de stupéfaction et il ne peut articuler, difficilement, qu'une parole de soumission : « À ces mots, terrassé d'une céleste horreur, alors qu'il pouvait à peine plier sa langue aux mots, il répondit d'une voix tremblante, coupée de soupirs... » (p. 8). Puis, au cours de la seconde rencontre, il sollicite instamment le don du verbe divin et de la vision céleste ; en ce deuxième jour, il a déjà reçu un enseignement chrétien et s'est séparé de ses préoccupations mondaines, en un mouvement qui préfigure le temps des épreuves. Qu'advienne alors la première scène édifiante par la parole du Seigneur : « Parle-moi, Seigneur... parle-moi, mon salut ; voici devant toi mon seul désir : parle, Seigneur... Que ton humble et pauvre serviteur entende la douceur de ta voix ; montre-moi ta face, et je serai sauvé : ta voix m'est douce, ta face m'est belle. Qu'entre dans mon âme ta douce éloquence » (p. 10). Jésus, appelant un désir qu'il comble immédiatement, incite à l'imitation et fournit au saint le modèle éloquent et spectaculaire de la future représentation édifiante, reconnaissance ou martyre.

La qualité même de l'éloquence devient le signe de l'élection et la preuve de l'identité familiale ; les doux accents de la parole du Sauveur se reportent sur l'élocution d'Eustache et des siens ; lorsque Théopiste se fait reconnaître d'Eustache, elle sait mettre en scène son discours, dont l'élocution importe plus que le contenu de ses révélations : « C'est pourquoi, lestée de l'aide divine, ayant prudemment disposé en son esprit l'argument de ses paroles, elle s'adresse audacieusement au général ; inclinant profondément la tête, puis tenant ses yeux levés au ciel, elle sollicite l'attention du général » (p. 31). Voilà une image vivante de la rhétorique sacrée des jésuites ; à la prudence de la préparation et de l'attente succède l'éclat gestuel et audacieux de la prise de parole. Le regard levé vers le ciel, qui s'oppose à la fixité myope des lieutenants, ou concupiscente du capitaine, illustre la médiation céleste. L'efficacité de cette éloquence à la fois inspirée et préparée est immédiate : « À ces mots, le général, frappé par cette *façon de parler* si semblable à celle de Théopiste, rappelle à son esprit le souvenir de son épouse ; il émanait de ses mots je ne sais quoi de noble » (p. 31). L'éloquence dissout les ténèbres, fait éclater la vérité : « Sa femme le libéra de cette perplexité d'esprit par l'éloquence de ses paroles » (p. 31).

Ce mode de communication quasi céleste reproduit le processus délibéré de la méditation ignacienne : il s'agit de faire advenir le secret à la mémoire (*memoria*). En effet, les malheurs n'ont pas complètement effacé les traces du passé ; ils les ont enfouies : « mon épouse est gravée en un *caractère indélébile* sur les tablettes de mon cœur » (p. 32), dit Eustache.

Produire au jour la vérité nécessite l'oubli et l'abandon du monde présent, qui permettent de remonter au souvenir plus réel que le réel, celui de la vérité enfouie, cachée ; Eustache revient à la roche du cerf « avec la mémoire des paroles du Seigneur et déjà oublieux des affaires publiques » (p. 10). Cet enchaînement de l'émoi, de l'oubli et de l'effort d'articulation nouvelle, Kircher l'évoque admirablement au moment de la reconnaissance des fils : « Au récit des jeunes gens, Eustache, oppressé par une grande stupeur et se réveillant comme d'un antique sommeil, alors que sa voix défaillait, qu'il ne parlait que par le seul mouvement de ses lèvres, par ses seuls soupirs et gémissements, par ses seuls gestes, comme oublieux de lui-même, fit éclater (*prorupit*) ces mots d'une forte voix » (p. 32).

Au terme de cette reconnaissance, processus émouvant et douloureux, proche de l'extase (« comme ravi », p. 33), Eustache et les siens peuvent fonder leur représentation et mettre en scène leur gloire et leur martyre : les vêtements d'apparat, prestement endossés, les discours doctrinaux adressés à Hadrien manifestent la vérité éclatante aux yeux du monde. Comme dans les religions à mystères, le secret ne se dévoile complètement qu'au prix de la mort. Le martyre constitue la représentation suprême : c'en est fait, c'en est *dit*, c'en est *proclamé* (*conclamatum est*, selon la forte expression intraduisible employée par Kircher pour signifier la fin d'un processus, p. 14 et 16).

L'effort d'Athanase Kircher prolonge celui d'Eustache : il s'agit de manifester méthodiquement la vérité en articulant les signes incertains épars dans le sol de Rome et du Latium, dans le silence des bibliothèques. Kircher dresse un inventaire des reliques, des objets, des fresques, des généalogies. Mais ces signes, aussi authentiques que les tressaillements et les émois intimes des élus, parlent aussi peu qu'eux; ils doivent être construits en un langage public et clair. Telle est la fonction du dossier présenté dans l'*Historia*. On saisit alors la tragique ambiguïté de l'entreprise de Kircher : à l'époque moderne, où naît l'érudition critique, au moment où Lippomano et Surius composent des recueils qui ne sont plus des légendiers, mais des anthologies, où Baronius fait suivre les rubriques de son *Martyrologe* de notes bibliographiques, où Combéfis édite le texte grec de la Passion d'Eustache, où les bollandistes commencent leur œuvre immense, le texte de Kircher prend toutes les apparences d'un dossier méticuleux, soigneusement classé, orné de gravures et de textes qui offrent à la vue tous les éléments du culte d'Eustache. Mais l'*Historia*, acte de dévotion, ex-voto sublime, sollicite aussi un autre regard, une autre vision. Le jésuite a édifié un monument, là où son temps attendait un document. Donner à voir, certes, mais en reproduisant le mouvement même de l'élucidation divine, plus près de Jésus et d'Eustache que de Baronius et

Combéfis. Le livre se veut alors le livret lyrique d'une méditation sur le modèle ignacien : la *Vita*, première partie de l'*Historia*, correspond au premier préambule d'un Exercice, l'« histoire » ; la troisième partie, « Sur le lieu de la conversion », transcrit le second préambule (« Composition. Voir le lieu »). La seconde partie campe les personnages sur le modèle du premier point d'Ignace (« Voir les personnages »), et donc assigne à la lignée d'Eustache le rôle structural de personnage principal du drame sacré, ce qui se conçoit aisément, si l'on considère que la conversion et le martyre d'Eustache ne constituent qu'un des moments de l'histoire de la transmission du dépôt de la grâce. Les parties IV et V, sur la fondation de l'église de Vulturella et sur l'église de Rome, animent le drame dans l'histoire catholique de Constantin aux dynasties clérico-nobiliaires contemporaines du jésuite, selon les deuxième et troisième points de la contemplation (« Regarder, observer ce qu'ils disent », « regarder et considérer ce qu'ils font »). Kircher, comme Ignace, produit une imagerie hiérophanique, qui décrit à la fois l'élucidation d'un secret et le mode universel de toute manifestation divine. On retrouve ici la théologie et la rhétorique jésuites de l'ekphrasis décrites par Marc Fumaroli[77]. Les gravures de l'*Historia* ne se contentent pas d'illustrer ; elles rendent sensible le cheminement lumineux du salut. Les constructions optiques (« *projectio optica* », « *chorographia* », « *ichnographia* ») et cartographiques écartent les apparences, tranchent les montagnes, superposent les plans et les niveaux. Dans sa recherche des vestiges enfouis, Kircher ouvre les profondeurs terrestres et explore les immensités célestes grâce à sa machinerie optique. Considérons le frontispice de l'ouvrage : sur un fond montagneux et sylvestre, se détache la plate-forme où se tient Placide, que surplombe le rocher du cerf merveilleux. Un rayon à la fois lumineux et vocal[78] unit les regards et les discours des deux personnages, puis, se réfléchissant sur le corps de Placide, se projette sur le sol en dessinant le plan de la future église : à l'instant spectaculaire de la conversion, le miroitement eustachien produit l'image virtuelle de la fondation, par Constantin, de l'Église-État catholique. Les ombres portées par les différents sujets (Placide, le cerf, les chiens, le cheval) désignent comme source lumineuse le point où Placide, en son corps, reçoit le rayon céleste. Placide, centre de réfraction terrestre de la lumière divine, focalise et distribue la radiation du salut.

Faire voir, mais surtout montrer le faire du voir ; la démonstration kirchérienne ne se réduit pas à une fade exaltation de l'apparence ; elle présente une activité, un dynamisme, une « apparance », pour pasticher J. Derrida[79]. L'*Historia* devient alors le guide d'une procession mystique : parcourir le monde en ruine, buter sur le vestige qui autorise la reconstitution du diagramme de l'ordre divin, chercher une histoire pour trouver l'Histoire, celle qui a accumulé en ses épaisseurs tout le passé de la Révélation, produire au jour l'itinéraire suivi, pour en assurer la perpétuation, en un « pèlerimage »[80].

À partir de vestiges oubliés, Kircher construit un réseau de secrets : un homme a été élu pour témoigner d'un autre secret, celui de l'Incarnation, et pour engendrer une histoire secrète, celle qui, des origines aux jours heureux du Latium contemporain, explique les événements apparents. L'instant du martyre publie glorieusement le sens d'une permanence, d'un ordre caché.

La sainte tribu

1. Race et grâce

Au sein de la famille d'Eustache, la voix du sang parle et transmet les signes de reconnaissance et d'élection. Eustache, de retour à Rome, choisit comme officiers les deux jeunes gens « alors qu'il ignorait qu'ils fussent ses fils véritables, bien qu'il se sentît porté vers eux par un effet de sympathie, comme mû par une force irrésistible » (p. 28). Il en va de même pour Théopiste : « Il se produisait en elle un secret mouvement né des effets de la sympathie qui agitait les entrailles maternelles » (p. 29).

Mais il ne s'agit pas ici du seul sentiment familial ; Eustache et les siens portent en eux les marques discrètes, mais sûres, de leur appartenance à une race élue. Sur les visages et les corps flotte un air de noblesse et de grandeur qui séduit jusqu'au brutal capitaine du bateau, avant le rapt : « le capitaine... observa en Eustache et Théopiste je ne sais quoi[81] de noble, de généreux, de plus élevé que leurs apparences plébéiennes » (p. 16). L'élection divine et la noblesse terrestre se confondent dans une allure glorieuse : « (Eustache) avait le corps robuste et exprimait sur son visage une certaine majesté royale » (p. 5). Cette qualité se transmet aux deux enfants, « qui n'étaient pas indignes de leur race (*haud degeneres*) » (p. 7); malgré leur rustique éducation égyptienne, les deux fils développent ces nobles attributs : « (Eustache) avait choisi comme compagnons et suivants ces deux jeunes gens semblables par la force de leur corps et par leur grandeur d'âme » (p. 28).

L'histoire d'Eustache ne se replie donc pas, comme dans les narrations médiévales, sur le roman familial du type clémentin ou jobien. Si Eustache constitue bien l'ectype de Job, le rapport entre les deux figures change complètement. Alors que, dans les légendes médiévales, les deux saints méritaient l'élection par leur charité et en recevaient récompense par la restitution familiale, augmentée, dans la Nouvelle Loi, de la gloire du martyre, l'Eustache kirchérien se distingue de son prototype biblique par une élection antérieure à sa naissance et par une récompense lignagère, une féconde « propagation » (*faecunda propagine*) selon un mot qui unit, en son sens, les caractères missionnaire (propagation de la foi) et prolifique de la dynastie sainte d'Eustache : « Car, comme la sagesse divine et inscrutable posa, dans la loi de Nature, Job en modèle d'une patience invaincue, de même, dans la loi de Grâce, il lui plut de proposer en Eustache... l'ectype et la norme véritables de l'authentique vie chrétienne... mais d'une façon opposée... Job, après avoir subi les malheurs et les calamités, obtint la restitution des biens perdus et une longue et heureuse vie parmi sa nombreuse descendance... mais la Bonté divine (pour Eustache et les siens) préféra aux récompenses précaires la jouissance des biens immortels et voulut que la postérité d'Eustache, grâce aux mérites de son serviteur, se transmît jusqu'à notre temps par une féconde propagation » (p. 48-49). Avec Kircher, on passe de la légende familiale au roman lignager. La seconde partie de

l'*Historia* déplie longuement et minutieusement, suivant une
« succession continue » (p. 55), les feuilles de l'arbre généalogique du saint.

Les ancêtres d'Eustache peuvent prétendre à la plus haute
noblesse, puisqu'ils appartiennent à la *gens* Octavia, issue de
Tusculum, où l'installa Télégonos, fils d'Ulysse et de Circé[83].
La race octavienne connaît les phases alternées de gloire et de
repli qui jalonnent la vie même d'Eustache : voici d'abord la
gloire première du dynaste de Tusculum, gendre de Tarquin
le Superbe, fondateur en qui se dessinent les traits majestueux
et guerriers de toute la race : « C'était, par la stature et la
force, l'homme le plus éminent et le plus puissant de tous ses
contemporains... Il était tenu pour le plus habile dans l'art
militaire » (p. 50). Puis ses revers, face à la Rome naissante,
entraînent sa chute et sa mort : la lignée se perpétue et se
disperse dans le Latium, avant de s'allier par des mariages
aux grandes familles romaines, joignant à l'héritage grec et
étrusque celui de Troie et de l'Italie. Mais, malgré sa haute
origine, elle s'enfouit dans le secret plébéien, avant de
reconquérir le patriciat, tout en se mêlant aux grandes heures
de l'histoire romaine et en fournissant à la République tant de
consuls, d'édiles, de tribuns et d'orateurs. Puis vient la gloire
de l'Empire, avec Auguste, sublime rejeton de la race. L'éclat
du lignage croît encore après l'Incarnation ; désormais, cette
race forte et secrète assume la charge pour laquelle elle a été
créée, la propagation de la foi. Les persécutions et les aléas de
l'histoire continuent à rythmer son développement en une
alternance de moments glorieux et de périodes clandestines.
Faustinus Octavius, proche cousin d'Octave Auguste,
converti par saint Paul, engendre Clément, quatrième pape
de l'Église, martyr célèbre par les miracles de son exil
oriental[84]. Après Eustache, fleuron de la race, le choix divin
continue à honorer le lignage, qui produit le pape Corneille,
puis saint Placide, le disciple favori de Benoît, à un moment
privilégié de l'histoire familiale, puisque les branches cousines
Anicia et Octavia (Kircher parle d'une *gens* Eustachio-Anicio-
Octavia, p. 83) donnent à la chrétienté Boèce, Symmaque,
Grégoire le Grand et Benoît. Après la longue éclipse lom-
barde, le sang d'Eustache se distingue à nouveau ; la gens

Octavia, devenue la famille comtale de Tusculum par Ptolé-
mée, gendre de Louis le Pieux, s'honore d'un sextuple pontificat et se disperse dans le Latium et le monde chrétien, en une
série de nobles lignées, celles des comtes de Poli, de Segni
(d'où naissent sept papes), de Pierleoni, d'Affliti, de Frangipani, branche qui s'illustre en Germanie et construit la
maison d'Autriche. Toute l'histoire romaine et chrétienne se
condense dans le roman généalogique d'Eustache.

2. La tribu.

La lignée d'Eustache offre le visage d'une tribu sainte :
— Son histoire se fonde sur une origine mythique et
prestigieuse et se développe par un réseau d'alliances matrimoniales. Au départ, donc, la Grèce des dieux et des héros,
avec Ulysse, descendant de Sisyphe, et Circé, fille du Soleil ;
puis les unions étrusque (avec la fille de Tarquin), romaine
(*gentes* Anicia et Iulia), donc troyenne, franque (avec la fille de
Louis le Pieux) mêlent les sangs les plus nobles. La généalogie
eustachienne a bien les caractères cumulatifs et totalisants des
filiations mythiques dans les sociétés archaïques.
— En la tribu se transmet une vertu guerrière, rappelée
par les titres de fonctions et de rangs (*dux, duces, ductor*), visible
dans la vigueur corporelle, audible dans le nom même de ses
héros : le seul nom de Placide, chargé de la puissance lignagère, met en fuite les ennemis (p. 6). La race antique dispose
sa puissance contenue et tendue dans les replis de l'histoire ;
dès les origines, la force octavienne s'allie et se rebelle, avec
Tarquin et contre Rome ; elle peut s'égarer : les habitants de
Tusculum, clients des comtes, se liguent avec l'empereur de
Germanie contre les papes. Mais la lumière de la grâce dissipe
ces ténèbres ; la rigueur des principes, l'exercice libre des
mérites orientent vers le bien ce surcroît de vitalité ancestrale[85]. La tribu armée et sage des lévites octaviens se dresse
comme une noble milice, en réserve de l'État romain. Vaste
population dispersée sur l'aire chrétienne, guettant Rome de
ses territoires latins, lui fournissant papes et généraux, la race
d'Eustache, au fil du temps, en demeure la gardienne.
Dans les marges de l'*Historia* se dessine l'image du *comte
chrétien* dans l'État et la société catholiques. Le comte tient sa

force et sa sagesse d'un sang noble éprouvé par les feux de l'histoire. Proche des souverains changeants et versatiles, il assume la permanence des principes. Soumis aux caprices du destin ou dominé par ses passions, le souverain, face visible et vulnérable du pouvoir, doit s'entourer de la cohorte nombreuse des comtes, profond vivier de la vertu et de la sagesse. D'ailleurs, le bon souverain tend à se conformer au modèle comtal : Trajan, héritier du trône d'Auguste, proche de Placide par ses vertus[86], le considère comme son « fidèle Achate » (p. 6), comme Placide voit en ses propres lieutenants de « fidèles Achates » (p. 23). Pas de différence de nature entre le général et l'empereur : ils partagent les secrets essentiels. *Primus inter pares*, Trajan a offert sa personne à la nécessaire publicité du pouvoir, sans cesser de participer à l'élite noble. Constantin, premier souverain chrétien, garde cette modestie et ce goût de la discrétion qui font qu'aucun des objets du culte trouvés à Vulturella ne porte son nom. Fondateur de l'église d'Eustache, il se pose en rejeton adoptif de la sainte lignée.

Parfois, l'élite comtale sort de l'ombre et occupe momentanément le rang suprême dans la papauté ou l'empire, mais elle préfère le secret de la vigilance et du conseil : le comte se veut *homme de cour* ou de Curie; la puissance stable, sûre et disponible s'exerce dans la communauté amicale et dévote, dans le cercle du contrôle[87]. Ce détour nous ramène à Kircher et à la Société de Jésus, au grand rêve politico-pédagogique d'une élite noble formée dans les collèges de l'ordre, *ad majorem Dei gloriam*[88].

— La tribu s'ancre dans un territoire, hérité de l'ancêtre fondateur de Tusculum; l'héritage procède d'un modèle divin : Jésus, lorsqu'il apparaît à Placide, se déclare « cohéritier du royaume céleste » (p. 8). Le centre du pouvoir seigneurial se déplace, après la destruction de Tusculum; des terres lointaines, en Germanie et en Dalmatie, s'ajoutent au patrimoine des maisons de la lignée, mais le terroir sacré, originel, entre Tivoli et Préneste, représenté par la chorographie de Kircher (gravure jointe à la p. 168), demeure le lieu de l'action divine et des décisions humaines : le cerf christique apparaît près de Poli; Benoît fonde son monastère à Subiaco, au nord de la contrée. Les maisons de Poli et Segni y fleurissent. Le statut foncier varie au cours de l'histoire ; la légitimité de l'héritage se double d'une sacralité de la donation ; en ce coin du Latium, s'imbriquent les fiefs laïcs de la famille d'Eustache, les domaines monastiques et les biens cléricaux. En effet, Tertullus, père de saint Placide, a fait une large donation à Benoît (p. 112-113). Une partie du territoire d'Eustache appartient donc à l'ordre bénédictin, maître de l'élection de son abbé, qui, consacré par le pape, jouit d'un pouvoir perpétuel, mais devient amovible à partir d'Urbain VI, jusqu'à ce que Calixte III confie la gestion de l'abbaye et de ses domaines à des séculiers, commendataires perpétuels qui font entrer en ces lieux eustachiens les grandes dynasties cardinalices et pontificales de Rome : Torquemada, les Borgia, les Colonna, les Borghese, les Barberini enfin (p. 113). Le terroir tribal d'Eustache condense en lui tout le passé catholique du monde.

3. La colline inspirée.

Le rocher d'Eustache apparaît donc comme le centre d'un monde sacré, comme un lieu scénique privilégié dans le grand drame de l'histoire.

La montagne domine les paysages de l'Italie archaïque ; le site se trouve « à une altitude telle que, d'un seul coup d'œil, on embrasse facilement non seulement tout le Latium et tout le pays qui s'étend le long de la mer Tyrrhénienne, mais aussi les vastes terroirs des Herniques, des Samnites, des Sabins et des Apruti » (p. 85). La Rome impériale y construit la villa de l'empereur Hadrien, non loin de celle de Placide. Benoît y fonde le premier monastère occidental.

Le montagneux domaine d'Eustache, source latine du fleuve romain, fournit les matériaux de ses fondations au siège de toute gloire et de tout salut, en une rigoureuse correspondance binaire qui se poursuit tout au long de l'histoire :

— la Tusculum gréco-étrusque se soumet à la Rome troyenne et italique ;

— le Placide du mont Vulturella devient l'Eustache martyr de Rome ;

— l'Octave tusculan se couronne, dans la Ville, du titre d'Auguste romain ;

— les abbés bénédictins cèdent leur prééminence originelle aux cardinaux de la Curie;

— les comtes de Tusculum manifestent leur prospérité latine sur la scène publique de Rome dans leurs descendances logées aux palais de la Ville. Kircher note soigneusement les solennels lieux de résidence des comtes de Tusculum, de Frangipani, de Pierleoni, d'Orsini et de Colonna, autour de l'église romaine d'Eustache, analogue public, fêté, honoré de la pauvre église du mont Vulturella. La restauration kirchérienne poursuit donc le processus de romanisation du Latium eustachio-bénédictin, de l'oubli du sanctuaire perdu au secret de la fondation latine de la Rome comtale et pontificale.

La montagne, dévotement parcourue par Athanase Kircher, archéologue et ethnologue du sacré, apparaît comme le refuge, le musée vivant de la tradition, le grand réservoir des eaux de la grâce romaine. En cette journée de 1661, le jésuite s'émeut de la simplicité et de la pureté des mœurs latines. La poussière de l'oubli a protégé l'éclat du secret. En effet, en ce lieu édénique et rude, s'est préservée l'ingénuité native des premiers chrétiens[89]; la robustesse de ses habitants témoigne à la fois de la vigueur de la race d'Eustache et de l'austérité des vraies communautés pieuses : « La salubrité est telle que la plupart des habitants atteignent l'âge de quatre-vingt-dix ou cent ans; il s'y trouvait, avant mon arrivée, un paysan âgé de cent seize ans; et, chose admirable, les habitants se contentent d'une nourriture très minime, soutenant leur vie de fromage, de laitage, d'ail, de champignons et d'herbes, buvant de l'eau » (p. 85). L'hiver, contraints par la neige, « ils demeurent chez eux, devant un feu perpétuellement entretenu, passant leurs jours, non sans allégresse, aux travaux convenables à cette saison » (p. 85).

Grande nostalgie de Kircher : le jésuite errant, poursuivant le labeur énorme de sa quête forcenée des origines, a trouvé ce lieu ancien où se calfeutre la communauté joyeuse de ceux qui jouissent sereinement de l'écoulement des jours, sous la protection de la Rome des comtes et des papes, au sein du paysage mystique du secret salutaire[90]. Kircher, désormais, chérit et protège ce lieu, point d'aboutissement et de départ du savoir caché si longtemps poursuivi. L'émergence du sujet

Athanase se manifeste de façon émouvante par l'apparition du « je », pour la première fois dans le texte[91], dans ce passage cité plus haut, où il admire la longévité des habitants du mont Vulturella. Mais il reste à tirer de l'oubli un secret, celui-là même qui provoqua l'arrêt mystique dans l'errance du jésuite, le secret de Marie.

Et Marie? Cris et chuchotements kirchériens

Le versant marial de l'œuvre de Kircher demeure inexploré. Pourtant, la dévotion du jésuite s'adresse à Marie comme à Eustache :
— le titre du livre (*Historia Eustachio-Mariana*) associe par un tiret quasi généalogique le saint et la Mère de Dieu[92];
— Kircher fait précéder son texte d'un double préliminaire. Dans une dédicace, il offre son livre à Jean Nicolas, de la famille des comtes de Poli et abbé du monastère de Vulturella, héritier à la fois de la légitimité nobiliaire d'Eustache et du droit curial, tandis que la Préface au lecteur exalte la dévotion mariale, point de départ de la recherche du jésuite;
— le poème votif sur lequel se clôt l'ouvrage résume la vie d'Eustache et s'achève sur une longue et brûlante invocation à la Bienheureuse Vierge.

Or, aucun récit, aucune circonstance particulière, aucun objet de culte ne lie Eustache à la Vierge. La *Magna Mater* (poème votif, p. 184), en qui Kircher love sa dévotion, demeure muette.

Paradoxe voisin : le roman familial et généalogique d'Eustache étouffe et exalte à la fois la présence maternelle et féminine. Le poème votif, quand il résume la légende, omet la présence de l'épouse du saint, Théopiste. La *Vita* elle-même tend à l'éradication du féminin; certes, Théopiste demeure au centre du récit, puisque les tribulations de l'exil dérivent de son enlèvement, mais Kircher, à deux reprises, souligne son mâle caractère : « Placide avait une épouse du nom de Trajana, femme qui aspirait aux choses élevées et difficiles d'un cœur viril, bien au-delà des qualités propres au sexe féminin »

(p. 8). « Elle s'avançait, mettant ses espérances en Dieu seul, pénétrant (*inserans*) d'une âme masculine sa faiblesse de femme » (p. 16).

La généalogie eustachienne paraît bien curieuse : voici un lignage exalté dans sa fécondité, sa « propagation », mais aussi dans sa chasteté, puisqu'il brille d'abord par la pureté de ses saints, de ses papes, de ses clercs, de ses moines, par l'extermination précoce de ses martyrs. Kircher rêve ici ; il rêve d'une famille créée et non engendrée, se pérennisant par une transmission avunculaire de la grâce, d'oncle en neveu, mâle société qui évoque celle des jésuites, chastes pères de la multitude enfantine des collèges.

Dans l'histoire généalogique de la race eustachienne, donc, la femme, très rarement mentionnée dans la luxuriance des détails biographiques, joue un rôle minime, alors même que l'expansion du lignage repose sur les alliances matrimoniales ; les beaux-pères (Tarquin, Louis le Pieux) importent plus que les épouses. Ou bien, à de très rares moments, dans l'*Historia*, se déroulent des scènes fantasmatiques axées sur un personnage féminin.

Première scène. Au Xᵉ siècle, apparaît la seule femme qui joue un rôle dans l'entretien du culte eustachien, Stéphanie, *senatrix* (notons le qualificatif masculin/féminin), seconde épouse du comte Albéric II, gendre du roi d'Italie, Hugon, par sa première femme, Alda. Curieuse convergence, en ce temps de l'histoire romaine qui fut appelé la Pornocratie, en souvenir des femmes et des débauches qui entourèrent alors le siège pontifical. À cette époque, la race d'Eustache donne à la papauté Serge III, Léon VI et Jean XII (premier pape, selon Kircher, à changer de nom, comme par une duplication de la métamorphose onomastique de Placide). Jean, frère d'Albéric, chasse le premier les Sarrasins d'Italie. En un temps de débauche et de danger, une femme, forte figure menacée, s'entoure de la sainte cohorte familiale des mâles de la tribu. Or, cette femme, comme la Vierge, fait signe à Athanase : elle fait dresser, dans l'église romaine, deux colonnes et le signale par l'inscription qui donne lieu à la seconde découverte de Kircher, en se faisant lire par le divin rayon solaire.

Deuxième scène. Théopiste s'appelle d'abord Trajana, sous

Trajan, en une période de menaces extérieures. Exilée, elle
subit un rapt violent sous les yeux de sa famille, en une scène
stupéfiante : « Écoutez, mortels, et soyez stupéfiés par un
événement en aucun siècle entendu » (p. 16). En guise de
salaire, le capitaine du bateau de l'exil réclame la beauté
douloureusement et délicieusement dépeinte par Kircher :
« Comme (le capitaine) avait remarqué la délicatesse de ses
membres, la constitution charmante de son corps et la nature
d'un sang illustre et généreux, il fut agité des tourments
d'un amour insensé, brûlant de plus en plus d'un feu de
concupiscence » (p. 16). Eustache s'investit alors de la fonction maternelle : « Le malheureux Eustache, se souvenant des
entrailles maternelles, devait se charger de l'office d'une
pieuse mère » (p. 19); dans l'abandon en l'exil (« Ô Dieu, toi
qui m'as choisi, en me tirant du ventre maternel pour la
Passion très amère de cette Croix... » (p. 27), les trois mâles
de la famille ne se rejoignent que dans les rangs d'une milice
armée contre l'envahisseur; ils retrouvent alors la mère et
l'épouse, vieillie, enlaidie, mais intacte, prête au martyre qui
illuminera la race d'Eustache.

Détour biographique[93]. Kircher, dernier de neuf enfants, naît
en 1602, près de Fulda. Son père, docteur en théologie,
possède une vaste bibliothèque, détruite au cours de la guerre
de Trente Ans. Tout jeune, Athanase risque la mort, en
s'approchant du spectacle du monde : il passe dans une roue
de moulin, puis sous les sabots des chevaux lors d'une course
hippique; revenant d'une représentation théâtrale, il se perd
en forêt, souffre d'angelures qui s'infectent. La Vierge le
sauve. À seize ans, il entre au collège des Jésuites de Pader-
born, y dissimule ses capacités par humilité. En 1620, il
prononce ses vœux; ses études sont interrompues par la
guerre de Trente Ans; il fuit vers Münster, Cologne. À
Düsseldorf, il tombe dans le Rhin dont la glace s'effondre sous
ses pas. Il est transféré par la Société de Jésus à Coblence, où
son savoir étonne, revient vers les lieux familiaux, à Hei-
ligenstadt; au cours du voyage, des soldats protestants
s'emparent de lui et se préparent à le pendre; mais, émus par
son attitude, ils le libèrent. L'archevêque de Mayence l'enlève
aux jésuites pour sa cour. Puis il part pour le collège de
Würzburg, où les protestants arrivent peu après. Fuite pour

Mayence. La Société l'envoie à Avignon, puis le convoque à la cour des Habsbourg à Vienne. Passant par l'Italie, il voyage par mer de Marseille à Gênes; le capitaine du navire le dépose sur une île. Sauvé par des pêcheurs, il arrive à Rome, au milieu des tempêtes, en 1635; il y apprend que la Société dispose de lui autrement et le nomme au Collegium romanum. L'année suivante, il accompagne Frédéric de Hesse-Darmstadt, souverain de la terre paternelle et nouveau converti, qui désire voyager en Italie du Sud et à Malte. La terre s'ouvre sur leur passage : l'Etna et le Stromboli entrent en éruption; à Tropea, ils débarquent juste au moment d'un tremblement de terre et ils assistent à l'engloutissement de l'île Santa Euphemia. À Naples, le Vésuve se déchaîne. Puis, de 1638 à 1660, Kircher voyage moins; travaille au milieu des pestes et des inondations, constituant son musée et parcourant le Latium, jusqu'à ce que, par une belle journée de 1661, il rencontre la Vierge. Marie, Eustache, Athanase, Marie...

Petite fiction finale. Athanase rêve. Il est abandonné. La Mère, l'Épouse, la Fille du roi, lui a été enlevée. Ce rapt le livre, seul, aux dangers du monde, aux violences des éléments et des hommes. Il erre. La société des Pères le recueille. Il cherche l'or du temps. Il pourchasse le secret de la Disparition, de la Passion, de l'Enlèvement, de l'Assomption. Il hante les livres des Pères et les ruines des Ancêtres. Réveil au bout de la nuit : le soleil de Circé désigne l'inscription secrète. Midi : la Mère, sous son voile de poussière, sous ses toiles d'araignée, l'attend, morte, dans la terre ancienne de la pureté première. Elle ne courait pas le monde, elle attendait, prête à la gloire funèbre du pèlerinage, le retour du fils. Depuis, le fils dessine de minuscules cerfs sur de belles gravures :

> Où maintenant est le cerf qui témoigna
> Sous ses arbres de justice,
> Qu'une route de sang par elle fut ouverte
> Un silence nouveau par elle inventé,
>
> Portant sa robe comme lac de sable, comme froid,
> Comme cerf pourchassé aux lisières,
> Qu'elle mourut, portant sa robe la plus belle,
> Et d'une terre vipérine revenue[94]?

CHAPITRE V

Hagiographie et contexte :
les avatars de saint Louis d'Anjou

Eustache inscrivait sa longue survie hagiographique dans les vastes inflexions du christianisme, du haut Moyen Âge à l'ère baroque. Mais la vie de saint, dans ses formes les plus ténues, apparemment les plus « populaires », révèle aussi à la micro-histoire les enjeux puissants qui jouent dans la vénération des saints.

Considérons l'*Oraison très dévote du glorieux saint Louis (Oratione devotissime del glorioso santo Alvise)*, publiée anonymement à la fin du XVIe siècle par l'éditeur Giuseppe Cacchio, à L'Aquila dans les Abruzzes. Il s'agit d'une vie, en vers italiens, de saint Louis d'Anjou (1274-1297). Pourquoi ce choix ? Parce que le texte se prête assez bien à une reconstitution précise de sa généalogie matérielle, rituelle et textuelle :

— nous connaissons quelque peu l'imprimeur Cacchio et le milieu où il travaille ;

— le choix d'un saint historique et tardif permet de suivre de près les étapes et les raisons de sa vénération, et en particulier dans le royaume de Naples, dont font partie les Abruzzes. On peut espérer retrouver la totalité des textes narratifs, homilétiques et liturgiques rédigés depuis le procès de canonisation. Les implications idéologiques de la narration de la vie d'un saint qui fut à la fois l'héritier du trône de Naples, un franciscain fervent et un évêque paraissent fort riches ;

— le lieu de l'édition, L'Aquila, ville de fondation récente (milieu du XIIIe siècle), est propice à une analyse des liens qui se nouent entre un espace, un saint et un culte ;

— de façon plus générale, l'Italie de la fin du XVIᵉ siècle présente des originalités intéressantes pour notre propos : la production des livrets hagiographiques « populaires » y paraît plus précoce qu'en France ; elle se développe abondamment à partir des années 1560 un peu partout, mais avec une prééminence de l'Italie centrale (Latium, Ombrie), de la Toscane (essentiellement Florence) et, dans une moindre mesure, de Venise. On a l'impression aussi que les imprimeurs y jouissaient encore d'une certaine autonomie par rapport à l'Église.

Lorenzo Baldacchini a relevé un témoignage intéressant de cette liberté (mais aussi de sa répression) dans les archives inquisitoriales de Modène[1]. En 1594, l'Inquisition de Modène poursuit un certain Francesco Gadaldini, imprimeur, accusé d'avoir édité une oraison de sainte Marthe (le mot oraison, en italien, désigne par métonymie toutes sortes de livrets hagiographiques brefs). L'accusé se défend en des termes très éclairants sur des sources possibles d'une véritable hagiographie populaire : « Je ne l'ai pas imprimée [...]. Il est vrai que mon père, alors qu'il venait de Bologne avec une oraison de sainte Marthe écrite à la main, me pria de lui en trouver une autre et que pour lui complaire, je me mis en quête et en particulier auprès d'une certaine Margarita Chiaponna à qui je demandai si elle savait l'oraison de sainte Marthe ; elle me dit qu'elle la savait par cœur ; je la notai par écrit de ma propre main et la donnai à mon père, qui en quelques jours l'imprima ; et j'en pris un seul exemplaire et je crois, sans pouvoir l'affirmer, que je le donnai à ladite Margarita. »

Texte passionnant et frustrant ; on ne possède évidemment par le texte de cette oraison. Il faut répéter cette triste évidence : les textes les plus sulfureux, dans cette production fragile, nous manquent. On peut imaginer qu'un texte sur Marthe (image du salut par le labeur dans le grand dyptique idéologique Marthe/Marie) pouvait condenser les aspects protestataires et anticléricaux du christianisme populaire de l'Italie du Nord. Mais on ne peut exclure l'hypothèse que la poursuite se justifiait par le simple délit d'impression de textes religieux sans autorisation. Ce texte prouve au moins l'existence d'une production clandestine ou semi-clandestine des livrets hagiographiques, trait que nous ne retrouverons pas dans la France du XVIIᵉ siècle et qui importera à notre interprétation de l'opuscule sur Louis. Notons aussi la rapidité et la simplicité extrêmes du circuit mémoire orale-texte imprimé : une promenade dans Modène et quelques jours de travail suffisent. Là résiderait la charge subversive du livret populaire : il reproduit vite les formes anciennes et orales de religiosité.

Revenons à notre livret de L'Aquila. Connu par un exemplaire unique, il doit sa survie à la passion de collectionneur d'un grand prélat, le cardinal Capponi, qui rassembla en quelques portefeuilles légués à la Bibliothèque vaticane (le fonds Capponi) quelques dizaines de livrets hagiographiques[2].

Le livret est un *octavo* formé d'un seul cahier de quatre feuillets et mesurant 11 cm × 17 cm. Les huit pages, ni paginées ni foliotées, portent une seule signature (A2, page 3) ; le papier, très mince et de mauvaise qualité, laisse transparaître l'encre de la page suivante ; les feuillets irréguliers ne sont pas rognés. La première page porte le titre : ORATIONE/ DEVOTISSIMA/ DEL GLORIOSO/ SANTO ALVISE en majuscules dont les plus grandes mettent en relief la deuxième ligne du titre. Au-dessous, un bois (8,2 cm × 6,1 cm) : dans un cadre guilloché, rogné en haut, on voit un évêque mitré, barbu, auréolé, tenant en main gauche sa crosse ; il s'agenouille devant une représentation du Christ qui occupe le quart supérieur gauche du bois. Devant l'évêque et sous la figure du Christ apparaît un livre ouvert. Le décor, très simplifié, se réduit à deux demi-fûts de colonnes et à deux couches de briques qui matérialisent le sol. La facture très sommaire évoque celle de nombreux livrets contemporains ; le réemploi d'un bois à usages multiples semble probable : aucun détail ne spécifie l'évêque. De plus, la barbe, dans l'iconographie populaire du temps, signifie systématiquement l'âge ; or Louis est mort à vingt-trois ans et la peinture savante et ecclésiastique de la fin du Moyen Âge le représente constamment imberbe et presque enfantin. Sous le bois se trouvent le lieu d'édition et le nom de l'imprimeur : NELL'AQUILA/ Appresso Gioseppe Cacchio.

Les sept pages du texte, imprimé en petits caractères romains, offrent chacune trois strophes et demie de huit vers, sauf la page 8 qui ne présente qu'une seule strophe, suivie d'une indication de fin (IL FINE), puis du texte latin de l'oraison annoncée par le titre *(Oratione devotissima)*. Chaque bas de page porte une réclame (sauf la page 2); chaque strophe commence par une majuscule imprimée en avancée; les vers suivants débutent par des minuscules. Les strophes suivent un patron identique (avec de nombreuses exceptions ou « fautes » de métrique ou de versification) : huit dodéca-syllabes sur la séquence de rimes *ababcbcc*. Cette strophe de huit vers, l'*ottava*, constitue la forme courante de la poésie populaire italienne depuis l'Arioste. Deux titres de livrets signalent d'ailleurs cette captation populaire et religieuse de l'Arioste : en 1589, un certain Goro de Colcellalto publie à Florence, pour la fameuse librairie « Alla Scalla de Badia », une transposition religieuse du *Roland furieux : Primo Canto del Furioso traslato in spirituale*; l'actif polygraphe Giulio Cesare Croce propose des *Rimes compassionevoli cioe il primo canto dell' Ariosto tradotto in spirituale* (Viterbe, 1676)[3]. Cette forme de la suite d'*ottave* a donc une origine savante, mais son apparition populaire désigne un usage probable de ces livrets poétiques, où la part liturgique se réduit à peu de chose ou à rien. Jusqu'à nos jours, sur les marchés, en Toscane notamment, la vie de saint se dit sur le mode du chant-cantilène demi-psalmodié.

L'oraison qui termine le livret n'a apparemment rien pour surprendre ce court texte latin, central dans la commémora-tion du saint : répété à chaque leçon de l'office propre du saint, ou seul texte particulier au saint lorsque l'office ou la messe se dit selon le « commun » générique de la liturgie. Pour Louis d'Anjou, le cas est fréquent : il s'imposa difficile-ment dans la liturgie et la plupart des bréviaires et missels qui le célèbrent le font selon le commun des confesseurs et évêques, sauf dans l'ordre franciscain, où Louis a droit à un office propre. L'oraison, texte court et fortement codifié (donc facilement mémorisable), constitue l'indispensable et minime bagage liturgique du dévot d'un saint. C'est pourquoi un grand nombre de livrets, pourtant essentiellement narratifs, s'intitulent *Oratione* ou *Devotissima oratione*. Continuons donc la fiction vraisemblable sur l'usage de ces livrets : des chanteurs de rue et de marché proposent à la vente (en guise de rétribution et de souvenir) l'oraison latine qu'ils scandent soigneusement, après avoir psalmodié les strophes narratives qui justifient la dévotion du saint.

Le seul élément de surprise, dans cette oraison, nous oriente vers l'hypothèse d'une production laïque à destination populaire : en effet, l'oraison imprimée appartient à l'office de Louis IX, le grand-oncle de Louis d'Anjou. La quasi-totalité des bréviaires qui mentionnent la fête de Louis d'Anjou reproduisent, dès le XIVe siècle, la même version de son oraison; les rares variantes, fort différentes de l'oraison de Louis IX, se trouvent dans des textes liturgiques anciens; à l'inverse, l'oraison de Louis IX se fixe dès le début du XIVe siècle. De plus, n'importe quel curé de campagne reconnaîtrait l'erreur : l'oraison de ce Louis confesseur ne livre pas l'indispensable mention de sa qualité épiscopale, pourtant bien indiquée dans le texte narratif qui précède. Par ailleurs, les fautes typographiques, rares dans le texte italien, abondent ici dans les formules les plus stéréotypées (*« de tarreno »* pour *« de terreno »* ; *« Regni regum »* pour *« Regi regum »*). Enfin, il faut noter que Louis est désigné par le nom d'*Alvise*, forme dialectale vénitienne de *Lodovico*, forme universelle dans les bréviaires et missels italiens par laquelle Louis se distingue de son grand-oncle *Luigi*; cette forme ne renvoie pourtant pas à un parti pris dialectal, puisque le texte italien, en pur toscan, ne contient aucun élément vénitien ni abruzzois[4]. Il faut se contenter, pour le moment, de ce constat : la dénomination de Louis ne provient pas ici de l'Église. Sans aucun doute, le texte fut rédigé par un laïc peu connaisseur en liturgie, qui avait feuilleté un bréviaire où figurait la seule oraison de Louis IX, fort voisine (25 août pour Luigi, 20 août pour Lodovico).

Les deux carrières de Giuseppe Cacchio

Par chance, nous connaissons assez bien l'éditeur-imprimeur Giuseppe Cacchio (ou Cacchi)[5]. Mais le mystère du livret ne s'en épaissit que davantage, car Cacchio ne corres-

pond nullement à l'idée qu'on se fait d'un éditeur populaire.
Né vers 1533 à L'Aquila, il fit des études à Naples où il apprit
la typographie auprès du grand Orazio Salviani; il revint vers
1565 dans sa ville natale pour y relancer l'imprimerie. La
typographie avait connu de brillants débuts à L'Aquila, grâce
à l'arrivée d'Adam de Rottwill, clerc originaire du diocèse de
Metz[6], actif depuis 1471 en Italie où il erra pendant seize ans :
à Rome (1471-1474), il édita aussi bien des textes juridiques
que les *Mirabilia Romae* ou l'*Histoire des deux amants* d'Enea
Silvio Piccolomini; à Venise (1476-1481), il imprima des
textes latins, des bréviaires, un vocabulaire allemand-italien,
avant de s'établir à L'Aquila où il introduisit l'imprimerie,
grâce à un privilège de 1481; il y fit paraître en 1482 le
premier Plutarque en italien, un très bel incunable. Puis,
pendant quatre-vingts ans, l'art typographique disparut de
L'Aquila, jusqu'au retour de Cacchio, que la cité honore et
accueille généreusement : un statut communal de 1566 lui
attribue une subvention pour l'aider à faire prospérer son art.
Mais, dès 1569, il commence à s'établir à Naples, tout en
gardant sa boutique et son atelier à L'Aquila. Naples fut le
véritable théâtre de son activité : sur les 165 titres qu'il édita
de 1566 à sa mort en 1592, 136 proviennent de son atelier
napolitain, 12 seulement de L'Aquila; 17 autres furent
composés à Vico Equense, petite ville proche de Naples où il
travailla à partir de 1581, essentiellement pour l'évêque local
Paolo Regio, dont nous reparlerons.

Cette carrière se conçoit aisément, si on ne prend pas en
considération le livret sur Louis d'Anjou : imprimeur de
talent, il ne peut se contenter du cadre étroit de L'Aquila et
s'installa progressivement dans la métropole vers laquelle est
orientée, depuis sa création, la cité des Abruzzes; l'épisode de
Vico Equense, qui n'interrompt nullement son activité napo-
litaine, s'explique par l'attachement à un prélat dévot et
humaniste, ami des livrets et lui-même écrivain prolixe.

La qualité du travail de Cacchio apparaît au premier coup
d'œil sur sa production : typographie claire et variée
(24 caractères romains, 23 de cursive), mise en page soignée,
papier de qualité. La nature des textes édités confirme cette
impression : Cacchio imprime essentiellement (pour plus des

deux tiers) des auteurs contemporains, nobles ou ecclésiastiques du royaume de Naples, qui en forment l'élite culturelle. Plus de la moitié de ces textes (84 sur 164) sont en latin. Un classement forcément sommaire donne la répartition par genres suivante : 24 % d'œuvres littéraires (surtout des poèmes), 35 % d'ouvrages de droit ou d'érudition locale (descriptions des villes du royaume, statuts), 28 % de textes religieux (théologie, dévotion, hagiographie), 13 % de titres variés (grammaire, médecine, physique, etc.). On ne trouve jamais dans la production de Cacchio de livrets populaires ; l'hagiographie y existe sous la forme savante de recueils sur les saints protecteurs de Naples ou de Sorrente. Même lorsqu'il publie un opuscule de poche (in-8°, 40 feuillets, 165 mm × 110 mm) consacré à une sainte, il s'agit d'un office liturgique en latin d'origine cléricale, l'*Officum Sanctae Fortunatae* (Naples, 1568), dans la tradition soignée du livre dévot. Les douze ouvrages imprimés à L'Aquila (en 1566-1567 et 1578-1581) ne diffèrent pas de cet ensemble, même si les auteurs appartiennent à l'aire socio-culturelle abruzzoise.

Comment donc comprendre cette discordance entre le livret et son éditeur ? Quatre hypothèses se présentent :

1°) On pourrait d'abord penser à une contrefaçon qui utilise le nom prestigieux de Cacchio ; le cas n'est pas rare dans l'histoire de l'édition. Pouvait-on cependant se livrer à une telle supercherie dans une petite ville comme L'Aquila, sans être immédiatement démenti et poursuivi ? Et hors des Abruzzes, la mention d'une édition aquilane ne conférait aucun prestige.

2°) Le livret pourrait se situer au tout début de la carrière de Cacchio, quand son atelier n'a encore ni le personnel ni le matériel qui feront la réputation du maître, avant même l'installation officielle avec privilège et subvention de la Commune. Cacchio se serait essayé à un genre peu coûteux et rapide à exécuter. L'examen de la première production aquilane de notre éditeur irait dans ce sens : les cinq ouvrages, tout en étant de bonne facture, sont de petit format (in-8° ou in-12°), de faible volume (le plus long comporte 66 feuillets). La promotion graduelle de Cacchio se poursuit à Naples : le premier ouvrage imprimé dans ce nouvel atelier en 1567, un bel in-folio, reproduit quatre ordonnances de Pedro de Ribera, vice-roi de Naples. En outre, deux des cinq ouvrages de la première période aquilane mentionnent la même adresse que le livret (« Nell'Aquila/Appresso Gioseppe Cacchio »); par la suite, la consonance malheureuse et obscène du nom de l'imprimeur[7] laissera place à la forme plus anodine Cacchi (Cacchius pour les ouvrages en latin). Malheureusement pour notre hypothèse, l'orthographe scabreuse réapparaît au deuxième séjour à L'Aquila (1578-1581).

3°) Une troisième hypothèse paraît alors mieux fondée : jusqu'en 1582, Cacchio a maintenu constamment une double activité à L'Aquila et à Naples : on le sait parce qu'en 1583 il dut céder son fonds de L'Aquila à deux imprimeurs, Bernardino Cacchi et Marino d'Alessandro, dont le premier lui était apparenté. Or, entre 1567 et 1578, Giuseppe Cacchio n'a rien imprimé à L'Aquila : on peut imaginer que ses ouvriers et futurs successeurs, avec le matériel sommaire qu'il avait jugé inutile d'emporter à Naples, ont continué à imprimer, à un niveau plus médiocre et à un rythme plus lent, sous le nom du propriétaire qui garde le monopole citadin jusqu'en 1582, année où Giorgio Dagano obtient lui aussi un privilège[8]. La cession de 1583 paraît bien indiquer que le marché aquilan existait et que l'absence de Cacchio nuisait à son entreprise locale. Malheureusement, nous n'avons aucune autre trace de cette activité « en franchise » (selon une terminologie actuelle), entre deux passages du maître porteur d'art et de matériel.

4°) Une quatrième hypothèse donne une dimension tout autre à Cacchio en lui attribuant une sorte d'activité double, mais non clandestine. L'hypothèse repose sur un document malheureusement isolé : en 1576-1578, Giuseppe Cacchio passe devant le tribunal diocésain de Naples, pour édition sans licence de « fausses indulgences attachées aux grains » (c'est-à-dire à la récitation des Ave Maria du Rosaire)[9]. On devine de quoi il s'agit : l'accusation devait porter moins sur le texte imprimé que sur la prise en main de la dévotion par les laïcs; l'indulgence demeure, en cette fin de XVIᵉ siècle, une prérogative pontificale capitale. La dévotion du rosaire, introduite à la fin du Moyen Age par les dominicains, n'avait rien

de suspect, mais facilitait le développement de la piété indivi-
duelle, hors du contrôle ecclésial. Le livret de Cacchio, dont
nous n'avons aucune trace, fonctionnait comme un instrument de réappropriation. Cacchio ne se présenta pas devant
la Cour et fut condamné par contumace à l'excommunication
publique prononcée « à son de cloches et par apposition de
cédules dans les lieux publics habituels » de Naples.

De l'opuscule disparu, nous savons qu'il ne portait pas le
nom de Cacchio, puisque, lors du deuxième procès, l'inquisiteur Sigillardus se livra à une véritable expertise en compa-
rant les caractères du livret avec ceux des textes de l'évêque
Paolo Regio imprimés à Naples par Cacchio. L'examen dut
être concluant, car l'imprimeur fut relevé de l'excommunication mais condamné à l'abjuration et à la pénitence avec deux
ans de mise à l'épreuve et d'interdiction d'imprimer. L'interdiction, peut-être limitée au diocèse de Naples, explique sans
doute la deuxième période aquilane de Cacchio, de 1578 à
1581, puis son repli à Vico Equense, près d'un évêque dont il
se sentait proche. Notons que le livret sur Louis ne porte pas
de permission d'imprimer, au contraire de tous les autres
textes publiés par Cacchio. Notons aussi un autre trait
original, l'absence de date : Cacchio a peut-être essayé de
tricher sur les deux ans d'interdiction.

Imaginons donc le retour de Cacchio à L'Aquila; interdit
d'édition à Naples, suspect, lui qui a travaillé pour l'archiépiscopat et la Cour, il sent sa situation compromise. Il tente
alors de reconstituer une activité en Abruzzes; il songe
peut-être à diversifier sa production en tentant l'aventure du
livret populaire, florissant dans le Latium voisin, peu répandu
dans le royaume de Naples. Il choisit donc un saint honoré
dans le royaume et se passe de toute aide et permission
ecclésiastique, par crainte de l'échec. Certes, aucun autre
opuscule « populaire » ne confirme cette orientation nouvelle,
mais le reste de sa production, lors de cette seconde période
abruzzoise, montre un désir de renouvellement et d'implantation locale. Parmi les sept titres conservés, on trouve un mince
livret de petit format (in 8°, 15 cm X 10 cm) composé de
19 *ottave* et d'un sonnet; il s'agit de chansons : *Canzone alla
Siciliana sentenziose e belle non mai piu poste in luce e aggiuntovi un*

146 L'ÉVÉNEMENT SANS FIN

lamento d'uno giovane sopra della morte. Cose molte piacevole da inteneere (1580); l'emphase du titre évoque bien celle des productions populaires au titre crié. La même année, Cacchio édite un autre petit ouvrage en *ottave*, où le modèle de l'Arioste est invoqué. Les autres œuvres imprimées manifestent le souci d'implantation régionale, plus net qu'en 1566-1567 : la première publication du retour est une description de Sulmona, cité voisine de L'Aquila (1578). Dans le même registre, Cacchio édite un récit patriotique de la guerre menée par la cité de L'Aquila contre le condottiere Braccio, accompagné de pièces en l'honneur des Camponeschi, puissante famille des environs, dont nous aurons à parler à nouveau.

Paradoxalement, Cacchio semble trouver le salut du côté de cette littérature religieuse qui l'a fait condamner. Mais cette fois, et jusqu'à la fin de sa vie, il s'abrite derrière des prélats dévots : en 1581, sa dernière édition aquilane, la plus prestigieuse, recueille les décrets diocésains (*Decreta diocesana*) de Mgr Racciaccari, nouvel évêque (1579-1592) de L'Aquila, franciscain de l'Observance. Trois ans après, en 1584, Cacchio retourne à Naples et à Vico Equense, où son destin se lie à celui de l'évêque Paolo Regio, qui, entre autres œuvres hagiographiques, écrira une vie de saint Louis d'Anjou...

Le mystère de la double carrière de Giuseppe Cacchio ne peut sans doute guère recevoir d'éclairage plus direct, mais on peut tenter de cerner les enjeux de notre livret en examinant la nature et les fonctions de la dévotion à Louis d'Anjou dans les Abruzzes à la fin du XVIe siècle.

Louis, Angevin et franciscain

Louis naît en 1274 à Brignoles, en Provence, de Marie de Hongrie et de Charles II d'Anjou, lui-même fils de Charles Ier, roi de Sicile, frère de Louis IX de France ; le trône de Sicile, dont dépend ce qui deviendra le royaume de Naples, est échu à la famille d'Anjou à la suite des manœuvres antigermaniques des papes[10]. Lorsque Louis a dix ans, son père se fait capturer par son adversaire Alphonse III d'Aragon. À quatorze ans, en 1288, il accompagne ses deux frères en Catalogue, comme otage, en garantie de paix et en échange de son père, après le traité de Canfranc ; il y demeure prisonnier pendant sept ans. Il subit alors l'influence de deux franciscains, François Brun, son confesseur, et le Catalan Pierre Scarrier, qui appartiennent à la branche « spirituelle » de l'ordre, cette tendance qui, contre les « conventuels », se réclame de la pauvreté et de l'ascèse du franciscanisme primitif. En 1294, alors qu'il est encore en Catalogne, le pape Célestin V, l'ancien ermite des Abruzzes, lui permet de prendre la tonsure et les quatre premiers ordres mineurs ; il lui confère aussi l'administration de l'archidiocèse de Lyon. Son frère aîné, Charles Martel, meurt en 1295 et Louis devient donc l'héritier du royaume de Sicile ; libéré en octobre 1295, il reçoit le sous-diaconat du pape en décembre. En janvier 1296, il renonce au trône, au profit de son frère cadet Robert ; en mai, il est ordonné prêtre. En décembre, Boniface VIII, successeur de Célestin V, le nomme évêque de Toulouse : il accepte la charge à condition de pouvoir entrer dans l'ordre franciscain. Il prononce des vœux secrets en décembre 1296, avant de renouveler publiquement son adhésion en février 1297. Puis il gagne Paris et Toulouse. Il passe ensuite en Catalogne pour une mission de paix et revient en Italie en passant par la Provence, à Brignoles, où il meurt le 20 août 1297. On l'enterre, selon son vœu, dans l'église franciscaine de Marseille. Le pape Jean XXII le canonise en 1317.

Cette brève vie présente l'aspect étonnant d'un parfait condensé de la sainteté au Moyen Âge central : voilà un prince qui renonce à la couronne pour le Christ, un évêque désigné malgré lui, qui ne demande qu'à retrouver la solitude pieuse et refuse les honneurs de sa charge pour servir lui-même les pauvres qu'il nourrit quotidiennement. Pour l'Église, ce parcours a quelque chose de parfait : l'Église n'a jamais vraiment promu la sainteté royale ; pour elle le bon roi est un roi mort, sinon martyr. Ainsi s'explique, dans le haut Moyen Âge, le culte des rois assassinés, même hors de tout combat pour la foi[11]. Un prince qui renonce au trône atteint donc le comble de la vertu royale.

Pourtant, la canonisation, bien que rapide, se fit sans enthousiasme et le culte demeura modeste. Edith Pasztor[12] a bien montré les raisons de cette réticence, qui tiennent à la double appartenance, franciscaine et angevine, de Louis ; sa cause souffrit des conflits internes à l'ordre et de la mauvaise fortune de la dynastie angevine. Dès 1300, Charles II lance une tentative de canonisation qui ne reçoit aucun soutien franciscain, bien que l'ordre ne compte alors que deux saints (François et Antoine de Padoue) : le cardinal franciscain Matthieu d'Aquasparta s'oppose nettement à la tentative. Et lorsqu'en 1307 le pape Clément V décide d'ouvrir une enquête en vue de la canonisation, on ne trouve aucun franciscain parmi les procurateurs de la cause, contrairement aux habitudes en la matière : le procurateur jouant le rôle d'un avocat et se chargeant de composer la biographie du postulant selon le mode et le modèle adéquats, il paraissait normal et souhaitable que les membres d'une congrégation soutinssent l'un des leurs. Mais Louis présentait l'inconvénient majeur d'appartenir à la tendance spirituelle de l'ordre, en un moment où la lutte entre les deux branches devenait féroce, jusqu'à la bulle rédigée en 1323 par Jean XXII, qui condamnait les *fraticelli*, ces fondamentalistes du franciscanisme, et visait, au-delà de ces extrémistes, les spirituels. L'orientation personnelle de Louis se lisait trop clairement dans sa vie. Comme l'a montré Edith Pasztor, les pratiques épiscopales de Louis démarquaient nettement la théorie de la pauvreté absolue en cas de charge épiscopale émise par Pierre de Jean Olivi, grande figure narbonnaise des spirituels, dans ses *Quaestiones de perfectione evangelica*[13] : l'évêque franciscain ne devait rien abandonner de la pauvreté christique, contrairement à ce qu'affirmaient les « frères communs », les futurs « conventuels » partisans de l'adaptation au siècle.

La canonisation s'imposa cependant en raison des pressions royales. La famille d'Anjou, puissamment installée en Italie, encore fort proche de ses origines françaises et de la dynastie capétienne, ne ménagea pas ses efforts. Mais cette canonisation se fit au prix d'un compromis qui aboutit à la réécriture de la vie au cours du procès, fondement de la tradition hagiographique : les tensions de la vie de Louis s'effacèrent et le souvenir de Louis s'en affadit.

Le culte de Louis subit les aléas de la dynastie angevine.

Charles II, Robert, Jeanne Ire prirent une part très grande à l'installation de la dévotion à Naples et en Provence[14]; ces souverains célébraient à la fois le prince angevin et le franciscain spirituel. La maison royale soutint en effet constamment les spirituels : Robert apporta une aide énergique à Michel de Césène, élu ministre général des franciscains en 1316 à Naples et rapidement déposé pour son orientation spirituelle; il composa lui-même plus de deux cents sermons (dont trois sur son frère Louis) et un traité, *De la pauvreté*; il se fit enterrer en habit de frère mineur. Son épouse, la reine Sanche de Majorque, dont le frère Philippe avait renoncé au trône de Majorque pour prendre l'habit franciscain, abritait cinquante disciples de Michel de Césène, près de Castellammare.

Cet engouement royal pour les spirituels[15], tout en assurant une vénération publique à Louis dont témoigne, entre autres, le beau portrait de Louis par Simone Martini conservé au Capo del Monte à Naples[16], plaça le culte dans un contexte de polémique politique et religieuse. Au cours du XIVe siècle, la dynastie angevine se rendit impopulaire et provoqua une réaction antifrançaise qui atteignit son comble sous le règne de Jeanne Ire (1343-1382), petite-nièce de Louis; la reine fut détrônée par son cousin de la branche de Durazzo, Charles III, animé d'un fort ressentiment contre l'entourage français de la cour de Naples. Le culte royal se maintint cependant, car Charles III et son successeur Ladislas briguaient le trône de Hongrie et on se souvient que Louis avait pour mère Marie de Hongrie. Parmi les traces de culte, on trouve une notice et uné enluminure dans un missel écrit en caractères glagolitiques et en langue slavonne[17] pour Hroje Vukcic Hrvatinic, ban croato-dalmate, régent du roi Ladislas en Croatie, Dalmatie et Bosnie en 1403-1404, au moment de l'expédition du roi à Zara, avant sa renonciation définitive au trône de Hongrie.

Le Grand Schisme, à partir de 1378, ruina l'influence religieuse de la dynastie angevine à Naples et dans le royaume : ce schisme opposa, en ses débuts, le pape italien (et napolitain) Urbain VI à Clément VII, pape d'Avignon. Le parti angevin suivit l'obédience avignonnaise contre les vœux religieux et nationaux des Napolitains. En outre, après la disparition de la première maison d'Anjou, le parti angevin, opposé aux Durazzo, se reconnut en la seconde maison d'Anjou, encore plus proche de la Provence, et d'Avignon. Donc, au XVᵉ siècle, après l'échec hongrois de Ladislas, après les brèves conquêtes du pouvoir par une dynastie angevine honnie (Louis II, neveu de Charles V de France, régna de 1387 à 1399, René d'Anjou de 1435 à 1442), le sort du saint angevin chancelait; la branche Durazzo disparut à la mort de Jeanne II, au profit d'une dynastie aragonaise. Louis, lié à une faction religieuse suspecte et à une dynastie impopulaire, ne pouvait recevoir beaucoup d'hommages. Le souvenir s'estompait et, même dans le parti angevin de Naples, on honorait bien davantage Louis de France que Louis d'Anjou : les trois Louis de la seconde maison d'Anjou se dénomment *Luigi* et non *Lodovico*. Symboliquement, Alphonse d'Aragon, avant de chasser les Angevins et les Durazzo de Naples, avait fait dérober par ses corsaires, en 1423, la dépouille de Louis au couvent franciscain de Marseille. Le corps, retrouvant sa première prison catalane, n'y suscita aucune vénération. Louis, en ce milieu de XVᵉ siècle, s'enfonce dans l'obscurité. Pourtant, à L'Aquila, au XVIᵉ siècle, on pense encore au destin pathétique du malheureux prince franciscain. Pourquoi?

Le parti du saint : franciscains observantins, barons et hommes nouveaux

Les Abruzzes constituèrent, à la fin du Moyen Âge, une terre d'élection pour l'Observance franciscaine, cette tendance réformatrice héritière des spirituels, solidement institutionnalisée. Depuis le XIIᵉ siècle, les montagnes des Abruzzes abritaient un vivace courant d'érémitisme. À la fin du XIIIᵉ siècle, Pierre de Morrone, le futur pape Célestin V (1294), qui confia l'archidiocèse de Lyon à Louis, y établit un ermitage et un ordre (les célestins) près de Sulmona. Célestin V, enterré à L'Aquila, y jouit d'une dévotion marquée; or l'ordre des célestins accueillit en son sein les *fraticelli*, cette branche extrémiste des spirituels. Au début du XVᵉ siècle, l'Observance se développa vigoureusement dans les Abruzzes, non loin de ses bases ombriennnes, sous l'impulsion des grandes figures de l'ordre, Jean de Capistran, Jacques de la Marche et surtout Bernardin de Sienne, qui vint à L'Aquila en 1438 y régler le statut des observants; il exerça dans la cité une longue prédication avant d'y mourir le 20 mai 1444. Canonisé très rapidement, en 1450, il fut fort honoré à L'Aquila, même après sa translation en 1472. En 1456, un privilège d'Alphonse d'Aragon ordonne la célébration de sa fête dans la cité; le pèlerinage sur la tombe de Bernardin connaît un succès tel que Jean de Capistran dit : « Votre cité est devenue très grasse grâce à saint Bernardin. » Les couvents de l'Observance se multiplient dans les Abruzzes qui prennent, en 1457, le nom de province de saint Bernardin : en 1420, on dénombre 4 couvents, 14 en 1450, 19 en 1495. En 1452, le chapitre général de l'Observance se tient à L'Aquila[18]. Cette tradition se maintiendra à l'âge moderne et on a relevé que l'évêque de L'Aquila, pour qui Cacchio travaille en 1581, est un observantin. Louis d'Anjou bénéficia sans aucun doute de ce dynamisme observantin dans les Abruzzes et on le trouve constamment associé à François d'Assise, Bernardin de Sienne et Jean de Capistran dans les fresques et tableaux des églises des Abruzzes et de l'Ombrie[19].

La structure de la vie socio-politique à L'Aquila, du XIVᵉ au XVIᵉ siècle, assurait, en outre, un rôle particulier à son culte, qui explique peut-être la rédaction du livret édité par Cacchio. L'Aquila fut fondée tardivement, en 1254, sans doute par Conrad IV[20], successeur de Frédéric II de Hohenstaufen, pour assurer la pénétration impériale en Italie centrale; il s'agissait de fixer un point de résistance aux rébellions des puissants comtes de Celano. Le pape Alexandre IV accorda rapidement le statut communal à la ville et en 1257 transféra l'épiscopat de Forcone à L'Aquila. En 1259, Manfred, le bâtard de Frédéric II, détruisit la ville; Charles Iᵉʳ, roi de Sicile, autorisa et encouragea sa reconstruction, ce qui explique peut-être une certaine fidélité de la cité à la maison d'Anjou. Par ailleurs, la situation marginale des Abruzzes dans le royaume de Sicile incitait la Commune et les barons du *contado* à jouer la carte de l'autonomie, en soutenant, contre le pouvoir napolitain des Durazzo, la seconde maison d'Anjou, après l'assassinat de Charles III de Durazzo. À la fin du XVe siècle, L'Aquila prend le parti de René d'Anjou contre Alphonse d'Aragon et devient le repère du condottiere pro-angevin Jacques Caldora. Plus tard, en 1495, la cité accueille favorablement le roi français Charles VIII en lutte contre les Aragonais; en 1527-1528 encore, L'Aquila adopte une position profrançaise contre Charles Quint, peu avant de perdre son autonomie communale.

Mais, dans le détail, les attitudes politiques paraissent plus complexes, car il faut distinguer trois groupes d'acteurs dans la vie de L'Aquila : les barons du *contado*, le peuple et les commerçants et bourgeois qui dominent le fonctionnement de la Commune jusqu'au début du XVIe siècle. La Commune, qui bat monnaie de 1385 à 1556, se fonde sur une organisation à la fois topographique et corporative qui privilègie les négociants de laine, de peaux et de safran, tournés vers l'Ombrie et le Nord plutôt que vers Naples. Les barons tentent d'imposer leur pouvoir à la fois contre Naples et contre la Commune. Le peuple, ou les hommes nouveaux, comme ce chef de parti puissant au début du XVIe siècle, Lodovico Franchi (notons le prénom!), essaient de desserrer l'étau communal en alliance tactique instable avec tel ou tel baron.

Sur ce dessin sommaire des oppositions politico-sociales, il faut superposer le schéma des cultes religieux dans la cité. La Commune, dont nous connaissons les statuts jusqu'à la Renaissance[21], régit strictement les dévotions de la cité et de ses quartiers; par exemple, un statut de 1371 demande qu'« aucun habitant de L'Aquila ne sorte de son quartier pour porter son offrande lors d'une fête ou d'une indulgence, si ce n'est par groupes de dix hommes au plus, séparés par des intervalles, sauf pour la fête de l'Annonciation de la Vierge ». Un statut de 1315 fixe pour la première fois la liste des fêtes de la Commune : Noël, Pâques, Ascension, Pentecôte, fête de la Vierge, Eucharistie (Fête-Dieu), Toussaint, Passion, fête des Apôtres, des saints Maximin, Georges, Nicolas, Marie Madeleine, de la Sainte Croix, des saints Michel, Jean Baptiste, Laurent, Benoît, Pierre confesseur, Blaise, Agnès et Catherine. En 1357, la Commune ajoute la Saint-Sébastien et la Visitation; en 1400, Léonard et Flavien, en 1408, saint Sauveur, en 1423, sainte Claire à qui on attribue le miracle de la victoire sur le condottiere Braccio de Montone. En 1460, on joint au sanctoral communal Nicolas de Tolentino, canonisé depuis peu (1446); cette épiphanie de Nicolas peut se comprendre en liaison avec l'absence de Louis : Nicolas, ce contemporain de Louis, mort en 1305, ermite de saint Augustin, issu des milieux marchands de la Marche d'Ancône, un des lieux de débouché des négoces aquilans, incarnait mieux l'esprit communal que le prince angevin. Enfin, en 1507, la Commune introduit dans son sanctoral saint Roch dont la popularité naît partout en Europe à la fin du Moyen Âge.

L'hagiographie communale se limite donc aux saints universels et à trois saints locaux ou régionaux : saint Maximin, martyr des temps de la persécution, remplit la pâle fonction de fondateur du christianisme abruzzois; saint Pierre confesseur (Célestin V) protège la cité par la présence réelle de son corps (un statut en 1434 parle de lui comme de « notre protecteur et défenseur »); saint Nicolas de Tolentino, saint « bourgeois », emblématise l'activité quotidienne des Aquilans. La Commune résiste aux cultes imposés, à celui de Louis IX que Ladislas voulut instaurer par une ordonnance de 1407, à celui de Bernardin, commandé, on l'a vu, par Alphonse d'Aragon.

Les barons du *contado* semblent, en revanche, avoir vénéré Louis d'Anjou : le comte Roger II de Celano se fait ensevelir en 1393 dans l'église de Castelvecchio Subequo, à quelques kilomètres de L'Aquila, où l'on trouve deux statues de Louis; et le corps de Roger est revêtu de l'habit franciscain[22]. Les Camponeschi, qui dominent la région aux xve-xvie siècles, usent à plusieurs reprises du prénom Loyso, forme dialectale proche de la forme vénitienne Aloyso ou Alvise (pour Lodovico); on se souvient que notre livret désignait Louis sous cette forme nominale dont le cheminement, de Venise en Abruzzes, nous échappe. Mais il importe que les Camponeschi aient appartenu au parti angevin : en 1460, l'un d'eux proclame roi de Naples René d'Anjou, contre toute réalité.

On peut donc imaginer la conjonction dévotieuse et anticommunale de trois groupes de ce XVIe siècle finissant où L'Aquila a perdu son autonomie en se soumettant aux Espagnols : les observantins qui jouissent du souvenir prestigieux de la prédication populaire et populiste de Bernardin de Sienne ; le peuple ou les « hommes nouveaux » vaincus en 1521-1527 ; les nobles qui, encadrés de près par la nouvelle administration espagnole, rêvent nostalgiquement à l'ère angevine[23]. La convergence idéologique se fait peut-être au sein de ce courant mystique et évangélique né autour de Juan de Valdes à Naples au milieu du siècle. On comprendra alors les ennuis de Cacchio avec l'Inquisition de Naples et l'accord trouvé avec Paolo Regio, l'évêque biographe de Jacques de la Marche et de Louis d'Anjou. Et si l'on considère à nouveau les auteurs aquilans publiés par Cacchio, on reconstitue le monde mélancolique d'une élite provinciale mi-dévote, mi-futile, vaincue par l'histoire, en passe d'être prise en main par les cordeliers ou par la Cour.

Le premier auteur édité à L'Aquila en 1566, pour la *Psiche*, une comédie pastorale, se nomme Giovanni Cantelmo. Les Cantelmi, originaires de Provence, où ils portaient le nom de Gentiaume, ont accompagné Charles Ier dans le royaume de Sicile ; le souverain leur accorda le titre de comtes de Popoli ; au premier Cantelmo, Jacques, mort en 1288, succèdent Béranger, sénéchal de Provence, puis Restaino, beau-père de Bernard des Baux ; intégrés au monde des Abruzzes, ils s'associent et s'allient aux vénérables comtes de Celano. Giovanni, notre auteur, sert le régime aragonais comme capitaine général des Abruzzes, mais s'oriente plutôt vers le milieu pontifical ; neveu par alliance de Paul IV, il épouse une Colonna et commande en 1555 l'armée pontificale, avant de se brouiller avec la papauté et de mourir à L'Aquila en 1560 ; la *Psiche* est la seule œuvre connue de ce représentant de ce qui sera plus tard la classe nobiliaire « noire », ultra-catholique du royaume de Naples. Mais on a une autre image des nostalgies de cette noblesse en considérant un autre ouvrage publié par Cacchio en 1580, cette narration du combat de la cité contre le condottiere Braccio de Montone, rédigée par un érudit local de la fin du XVe siècle en célébration des Camponeschi, qui s'achève sur l'éloge funèbre de Pietro Lalle

Camponeschi, le dernier des comtes de Montorio, qui avait épousé une comtesse de Popoli. Du côté dévot, Cacchio édite, en 1566, les œuvres de saint Bonaventure, le grand docteur franciscain, traduites en italien par Vincenzo Belprato, connu pour ses sympathies valdistes; en 1581, notre éditeur imprime, on l'a vu, les décrets diocésains de l'évêque cordelier de L'Aquila.

Il faudrait donc situer ainsi la publication de l'oraison de saint Louis d'Anjou : par-dessus l'hagiographie communale, en dehors de l'Église officielle, il s'agit d'unir, vieux rêve traditionaliste, le peuple à la noblesse dans la célébration de celui qui fut prince et pauvre, évêque et franciscain, en souvenir et en appel des temps angevins. L'énigme demeure : Cacchio sut-il traduire un état d'esprit ou entreprit-il une opération commerciale, religieuse ou civique précise? On ne le saura sans doute jamais, puisque l'entreprise n'eut pas de suite connue. Il paraît probable, on l'a dit, que le livret se fit hors du milieu ecclésiastique; l'échec de cette tentative marque alors l'impossibilité d'une culture dévote de grande diffusion en dehors du cadre clerical et de la sacralisation ecclésiale du livre; le saut par-dessus les barrières sociales et religieuses manquait de force et Cacchio abandonna les langueurs aquilanes pour le repli à Vico Equense. Ne parle pas au peuple qui veut et, en milieu chrétien, la science du retour ne s'appelle pas nostalgie, mais liturgie.

Précisément, la liturgie romaine avait absorbé la lettre du souvenir de saint Louis, en cette fin du XVIe siècle, à l'insu des laïcs rédacteurs du livret de L'Aquila. Jusqu'ici, la généalogie textuelle du livret ne nous a pas retenu, car les contenus hagiographiques de notre texte, fort minces et vagues, ne semblent guère avoir de valeur contrastive ni d'autonomie. À la généalogie des usages et des captations culturelles, il faut superposer, à propos du livret, le dessin archéologique d'un petit bloc erratique, érodé mais identique, déposé à L'Aquila par le cours socio-culturel qui l'y transporta.

Une biographie au pluriel

Pourtant, les premières tentatives biographiques portent la marque vivante des tensions internes de l'Église et de l'ordre franciscain; il s'agissait essentiellement de privilégier ou d'effacer la pauvreté volontaire de l'évêque de Toulouse, et donc de l'intégrer ou non au courant spirituel. Mais les divergences hagiographiques allaient rapidement aboutir à une neutralisation qui stérilisa la narration. La bulle *Ineffabilis providentia* rédigée le 1er août 1307 par Clément V proposait une lecture « spirituelle » de la vie de Louis : mais six mois après, les procurateurs qui rédigent les cinquante-cinq articles du questionnaire préalable au procès de canonisation reconstituaient le canevas stéréotypé d'une biographie classique de saint. La précision contraignante de ce questionnaire orientait définitivement la tradition biographique, qui ne disposait plus d'aucune autre source. La bulle de canonisation rédigée en 1317 par Jean XXII, *Sol oriens*, achevait cette normalisation[24].

Les spirituels ne renonçaient pas à écrire leur biographie de Louis. Une longue vie, écrite par un auteur inconnu, identifié tardivement et arbitrairement à un certain Jean de Orta[25], fut sans doute l'œuvre d'un spirituel proche de la cour angevine vers 1320; mais la narration demeurait prisonnière de la forme imposée par la Curie. Jean de Orta utilisa le procès de canonisation et distribua sa biographie selon les vertus du saint, suivant à la fois la composition pontificale de la bulle de 1317 et le modèle prestigieux de la vie de François par saint Bonaventure, qui avait remplacé les récits chronologiques de Thomas de Celano. La force diégétique du parcours de Louis s'épuisait dans ces réaménagements. On lut, certes, la vie de Jean de Orta : dès 1320, on en trouve un résumé catalan; une autre vie, dans un manuscrit conservé à la Bibliothèque nationale[26], réitère les traits primitifs du franciscanisme de Louis, mais la condamnation des spirituels par la bulle *Cum inter nonnullos* de 1323 plaçait la version de Jean de Orta parmi les textes polémiques et, entre 1319 et 1330, Paulin de Venise, inquisiteur, homme de confiance de Jean XXII, franciscain conventuel, réaffirmait le sens de la bulle *Sol oriens*. L'institu-tionnalisation de l'Observance, son désir de s'annexer Louis sans en faire une figure extrême allaient effacer les versions spirituelles de vie de Louis.

Il est significatif que la quasi-totalité des bréviaires qui célèbrent Louis, même en milieu observantin, utilisent la bulle *Sol oriens*, sans qu'on puisse parler d'un recopiage mécanique, puisque les découpages de la bulle en leçons de l'office sont extraordinairement variés. L'insertion littérale d'une bulle papale, rare mais non aberrante, n'empêchait pas, usuellement, l'élaboration de nouvelles versions litur-gico-narratives; or, jusqu'à l'âge moderne, dans les bréviaires imprimés, la bulle subsiste. Il y a plus : les éditions de la *Légende dorée*, en latin et en italien[27], ajoutent au texte de Jacques de Voragine un chapitre sur Louis qui reproduit intégralement *Sol oriens*. Nous tenons là la source probable de notre livret : les vingt-deux strophes du texte suivent exacte-ment le plan de la bulle; certains parallélismes d'expression signalent la dépendance; aucun détail spécifique n'enrichit la rédaction pontificale. Seule une insistance sur le thème du chemin du Christ suivi par Louis, thème évocateur du francis-canisme originel, signale une vague tendance observantine. Or le texte de Cacchio ne peut venir d'un bréviaire, car, en ce cas, l'auteur aurait reproduit l'oraison adéquate. En outre, on connaît l'existence de la *Légende dorée* parmi les incunables des bibliothèque des Abruzzes. Par ce détour paradoxal, la Curie diffusait son texte orthodoxe dans une version laïque, « popu-laire » et contestataire. Le culte n'échappait pas à l'Église.

CHAPITRE VI

Une résurgence : saint Syr de Gênes au service du pouvoir épiscopal

Pourquoi parler d'un petit texte purement ligurien, quand on veut contribuer à cerner une des grandes figures de la narration médiévale? Il s'agit, en fait, de rendre à Jacques de Voragine des racines étouffées par l'exubérance d'une frondaison écrasante, celle de la *Legenda aurea*. Mais la *Vie* de saint Syr, évêque de Gênes au IVe siècle, me paraît intéressante à d'autres égards : ce texte, le seul, avec la *Chronique*, qu'on puisse dater, constitue une charnière dans l'œuvre de Voragine. Cette *Vie*, rédigée en 1293, au moment où Jacques vient de quitter ses fonctions proprement dominicaines, garde encore l'allure d'un chapitre de la *Legenda aurea*, on le verra; mais elle constitue aussi un des tout premiers actes de la nouvelle carrière archiépiscopale de son auteur, élu en 1292; elle annonce déjà la *Chronique de Gênes* (1297). Enfin, le texte, pris comme échantillon, peut nous apprendre beaucoup sur les méthodes de travail de Voragine, puisque nous disposons de l'antique légende qu'il réécrit; l'éternel débat qui se pose à propos de la *Legenda aurea* (compilation ou création?) peut être repris plus précisément et plus rigoureusement, à l'écart des énormes matériaux qui ont conflué dans l'*opus magnum* de Voragine. Partant donc de la matérialité du texte, je tenterai de reconstituer le travail de Voragine et d'y retrouver la trace d'un projet ou d'une pensée.

Circonstances de rédaction

Le manuscrit, anonyme, fut trouvé à l'abbaye bénédictine de saint Nicolas del Boschetto à Val Polcevera par Agostino Schiaffino qui le transcrivit en 1631 dans ses *Annali Ecclesiastici della Liguria*; puis ce manuscrit passa probablement à la Bibliothèque royale de Turin en 1810, après la dispersion de la bibliothèque de saint Nicolas[1]; Vincenzo Promis l'édita en 1876 dans les *Atti de la Società Ligure di Storia Patria*[2].

L'authenticité du texte n'est pas assurée, puisque l'unique manuscrit dont nous disposons date de la fin du XIVe siècle; seule la critique interne pourra nous convaincre. On est sûr, du moins, que Jacques écrivit une légende de saint Syr en 1293, grâce à un passage de la *Chronique* consacré à Syr : « Nous avons compilé avec grand soin la légende de ce saint, où l'on trouvera de nombreux miracles que nous avons entendus à des sources dignes de foi et qui n'avaient pas été enregistrés dans l'ancienne légende[3]. » Cette description convient bien à notre texte, on le verra. La *vetus legenda* correspond très certainement à un manuscrit conservé dans la sacristie de la cathédrale de San Lorenzo, aujourd'hui perdu, mais dont Bonino Mombrizio avait procuré une édition au XVIe siècle[4], avant qu'une copie ne soit envoyée à Rome en 1612 et qu'une nouvelle édition ne soit donnée par les bollandistes dans les *Acta Sanctorum*[5].

Revenons sur les circonstances de cette rédaction de 1293; le fragment traduit plus haut fait suite au récit de l'ostension des reliques de Syr pratiquée par Jacques lors du Concile provincial qu'il réunit à Gênes au début de l'été 1293, quelques mois après son élection : « Nous, de même, nous avons, devant le concile provincial, ouvert la châsse pour lever toute ambiguïté et nous avons trouvé les ossements complets de saint Syr, comme il est dit dans la notice qui nous est consacrée » (*Chron.*, 248). Ce geste, par un de ces échos qu'affectionne notre auteur, renvoie à celui de l'archevêque Bonifacio qui avait reconnu ces reliques en 1188, « la première année de son archiépiscopat » (*Chron.*, 358). Cette élévation, notée aussi par Ottobono Scriba, enregistrait solennellement le transfert du corps de Syr, de l'église San Siro, ancienne cathédrale de Gênes, à San Lorenzo, nouvelle cathédrale; ce transfert avait eu lieu sous l'épiscopat de Landolfo, entre 1019 et 1034. Mais le 8 juin 1283, lors de travaux effectués à San Siro, on avait découvert d'autres restes, à côté de ceux du prédécesseur et du successeur de Syr, Félix et Romulus, demeurés officiellement à San Siro. À deux reprises, le 27 juin et le 3 juillet 1293, Frère Raymond, syndic de l'abbaye de San Siro, avait donc revendiqué pour l'église la possession d'une partie du corps de Syr[6]. Jacques procède donc à l'ouverture de la châsse de San Lorenzo, reconstitue un corps complet et trouve des inscriptions authentifiantes qu'au jour de la célébration ligurienne de Syr, le 6 juillet, il exhibe publiquement (*Chron.*, 406-407). Notre texte, qui tient de la légende et de l'homélie, a dû reprendre les éléments du sermon prononcé par Jacques lors de cette fête et a dû être rédigé pour nourrir la substance des hymnes et leçons qui accompagnaient ce renouveau liturgique à San Lorenzo[7].

Ainsi, Voragine nous livre lui-même des raisons de croire à la concordance, sinon à l'adéquation stricte des deux paires de textes. Faute de preuve, nous admettrons cette adéquation en la confirmant par l'analyse interne : on constatera une convergence certaine entre le texte édité par Promis et le style narratif de la *Legenda aurea*; les contenus hagiographiques se retrouvent exactement dans la notice sur Syr dans la *Chronique*; les préoccupations idéologiques et religieuses présentes dans la légende paraissent fort voraginiennes. Certes, aucun détail précis ne renvoie à l'actualité de 1293, ni à Voragine lui-même; on notera cependant deux concordances floues, mais troublantes :

— Le premier des quatre miracles posthumes ajoutés à la fin de la légende ancienne recopie un fragment des *Dialogues* de Grégoire le Grand[8] où l'on voit le corps d'un pécheur rejeté par le sanctuaire (c'est alors l'église San Siro) du saint; Voragine ajoute, sans pertinence particulière au récit, une distinction entre les trois médiations offertes par les saints : le lieu (de sépulture), le corps et l'esprit, chacune enveloppant la suivante tout en lui étant inférieure en dignité : « Il est clairement donné à entendre que si Dieu a voulu que le lieu soit tenu en grande vénération, il veut que le corps soit davantage vénéré et encore plus l'esprit » (p. 373). Ces propos ne prennent sens que si l'on songe à la dispute de 1293 : consolateur et moralisateur, Jacques rappelle à ses adversaires que l'esprit du saint importe plus que le corps (les reliques) et le lieu (l'église).

— Dans la légende, l'auteur compare les quatre premiers évêques de Gênes à « quatre pierres vivantes polies par les frottements et la tonsure » (p. 364). La force de cette image, qui me paraît proprement voraginienne, se retrouve dans la *Legenda aurea*, dans les longues variations de Jacques sur la tonsure, à la fin du chapitre sur la Chaire de Pierre, fête dont la quatrième raison réside dans la « révérence de la couronne cléricale », c'est-à-dire de la tonsure, qui, là aussi, apparaît comme une érosion ascétique (*caputis abrasio*) : « la tonsure donne à comprendre que tous les clercs doivent retrancher (*abscindere*) de leur esprit les pensées superflues » (LA, 182), cette perception de la tonsure comme abrasion spirituelle n'a rien de banal à l'époque de Jacques, car la tradition la plus développée, qui aboutit à Hugues de Saint-Victor et à Thomas d'Aquin[9], interprète la tonsure-couronne comme un signe de souveraineté, non comme une éradication nécessaire : « La couronne signifie l'honneur royal... La dénudation de la tête signifie l'illumination de l'esprit », dira Hugues de Saint-Victor[10]. Or, au moment même de la rédaction de la légende, la seule constitution du concile de 1293 (donc de la main de Jacques) qui nous soit parvenue[11], « *De illis qui dicunt se esse clericos* », impose aux clercs qui ont jugé bon de quitter l'habit, tout en se prétendant toujours clercs, de venir se présenter dans le mois qui suit « vêtus en clercs et *tonsurés* » (« *tam in vestibus quam in tonsura, quam eciam in corona* »). Là encore la préoccupation n'est pas de simple routine ; l'usage de la tonsure cléricale (non monacale) est menacé à la fin du XIIIe siècle[12] et les conciles du temps proclament sa nécessité et précisent la forme exacte qu'elle doit prendre[13].

Mais plus fondamentalement, on peut voir en la légende de Syr une sorte de chapitre supplémentaire et tardif de la *Legenda aurea*, tant les techniques narratives et les positions idéologiques qu'elles impliquent sont proches de celles de l'*opus magnum*.

Un chapitre supplémentaire de la *Legenda aurea*

Comme dans la *Legenda aurea*, Jacques s'appuie solidement sur une tradition établie qu'il suit de fort près, sans rien en retrancher, tout en la reconstruisant. La légende primitive que nous connaissons est probablement fort ancienne, malgré l'avis des bollandistes qui, par obsession hypercritique, la datent du XIᵉ siècle, sans argument convaincant ; je me rallierais plutôt à l'opinion de Ferretto qui plaçait la rédaction au Vᵉ siècle : j'en donne pour argument l'usage systématique d'un vocabulaire fort ancien pour désigner l'évêque (jamais « *episcopus* » ni « *pontifex* », mais « *sacerdos* » et « *antistes* »)[14] ; par ailleurs, l'auteur se sert probablement de la traduction de la Bible antérieure à la *Vulgate* de Jérôme, la *Vetus Itala*, en vigueur jusqu'au VIIᵉ siècle : si les rares et courtes citations (Ps. 90, 13 et Lc., 10) ne peuvent servir de témoin, à travers le filtre des recopiages, le mot « *basiliscus* », qui désigne un serpent monstrueux, semble étrange au rédacteur (« basilic, comme on dit vulgairement », « *vulgo dicitur* ») ; or la *Vetus Itala* n'emploie le mot qu'une fois, alors que Jérôme, en plus de cet emploi du mot grec, utilise à six reprises la traduction latine « *regulus* » ; précisément, Jacques connaît l'équivalence des deux mots et l'origine grecque de la forme, comme tout lecteur de la Vulgate (« le serpent *"regulus"*, qu'on appelle *"basiliscus"* en grec » — p. 370).

De ce document vénérable, Jacques garde tous les épisodes narratifs et ne retranche que le prologue en forme d'humble profession d'indignité :

1. Naissance à Molliciana et oblation à Félix, évêque de Gênes.
2. Diaconat sous Félix. Vision miraculeuse (la main de Dieu sur la tête de Félix au cours de la messe).
3. Exil voulu par Félix. Exorcisation d'une possédée.
4. Retour à Gênes. Ordination. Élection à l'épiscopat. Élimination du basilic qui terrorisait la ville.

5. Miracle posthume : un mouchoir imprégné du sang de Syr, emporté par un matelot, guérit les malades.

Comme dans la *Legenda aurea*, Jacques procède à une paraphrase qui ne reproduit textuellement que les autorités (la Bible, les Pères) et modernise le récit[15]. Je renonce ici à une hagiographie stylistique ou à une stylistique hagiographique qui s'émerveillerait sans peine des amendements lexicaux (un « *latitabat* » expressif au lieu du plat « *jacebat* ») ou narratifs (le miracle posthume, encore proche de la tradition orale, répète les mêmes détails par la bouche du narrateur et par celle du matelot. Voragine condense tout cela avec élégance) ; je n'analyserai rapidement qu'un seul exemple, celui de l'élimination du basilic.

Dans les deux textes, les événements se déroulent strictement de la même façon : un basilic, tapi au fond d'un puits près de l'église des Saints Apôtres (la future église San Siro), menace la population de Gênes ; Syr, après trois jours d'oraison et de jeûne, fait descendre un vase dans le puits, oblige le serpent à s'y lover et le chasse vers la mer. Il s'agit là d'un épisode classique dans l'hagiographie ancienne, que l'on peut lire dans les *Vies* des évêques et saints fondateurs ou protecteurs, qui tuent des dragons (forme voisine du basilic) ; on pense, bien sûr à Donat, Sylvestre, Marcel de Paris[16], Marthe, etc. Pourtant, Jacques refond entièrement le texte ; aucune citation littérale ne dépasse trois ou quatre mots. La légende nouvelle donne une cohérence zoologique plus grande au basilic en lui accordant tous les attributs spécifiques empruntés à la tératologie fantastique de la basse antiquité (Bolos de Mendès, Pline, Elien) : le basilic enflamme tout ce qu'il regarde et répand la maladie (« *pestis* ») par son souffle ; dans ce même souci de cohérence, Jacques écarte le terme « *anguis* », employé par la « *vertus legenda* », qui désigne une autre sorte de serpent aquatique. L'évêque Syr, chez Voragine, prend un relief plus grand, car c'est lui et non le peuple assemblé qui glose l'épisode en attribuant le miracle au Christ et en convoquant l'autorité des textes scripturaires (Ps. 90, 13 et Lc. 10, 19).

Enfin et surtout, on observe le souci pédagogique de Voragine dans le commentaire symbolique qu'il ajoute à l'épisode; il sépare nettement le récit de son interprétation, suivant les enseignements de l'exégèse quadruple du Moyen Âge[17] :

1. Le récit lui-même s'en tient à la réalité naturelle et terrestre du serpent (sens historique), alors que l'auteur de la légende ancienne voyait en lui indistinctement l'animal et le « *deceptor animarum* », le séducteur des âmes. Et Jacques fait suivre le récit d'une triple glose spirituelle selon un modèle implicite déjà éprouvé dans la *Legenda aurea*, comme on l'a vu à propos d'Eustache.

2. Le serpent visible, matériel, spécifique (le basilic) renvoie au Serpent originaire de l'Ancien Testament (Satan), exactement comme l'homme, être matériel et visible, procède de Dieu; et de façon étonnante, Jacques utilise les termes mêmes de la Genèse pour rendre compte de ce rapport : « Ce serpent porte l'image et figure la ressemblance du Serpent antique » (« *Serpens iste serpentis antiqui gerit ymaginem et similitudinem representat* »; ce sont presque les termes de Gn, 1,26). Ce sens originaire, qui montre la provenance vétérotestamentaire de l'histoire actuelle, procède de l'aspect « allégorique » de la quadruple exégèse médiévale.

3. Le serpent désigne ici-bas une perversion morale (sens moral) : « ce serpent... qui porte la crête enflée de l'orgueil (« *superbie* ») séduit beaucoup de gens par le spectacle de sa ruse » (p. 371).

4. La victoire sur le serpent annonce le salut éternel (sens anagogique) : « De même que saint Syr a arraché son peuple au serpent visible, de même nous devons croire qu'il nous arrachera au serpent infernal » (p. 371).

Ce procédé de l'exégèse narrative, qui me paraît constituer un apport fondamental et original de Voragine, instaure une communication nouvelle entre les techniques intellectuelles de la théologie et la masse narrative des récits hagiographiques. La légende ne se contente plus de témoigner; désormais, la doctrine se raconte et le récit entre en religion.

Cette réécriture exégétique s'accompagne, comme dans la *Legenda aurea*, d'un accroissement du nombre des épisodes narratifs. Si l'on s'en tient aux contenus hagiographiques, la version de Jacques complète le texte ancien par :

1. un préliminaire ecclésial (sur les quatre premiers évêques de Gênes);

2. l'insertion de trois nouveaux miracles dans la vie même (résurrection d'un merle familier; immobilisation d'un navire au commandement du saint; vision comique du diable au cours d'une messe desservie par Félix);

3. et l'ajout de quatre miracles posthumes (expulsion du corps d'un pécheur hors de l'église San Siro; exorcisation d'une jeune fille; punition d'une femme qui ne respecte par le jour de célébration du saint; guérison d'un malade).

Au-delà du traitement nouveau de chaque épisode et de cette amplification numérique des contenus, l'invention propre de Voragine se lit dans l'organisation d'ensemble de la *Vita*, calquée sur celle des chapitres de la *Legenda aurea*; on trouve en effet la même construction : identification nominale et chronologique (située ici dans la série des évêques), étymologie symbolique des noms saints; trame biographique doublée d'une exégèse de chaque moment; miracles posthumes provenant de sphères locales et sociales diverses; récapitulation des attributs du saint sur un mode mnémotechnique et homilétique. Cette formalisation et cette uniformisation reportent sur la variété empirique des vies la simplicité interprétative de la liturgie et du sermon; chaque vie prend sens par un jeu de renvois à l'ensemble du corpus hagiographique et par une participation directe à la doctrine chrétienne, immédiatement apparente dans le récit. Cet aspect se lit dans la trame biographique elle-même : Jacques, dans la *Legenda aurea*, a consacré une rupture essentielle avec la forme traditionnelle de la *Vita* littéraire du haut Moyen Âge qui distinguait soigneusement la biographie des miracles; les miracles, chez Voragine, *manifestent* le sens de la biographie; ils constituent la projection céleste de la sainteté sur le déroulement terrestre de la vie; l'insertion de miracles nouveaux ne met pas à jour, mais édifie la biographie. La vie sainte reproduit une courbe tracée à partir de la projection d'un axe vertical (la montée vers la perfection) et d'un axe horizontal (l'écoulement du temps). Lisons ce diagramme de la légende de Syr : à chaque point de la courbe correspondent sur l'axe biographique l'acquisition d'un mérite personnel et sur l'axe thaumaturgique un indice ou une confirmation de ce perfectionnement.

Diagramme : l'apprentissage de Syr.

L'originalité de ce diagramme tient à la nature de la progression : Syr acquiert peu à peu la maîtrise de la connaissance qui lui donne accès au degré ultime de la science religieuse selon Jacques : la prédication efficace. En effet, Syr ne se conforme pas au modèle classique de l'évêque chef et protecteur de la cité, mais au type voraginien le plus élevé, celui du prédicateur. J'ai tenté de montrer ailleurs[18] que les différents diagrammes de vies saintes produisaient, dans la *Legenda aurea*, une hiérarchie de trois types (où chaque type est englobé par le suivant qui lui est supérieur en dignité) : le *témoin* (ascète ou martyr) qui jouit d'une perfection personnelle, le *défenseur* qui ajoute à cet accomplissement une fonction protectrice et le *prédicateur* qui prolonge ces vertus d'une puissance missionnaire. Jacques, plaçant Syr au sommet de cette hiérarchie, décrit ici les étapes de l'acquisition d'une science spirituelle qui s'obtient par l'ascèse et l'expérience du monde autant que par les livres; cette progression, lisible dans les vies de Bernard et de Dominique, dans la *Legenda aurea*, prend, vers 1293, une actualité plus précise : dans l'ordre dominicain, entre 1285 et 1293, on a assisté à un violent affrontement entre deux tendances : d'un côté les maîtres formés à Paris et à Bologne, élite incontestée de la pensée du XIIIe siècle, de l'autre ce qu'on pourrait appeler les « spirituels » de l'ordre, qui prônent le retour aux origines ascétiques des prêcheurs et qui se méfient des vains prestiges de la science; or, au cours des épisodes brutaux de la déposition de Muño de Zamora, auquel on reprochait certainement son manque de formation universitaire[19] et son rigorisme extrême, Jacques a pris nettement position en faveur du maître déposé; les constitutions des actes capitulaires provinciaux (rédigés de 1267 à 1277, puis de 1281 à 1286 sous la direction de Voragine)[20] manifestent cette position : les autorisations de détachement à Paris sont limitées et les nécessités de l'ascèse rappelées. Mais revenons à notre diagramme, image de cette science fidéiste et non livresque[21] :

— Moment 1 : Syr enfant se consacre à de « saintes méditations », à des « études spirituelles » (« *sanctis meditationibus* »... « *spiritualibus studiis* », p. 364), qu'il retient miraculeusement en sa mémoire (« *tamquam testa recens imbiberet, quam post modum perpetuo tenore servaret* », p. 364).

Miracle 1 : en revenant de l'école, il ressuscite son merle familier (miracle d'ordre privé portant sur un être naturel et proche).

— Moment 2 : L'enfant est confié à l'évêque Félix, afin d'être initié aux « études divines et aux mœurs saintes » (« *ut divinis eum licteris faceret erudiri et sacris moribus decoraret* », p. 365).

Miracle 2 : sur le chemin même de la demeure de l'évêque (et la concomitance est relevée par Jacques : « tandis que son père le conduisait auprès de saint Félix pour qu'il s'y imprégnât de la science salutaire », p. 365), Syr immobilise par sa parole un navire qui entre au port de Gênes (miracle d'ordre public, portant sur un objet du monde humain, situé au loin)[22]. Les raisons mêmes de cette action thaumaturgique ressortissent au désir de connaissance : voyant le navire, objet inconnu de lui, se déplacer sur les flots, l'enfant « demanda à son père, par l'effet d'une simplicité enfantine, ce qu'était cet objet » (p. 366) ; le père répond, explique, mais Syr veut éprouver par lui-même la nature de ce navire : « L'enfant Syr s'adressa au navire et lui dit : "Arrête ta course et demeure immobile jusqu'à ce que des signes certains de ton existence se manifestent à moi." » (p. 366).

— Moment 3 : immédiatement après ce miracle, Jacques note les progrès de Syr dans l'ordre du savoir vivant, tiré de l'exemple et de la prédication de Félix : « Donc, saint Syr reçut l'enseignement de l'évêque Félix... et il puisa avidement à cette source d'éloquence sacrée qu'il fit couler à son tour peu de temps après » (p. 366-367).

Miracle 3 : Au cours d'une messe dite par Félix, il voit une « immense lueur et dans cette lueur la main de Dieu » (p. 367) ; cette vision surnaturelle est encore induite par le maître : « Félix obtint par son mérite ce prodige; Syr obtint de le voir » (p. 367) (miracle privé, portant sur le surnaturel divin par l'intermédiaire d'un saint).

— Moment 4 : après ce miracle, Félix éloigne Syr de Gênes; là où l'ancienne légende voyait une simple protection contre l'affluence des fidèles émerveillés, Jacques note toute la valeur pédagogique de cette attitude : « Donc, saint Félix, considérant les événements avec prudence décida de le soumettre à une discipline plus stricte, lui qu'il estimait digne de tous les honneurs... Car c'est ainsi que les docteurs paternels châtient les disciples même lorsqu'ils sont pleins de vertu... et le saint disciple obéit avec humilité à la sentence du maître » (p. 367-368).

Miracle 4 : Syr exorcise la fille d'un collecteur à San Remo, son lieu d'exil (miracle public, portant sur un être humain investi par un être surnaturel démoniaque).

— Moment 5 : Syr, loin de Gênes, commence sa prédication : « et il instruisit les habitants dans la crainte de Dieu » (p. 368); il peut alors revenir à Gênes, sur ordre de Félix, en manifestant là encore son humilité et son obéissance.

Miracle 5 : au cours d'une messe dite par Félix, Syr seul voit le diable se fracasser la tête en voulant étirer le parchemin sur lequel il note le nom de tous les fidèles qui se conduisent mal pendant la messe (vision propre et privilégiée, portant sur le surnaturel satanique).

— Moment 6 : Syr, à la mort de Félix, est élu évêque; les seuls mots, qui dans le texte de Jacques décrivent son activité épiscopale, mettent l'emphase sur sa prédication : « Le peuple qui lui avait été confié, il le gouverna avec beaucoup d'attention, le conduisit avec beaucoup d'ardeur et l'instruisit avec beaucoup de sollicitude » (p. 370).

Miracle 6 : Syr chasse le basilic, après en avoir glosé la valeur symbolique (miracle public, portant sur une créature surnaturelle).

— Moment 7 : Mort et enterrement de Syr (le jour de la fête des *Apôtres*).

Miracle 7 : un matelot africain, essuyant une goutte du sang de Syr avec un linge qu'il emporte au loin, obtient par ce linge la guérison et l'édification de peuplades lointaines (miracle céleste, portant sur une foule d'hommes à travers le monde).

La rigueur diagrammatique du parcours de Syr s'accompagne d'une épaisseur propre aux grandes figures de la *Legenda aurea*; cette épaisseur ne provient pas de la richesse des détails biographiques, car cette vie demeure fort schématique, mais de l'accumulation et de la convergence des modèles hagiographiques; le saint englobe et module ces modèles que Jacques combine en produisant un véritable effet stéréoscopique.

Stéréographie : Syr et ses modèles.

Je me limiterai à l'examen de deux épisodes ajoutés par Voragine, le miracle du merle (miracle n° 1) et celui de la vision comique du Diable (miracle n° 5).

Le premier miracle, tout simple, consiste en la résurrection d'un merle que le jeune Syr nourrissait et qu'il ramène à la vie en priant et en l'humectant de sa salive.

L'usage de la salive renvoie au Christ qui guérit un aveugle à Jérusalem en appliquant sur ses yeux de la boue humectée de sa salive (Jn, 9, 5-7); cet écho apparaît explicitement dans le texte : « Jadis le Christ fit un salubre collyre avec de la terre mêlée de sa propre salive très sainte » (p. 365). On notera que la salive évoque métonymiquement la parole; mais surtout, cette précoce imitation du Christ, ce pouvoir direct sur la nature (qui permet de « rendre ce que la nature a refusé », p. 365) appartient en propre aux saints les plus éminents de la *Legenda aurea*, ceux que je classe parmi les prédicateurs; ainsi, Martin, dont on verra la nette parenté avec Syr, apparaît comme celui à qui « obéissent les êtres inanimés, les végétaux et les animaux » (LA, 744).

Mais ces rapprochements ne doivent pas masquer l'étrangeté du bénéficiaire, un merle; le merle, au Moyen Âge, a une existence symbolique pauvre et une signification généralement péjorative. Le promoteur de son existence hagiographique semble être Grégoire le Grand qui raconte dans ses *Dialogues*[23] comment un merle, en voletant avec insistance autour de Benoît, lui annonce la venue d'une tentation charnelle; le parallèle serait arbitraire si une proximité textuelle étroite ne le signalait : « *Nigra parvaque avis, quae vulgo merola vocatur* » chez Grégoire, « *avem quemdam que vulgo merula dicebatur* » chez Voragine. Ce qui, chez Grégoire, relève d'une ignorance du nom classique du merle devient sans aucun doute une citation chez notre auteur; ainsi l'encyclopédiste Hugues de Fouilloy, au XIIe siècle, répète consciencieusement que le merle est un oiseau « *parva et nigra* », avant de réitérer l'anecdote de Grégoire[24]; Jacques connaissait fort bien les *Dialogues*, on l'a vu. Ce rapprochement lexical nous conduit à un deuxième modèle, ascétique, celui de Benoît : ce miracle simple et familier chez un saint débutant évoque irrésistiblement la réparation merveilleuse du tamis de la nourrice du saint ermite[25] (« *sese cum lacrimis in orationem se dedit* » selon Grégoire, « *se dolens fusa ad Deum prece* », selon Jacques); et suivant le schème en spirale que construit souvent Jacques, le saint dépasse son modèle en l'imitant : l'oiseau, *indice* annonciateur des dangers de la chair (chez Grégoire), devient le *témoin*, le *témoignage* (« *testimonium* ») des mérites du saint puisque ses descendants logent désormais dans le campanile de l'église San Siro (ou San Lorenzo?), car par une remarquable inversion structurale l'oiseau de la tentation charnelle engendre une descendance légitime (« *pullos generat* ») qui métaphorise la tradition pieuse, « comme si l'événement lui-même disait et dictait que le bénéfice reçu par un parent doive toujours vivre dans sa descendance par un souvenir et des actions de grâce continues » (p. 365).

Un troisième modèle vient coaguler dans ce mince épisode, celui de François. Car, en dehors de l'ambivalence de la notation de Grégoire (le signe d'une mauvaise chose est bon en tant que signe, qu'indice, et mauvais en tant qu'il représente, par métaphore — le noir — ou par métonymie, le mal), le merle n'a pas bonne réputation au Moyen Âge : au XIIe siècle, Hildegarde de Bingen qui, dans sa *Physique*, se fait souvent l'écho de la perception commune de l'univers dit du merle : « Le merle est froid; sa nourriture est immonde[26]; il est un mets nocif pour les gens sains comme pour les malades;

on ne trouve aucune vertu curative en lui[27]. » Au mieux, c'est
l'oiseau quelconque, le petit oiseau indifférencié : ainsi, en
héraldique française, le mot « merlette » désigne tout petit
volatile figurant sur des armes[28]. L'attention apportée à un
être humble ou mal aimé (comme le loup de Gubbio des
Fioretti[29]) signale une filiation franciscaine de Syr vu par
Jacques, d'autant que Syr s'est attaché au merle « pour le
nourrir » (autre réminiscence franciscaine : François nourrit
les abeilles, les oiseaux, etc.) et « pour jouir du divertissement
d'une sainte gaieté », expression calquée sur celles qui
décrivent la gaieté de François devant les créatures, dans les
diverses versions de ses biographies du XIII⁰ siècle[30]; la
multiplication des merles évoque celle des tourterelles sauvages des *Fioretti*[31].

Ce jeu de renvois, si fréquent dans la *Legenda aurea*, prend
une consistance particulière avec le modèle martinien; on sait
que, durant tout le Moyen Âge, Martin figure *le* type même de
l'évêque; la force de ce modèle se lit encore dans la topo-
graphie religieuse de la Ligurie, comme l'ont remarqué
Luciano Grossi Bianchi et Ennio Poleggi[32] ; les deux églises
campagnardes de San Martino di San Pier d'Arena et de San
Martino d'Albaro délimitaient, au cours du haut Moyen Âge,
le territoire de la cité épiscopale, à la distance de trois milles
romains de part et d'autre de Gênes. Mais dans notre texte, la
pertinence particulière du modèle martinien vient sans doute
de sa capacité à englober les stades successifs du diagramme
narratif (à condition de considérer la phase solitaire de Syr à
San Remo comme un moment d'ascèse monastique) et à
évoquer la carrière personnelle de Jacques, car comme le dit
notre auteur dans un des sermons qu'il consacre à Martin :
« Il plut à Dieu dans le statut laïc... dans le statut de
régulier... dans le statut de pontife[33]. » Le parallèle avec
Martin, implicite dans le miracle du navire (qui lui « obéit
humblement », comme les éléments « obéissaient » à Martin
dans la *Legenda aurea*),[34] devient explicite dans la première
vision de Syr : « Sur saint Martin offrant le sacrifice apparut
aussi un globe de feu » (p. 367) (il s'agit d'un épisode bien
connu rapporté dans les *Dialogues* de Sulpice Sévère)[35].

Notons que dans le parallèle, Syr prend la place de l'acolyte (un archidiacre négligent chez Sulpice Sévère, ou en d'autres épisodes, Brice le malveillant du cycle Brice-Martin); or précisément, la deuxième vision de Syr, celle du diable étirant un parchemin avec ses dents afin d'avoir assez de place pour noter le nom de tous les fidèles qui se conduisent mal pendant la messe, provient de ce cycle. L'anecdote comique y apparaît tardivement, dans un des « *sermones vulgares* » de Jacques de Vitry (vers 1230), où cependant les protagonistes ne sont pas nommés; mais dans une autre version de l'exemplum, appartenant à une collection issue de l'œuvre de Jacques de Vitry (ou de sa prédication orale), datée du XIIIe siècle, les deux héros de la scène sont Martin et Brice[36]. Jacques semble ignorer les noms des saints : « On rapporte aussi à propos de saint Syr un miracle qu'on raconte d'habitude à propos d'un autre saint (*de quodam alio sancto*) » (p. 369). Si Jacques connaissait l'exemplum dans sa version longue, comique et martinienne, ce qui paraît probable (en raison de la parenté des deux textes et de l'usage du pronom « *quodam* »), il a refusé une identification trop complète de Syr à Brice et ce refus semble riche de signification. Dans l'imaginaire médiéval, le couple Brice-Martin est ambivalent : il désigne une continuité sainte sur le siège épiscopal (saint Brice succéda à Martin, à Tours), mais en même temps, il signale une obsession qui traverse tout le Moyen Âge et l'œuvre de Voragine en particulier, celle du disciple traître, celle d'un Judas (repenti dans le cas de Brice). Selon Grégoire de Tours, Brice persécute Martin de ses sarcasmes; Martin supporte ces mauvais traitements tout en connaissant les sales propos que Brice répand sur lui, comme Jésus sait qu'il sera trahi[37]. Brice, d'ailleurs, à la fin du Moyen Âge, fait l'objet de légendes d'origine et de naissance tout à fait semblables à celle de Judas, dont Voragine rapporte la destinée œdipéenne dans son chapitre sur Mathias; selon ces légendes[38], Brice, enfant incestueux et maudit, est sauvé par Martin d'une mort certaine. Or c'est ce père qu'il persécute, comme Œdipe tue son père, comme Judas tue son père, comme Judas entraîne à la mort Jésus qui l'a accueilli et fêté quand il a appris son destin œdipien. Revenons à Grégoire de Tours et à Jacques (qui le suit de près dans son chapitre sur Brice) : Brice, à la mort de Martin, lui succède, mais doit subir un châtiment sous la forme d'un exil de sept ans, à la suite d'une dénonciation calomnieuse.

Structurellement, Syr est un Brice qui sait se prémunir contre les dangers de la traîtrise des disciples et des fils : il subit un exil préalable (à San Remo), par révérence envers le maître (et cet exil intervient après la messe au globe de feu) ; il succède donc saintement à Félix, alors que Brice ne pouvait assumer la succession qu'après la purgation de l'exil ; on perçoit toute la dimension œdipienne du schéma narratif : le récit explique comment succéder à son père sans le tuer. Cette lecture de l'épisode reçoit une confirmation dans le mode de présentation du récit : le contexte didactique de Jacques de Vitry n'intéresse pas Jacques ; pour le premier narrateur, Brice racontait l'affaire à Martin qui en informait les fidèles pour leur édification. Cette leçon disparaît chez Jacques, où le récit illustre la « gaieté hilare » du saint ; et l'on sait le rôle que joue le rire dans l'économie freudienne du désir. Saisissons l'importance de ce schème du disciple en 1293 : Jacques a pris une part importante, quelques années plus tôt, aux problèmes de succession à la Maîtrise générale de l'ordre ; la tradition rapporte qu'il y fut par deux fois l'objet d'une tentative d'assassinat de la part de ses frères de l'ordre, religieux ou convers[39]. Rappelons aussi que le prélat qui l'investit dans sa charge épiscopale, en raison de la vacance du siège pontifical, fut Latino Malabranca, ce même cardinal de l'ordre qui s'était chargé au nom de Martin IV d'organiser la déposition de Muñio de Zamora et qui avait contraint Jacques à transmettre les volontés papales au chapitre de Ferrare... La traîtrise, la mort, la duplicité, la succession... L'antique mystère de Judas et la nouvelle stupéfaction devant l'état de l'ordre font rêver Jacques : il faut imaginer Syr innocent.

Et ceci nous ramène à Gênes, si peu présente dans la légende, du moins en apparence.

Vers la Geste épiscopale

Syr, on l'a vu, n'agit pas en chef de cité ; le seul miracle qui bénéficie à la ville, celui de l'élimination du basilic, paraphrasé à partir de l'ancienne légende, n'entraîne aucune reconnaissance de pouvoir ni aucune extension territoriale. Les seules indications locales concernent le lieu de naissance de Syr, Molliciana, la terre de l'exil (Maticiana, l'actuel San Remo) et l'emplacement des terres données à l'Église par le percepteur du fisc, père de la jeune fille exorcisée par Syr. Ces rares notations se trouvent toutes, et avec plus de précision, dans la légende ancienne. Visiblement, le diocèse et la cité en eux-mêmes intéressent peu Jacques.

Mais il faut sans doute saisir la Gênes de Jacques — du moins avant la rédaction de la Chronique — dans un rêve de stabilité et d'immobilité, après l'errance continue de Voragine depuis 1267 : la fonction de prieur provincial impliquait une participation plus qu'annuelle aux différents chapitres de l'ordre (chapitres provinciaux sur toute l'étendue de l'Italie du Nord ; chapitres généraux et chapitres de définiteurs sur toute l'étendue de l'Europe) ; à ces charges, il faut ajouter la double résidence à Milan et à Bologne, les visites aux couvents qui se sont multipliés (77 en Lombardie en 1277) ; et, selon le chroniqueur dominicain Galvano Fiamma, la conduite du deuxième priorat provincial (1281-1286) se passe mal[40], en raison de la turbulence des nouvelles recrues et sans doute de la rigueur du vieux prieur. Le retour à Gênes, en 1288-1292, s'accompagne certainement du désir d'immobilité qui se lit dans la belle image que j'ai présentée au début de cette analyse, celle des quatre évêques, « pierres polies par les frottements et la tonsure » ; sur ces pierres, dit Jacques, « la cité de Gênes est fermement assise » (p. 364). Le premier acte thaumaturgique public de Syr arrête la marche d'un navire, on l'a vu : s'assurer des choses en interrogeant leur nature et en maîtrisant leur mouvement, tel semble se dire le désir de Jacques projeté sur la vie de Syr. Et l'on pense à l'obsession de la clôture qui envahit les constitutions des actes capitulaires rédigés sous la direction de Jacques. Gênes, Janua, la Porte, selon une image qui sera longuement modulée dans la Chronique, doit se fermer et non s'ouvrir.

Le territoire épiscopal de Gênes apparaît donc non pas comme un lieu de pouvoir, mais comme le centre d'une zone d'influence spirituelle, d'où rayonne, moteur immobile, la figure ascétique de l'évêque. Ce rayonnement, cette venue convergente à Gênes se dessinent dans la suite des miracles posthumes ajoutés par Voragine : le premier (l'expulsion du corps du pêcheur) manifeste la sacralité du lieu de sépulture en lui-même ; le second réitère cette sacralité par différence avec les autres églises de la cité (une jeune possédée, après avoir essayé d'autres églises, ne peut se faire exorciser que dans l'église où repose saint Syr) ; le troisième présente la punition d'une femme qui, venue de Vintimille, refuse de vénérer la fête de Syrus et enfin le quatrième convoque à Gênes un citoyen de Pavie qui a essayé en vain de se faire guérir (d'une contraction des membres) à Bobbio, auprès de saint Colomban, avant de trouver la guérison grâce à saint Syr... Cette convergence des désirs d'intercession reproduit celle des évêques suffragants et abbés conviés à Gênes pour le concile provincial de 1293, premier acte de l'épiscopat de Jacques. On peut voir dans ce premier acte, accompagné de l'ostension solennelle des reliques de Syr, le désir de restaurer l'épiscopat de Gênes dans sa force de continuité et de tradition ininterrompue. En 1293, l'archiépiscopat de Gênes n'a plus le prestige qu'il avait aux XIe-XIIe siècles[41], l'autonomie et la richesse croissante du chapitre cathédral de San Lorenzo, sa forte dépendance des grandes familles gênoises[42], l'insertion de l'élection épiscopale dans les rivalités citadines (entre Guelfes et Gibelins, nobles et peuples), le développement des indépendances paroissiales au XIIIe siècle, ont érodé ce prestige de l'archiépiscopat, comme le montre la grande crise de 1288-1292, où Oppizzo Fiesco, délégué pontifical à l'intérim du siège, dresse contre lui une partie de la cité[43].

Jacques rêve donc d'un retour à une continuité médiatrice, reconnue à une longue série de saints personnages, et la rédaction de la légende de Syr en 1293 annonce l'étonnante composition de la Chronique, où les événements sont sertis dans les alvéoles d'un miroir des princes[44] et ne sont vraiment

développés que dans les deux dernières parties, véritables
Gesta Episcoporum archaïques en cette fin de XIIIe siècle[45].

Dans la légende, Syr apparaît d'abord comme un élément
de la série (« *series* ») épiscopale et la place traditionnellement
dévolue à un fondateur revient à un groupe étroitement soudé
dans l'heureuse *succession*; le tout premier évêque n'existe pas,
car il n'a pas de nom et « n'est pas compté dans la série des
évêques » (p. 363); au début de Gênes se trouve une trinité
(Valentin, Félix, Syr) dont la cohésion se cimente de vagues
réminiscences trifonctionnelles, transmises par l'étymologie
symbolique de Voragine (« Valentin, vaillant, plein de valeur
pour le combat; muni des armes spirituelles, il milita courageusement sous le commandement du Christ; ... Félix menait
une vie heureuse... Syr, qui, loin du vacarme mondain, se
livra au silence dans la contemplation du repos éternel »
(p. 363).

Cette perfection close s'ouvre sur un quatrième évêque,
Romulus, qui transforme la circularité trinitaire et parfaite en
une solide quaternité, fondatrice de Gênes.

Au seuil de la porte (Janua), dernière personne de la trinité
et prédécesseur de celui qui fait accéder l'épiscopat au siècle
et à l'histoire, Syr fonde bien la continuité gênoise. La
Chronique, quelques années plus tard, dans sa composition
complexe, dira les rêves et les désillusions de cet espoir
communautaire, mais la légende de Syr pose déjà les jalons de
la geste épiscopale. Syr, l'ascète épiscopal, fait passer Jacques
du cloître à la cité.

En lisant la vie de Syr, nous devinons, dans la disposition
des pierres usées et polies, la main de l'architecte, ce Jacques
dont l'une des rares sources biographiques nous dit qu'au
chapitre de Ferrare, ayant perdu son sceau, il apposa, seul
parmi ses frères, sa signature manuscrite à la lettre encyclique
qui défendait courageusement Muñio de Zamora : Jacques ne
scelle pas, il signe[46]...

Troisième Partie

La narration de l'erreur.
Le récit et le tracé des frontières
du christianisme

CHAPITRE VII

Saint Bernard
et le nouveau reniement de Pierre

Le grand récit monastique
de la trahison, I.

Jusqu'ici, nous avons rencontré la fonction intégrative du récit dans l'univers chrétien du Moyen Âge : la narration historicise le salut et replie les soucis et les tensions du moment sur les événements fondateurs de la vie du Christ et des apôtres; elle suggère l'indéfinie virtualité de l'imitation, transmue les usages et les récits des cultures locales. La catholicité du récit proclame l'universalité et l'éternité du christianisme.

Mais à partir du XIIe siècle, le récit chrétien joue aussi le rôle inverse et complémentaire d'instrument d'exclusion et désigne les frontières de la chrétienté, face aux juifs, aux musulmans et aux hérétiques. Certes, la dénonciation de l'adversaire par un récit calomnieux n'a rien de spécifique : on a toujours et partout raconté par le détail la lubricité, la vénalité ou la perversion de ses ennemis. La querelle des Investitures, au XIe siècle, a produit des dizaines de légendes noires. Ce qui paraît neuf, pourtant, au XIIe siècle, c'est le caractère générique, catégoriel du récit accusateur, chargé d'expliquer un antagonisme collectif et essentiel, selon les techniques mêmes du récit chrétien inclusif, telles que nous les avons décrites (chapitre I). Le récit de l'erreur prête sa forme à la vision ancienne d'une perpétuation de l'hérésie sous divers noms.

Comment expliquer ce tournant? Il est probable que le

contact avec l'Islam, depuis la fin du XIe siècle, asséna la preuve de la force durable d'une entité non chrétienne : les Croisades, mais aussi la redécouverte d'Aristote par le biais arabe montrèrent la vigueur musulmane. D'autres vitalités adverses surprenaient et heurtaient un christianisme conquérant, du côté des hérésies florissantes au XIIe siècle et d'un judaïsme rénové par de nouvelles écoles de pensée. Par ailleurs, les formes naissantes de l'autorité laïque monarchique, elles-mêmes productrices de frontières, lançaient un défi à l'Église qui avait si longtemps joui du monopole de la gestion centralisatrice et capillaire des sociétés humaines.

L'une de ces narrations de l'erreur met en place l'idée de haute trahison. Nous considérerons deux constructions, issues du milieu monastique. D'un côté, saint Bernard tente de défendre la tradition de l'Église contre l'invasion de la rationalité profane en désignant les clercs préscolastiques comme ennemis de l'intérieur. Il entend transformer l'affrontement doctrinal en un développement nouveau de l'histoire évangélique du disciple défaillant. Ici, le récit passe dans le réel, car Bernard ne raconte guère, mais il met en scène le schéma narratif en œuvrant contre Gilbert de la Porrée au concile de Reims. La seconde occurrence du scénario de la trahison, tragiquement mêlée, elle aussi, à la réalité des conduites de persécution, apparaît, dans les milieux monastiques du XIIe siècle, où l'on invente une nouvelle légende de Judas qui définit les juifs comme ennemis extérieurs infiltrés dans la chrétienté (chapitre VIII). Lisons donc cette chronique de la haute trahison[1].

De la félonie au crime de lèse-majesté

La trahison, comme rouage essentiel des rapports sociopolitiques, apparaît clairement à la fin du IXe siècle. Une invention lexicale illustre admirablement la situation nouvelle qui donne son sens à la trahison médiévale : le terme « félon » apparaît en effet pour la première fois en latin en 858 (un siècle avant l'introduction du mot en roman) dans une lettre rédigée par Hincmar de Reims au nom des évêques des provinces de Reims et de Rouen et adressée à l'empereur Louis le Germanique[2]; ce souverain avait profité des révoltes des sujets de son frère Charles le Chauve et des incursions normandes, en 856-858, pour envahir son royaume de Francie de l'Ouest, à l'encontre des serments solennels de Strasbourg et du traité de Verdun (840-843). Charles, abandonné de tous, semble perdu; un de ses conseillers les plus proches, l'archevêque de Sens Wenilo, passe du côté de Louis. Seule l'intervention de l'Église franque, manifestée par cette lettre, donne à Charles le temps de regrouper ses forces, puis de repousser son frère Louis. En cette conjoncture de 858, la création du mot « félon » enregistre la cause première de cette cristallisation politique de la trahison : la sortie durable du modèle monarchique. L'affrontement de 858 n'a certes rien d'inédit : depuis la naissance de Charles le Chauve (823) et la révision des partages de l'Empire qu'elle entraîna, les luttes fratricides se sont succédé; mais, jusqu'à la mort de Louis le Pieux, les cadres idéologiques de l'Empire demeurent, avec la soumission générale des sujets, marquée, depuis Charlemagne, par un serment public; la rupture de l'ordre, même lorsqu'elle provenait des parents, des fidèles par excellence (le neveu de Charlemagne, les fils de Louis le Pieux, etc.) et qu'elle relevait de ce qu'est pour nous la trahison, se disait en termes purement politiques : un vocabulaire romain, sans intériorisation, l'appelait « menée » (*motus*) ou « sédition » chez Eginhard ou Nithard, lecteurs de Salluste; les motivations individuelles, négligées par les chroniqueurs, se distinguaient clairement du résultat public de l'action, en ces temps de la *res publica* carolingienne.

La vassalité rompt ce cadre public et engage la notion de fidélité, en lieu et place de la sujétion; le lien public se transforme en une relation d'homme à homme; dès lors, les passions envahissent le domaine de l'action politique, et la trahison, comme rupture de la fidélité jurée, entre en scène. Et c'est précisément de 858 qu'on a pu dater le début « officiel » de la vassalité : devant la menace d'invasion, Charles le Chauve réclame de ses sujets un nouveau serment de fidélité; mais, pour la première fois dans l'histoire de la monarchie carolingienne, il prête lui-même serment, en contrepartie, à ses sujets[3].

Revenons à la lettre d'Hincmar : on distingue, dans les vitupérations longuement développées de l'archevêque, deux types de fidélité, et, corrélativement, de trahison. La première, qu'enfreignent les conseillers de Charles passés à Louis, se fonde sur des engagements humains, des serments personnels et mutuels de services ; la condamnation par Hincmar des conseillers « félons et ignobles » (*fellones atque ignobiles*) semble essentiellement morale et pratique :

> Ceux qui maintenant te sourient quand ils obtiennent de toi ce qu'ils veulent souriront à d'autres quand tu seras à l'article de la mort.

Ici se définit ce qu'on peut appeler la *félonie*, qui manifeste la fragilité des engagements vassaliques, simple habillage de rapports de force sans cesse mobiles ; si on note la forme romane du nom de Wenilo le traître (Guénelon), on entrevoit ce qui, deux siècles plus tard, se développera dans *la Chanson de Roland*. Hincmar s'attarde plus longtemps sur l'autre fidélité, celle que transgresse Louis lui-même, qui se confond avec un intangible devoir sacré, divinement sanctionné : en ce cas, la haute fidélité imposait à Louis de respecter les droits d'un roi oint par l'Église ; la trahison de Louis attaque l'ordre chrétien, et les crimes des païens envahisseurs « sont surpassés encore par ceux que, au mépris des lois divines et humaines, des chrétiens infligent aux chrétiens, des parents à des parents, un roi chrétien à un roi chrétien, un frère à un frère ». De cette haute fidélité, l'Église, en 858, semble la seule garante, puisque l'empereur, en trahissant, perd tout statut sacré et souverain et entre dans la mêlée de la félonie et de l'engagement mutuel mutuellement dénié. Hincmar, dans sa lettre, instaure une spécificité de l'Église, car il refuse avec hauteur d'insérer l'institution ecclésiale dans la moindre vassalité ; il lui réserve la part sacrée de la fidélité et la censure de la (haute) trahison. Mais les grands desseins d'Hincmar, sans force d'application hors de son grand prestige personnel, demeurèrent enfouis dans la conscience cléricale pendant la période d'émergence des institutions féodo-vassaliques, du IXe au XIe siècle. À la fin du Xe siècle, chez les chroniqueurs de la fin de l'Empire carolingien, Richer et Thietmar, la félonie devient le moteur puissant de l'action politique ; le triomphe des principautés, le développement des engagements vassaliques produisent l'inflation des fidélités contradictoires; la vassalité entre en concurrence avec la sujétion, la consanguinité et l'alliance. L'aspect contractuel, personnel, moral de la domination qualifie de trahison toute rébellion, toute rivalité, toute contradiction d'intérêts; entre le IXe et le XIe siècle, les conflits politiques se frottent donc de haine et d'amour. Ainsi, en France, l'absence de transcendance qui caractérise les débuts de la monarchie capétienne interdit l'établissement des seuils nécessaires à une neutralisation des passions : rien ne justifie l'éminence des Robertiens ni ne les soustrait au durable soupçon d'avoir trahi l'empire (« Qui t'a fait roi? »). La fragilité du lien d'homme à homme (le vassal s'intitule l'*homme* de son suzerain) établit à la fois le désordre et le dynamisme de la société féodale. La fidélité, opposée à la félonie, apparaît alors comme le moyen idéologique de penser l'ordre du dehors, en supplément de la force; mais elle n'est qu'un simple *mot d'ordre*, qui conjoint imaginairement la nécessité existentielle de penser la solidarité vitale et l'impossibilité pratique de lui assigner un fondement et une sanction. L'inscription du mot d'ordre ne se réalise vraiment que dans la production littéraire, parcourue à partir du XIe siècle d'un appel nostalgique à la Loi et au Souverain : l'idée de trahison structure entièrement *la Chanson de Roland* : ici, la fidélité et la trahison peuvent fonctionner dans l'absolu, figuré par le retour du souverain carolingien. La chanson de geste indexe la petite monnaie dévaluée de la félonie quotidienne, constitutive du système féodal, sur la valeur étalon de la fidélité impériale. Ailleurs, dans la littérature courtoise, cette indexation passe à l'absolue souveraine.

De cette atonie de la fidélité autour de l'an mil, l'Église ne peut rien dire; sa réponse au désordre féodal, auquel elle participe dans son institution, consiste en une pâle neutralisation des conflits par l'organisation de la Paix de Dieu ou par la convocation d'un rêve archaïque : l'instauration/restauration de la ternarité sacrée des ordres[4].

À la fin du XIe siècle, la félonie partout répandue signale l'évanescence d'une valeur nécessaire mais sans force : la fidélité (*fidelitas*). L'antagonisme de la fidélité et de la félonie obsède les consciences par son caractère aporétique : elle rappelle l'exigence de transcendance sans la constituer; elle dit le triomphe injuste de la force. Cependant, la leçon d'Hincmar ne s'oublie pas : des instances éminentes, les monarchies et l'Église, réclament la haute fidélité, la fidélité absolue, supraféodale, et stigmatisent la haute trahison. L'Église romaine de la réforme grégorienne (fin du XIe siècle) installe la construction hiérocratique[5] qui soumet la société chrétienne, comme corps, à la Fidélité au Christ, tête de ce corps, et à son vicaire le pape (l'appellation de vicaire du Christ, officialisée par Innocent III, apparaît au XIe siècle chez Pierre Damien[6]). Par ailleurs, la monarchie anglo-normande semble avoir été la première instance laïque à dessiner (de façon plus lente et plus floue, il est vrai) la notion de haute fidélité politique héritée de l'Empire romain; le duché de Normandie avait été le premier en Europe à introduire le droit romain dans ses coutumes; il avait confisqué à son profit l'instauration de la Paix de Dieu. Dès 1076, Guillaume le Conquérant, roi allogène, avait exigé de ses sujets un serment de loyauté, et rien ne mesure mieux le passage de la fidélité féodale à la Haute Fidélité (et donc de la félonie à la Haute Trahison) que la répartition des délits dans la *Common Law* anglaise[7]. La loi commune qui, sous l'influence du droit romain et des coutumes normandes, unifie, à partir du XIIe siècle, le droit royal distingue en effet trois types de crimes : la *felony*, la *treason* et le *dismeanour* (délits simples). La *felony* tire, certes, son origine de la rupture du pacte féodal et se sanctionne par la confiscation du fief, mais, très rapidement, elle englobe les crimes de haine (meurtre, homicide, viol, incendie volontaire, brigandage, etc.). Cette catégorisation entérine la dérive moralisante de la félonie féodale, ce lieu de rencontre de la personne et de la structure. La loi ne peut spécifier la félonie et son horreur, qui passent du côté du respect sacré de la personne royale, dans la *treason*. Si cette évolution se laisse deviner au cours du XIIe siècle dans les Lois d'Henri Premier (*Leges Henrici Primi*), dans l'œuvre des grands juristes de la dynastie angevine (Glanville, Britton, Bracton), elle ne se saisit pleinement que bien plus tard, lorsque la monarchie anglaise, par le *Treason Act* de 1352, définit clairement la haute trahison, seule occurrence juridique de la notion, désormais. Il faut s'y arrêter quelques instants, car cette définition constitue la visée de ce qui se balbutie chez les laïcs et s'énonce dans l'Église au XIIe siècle. Le *Treason Act* énumère cinq cas de trahison : attenter à la vie du roi, de la reine ou de l'héritier du trône ; violer la femme du roi ou de l'héritier, ou encore sa fille aînée non mariée ; promouvoir une guerre contre le roi ou y prêter assistance ; tuer le chancelier, le trésorier ou les justiciers du roi dans leurs fonctions ; user d'un faux sceau royal, ou de fausse monnaie royale. Dans la précision extrême de l'énumération, on perçoit bien le domaine de la trahison : la personne publique du souverain ; sa famille et ses officiers ne peuvent la subir que dans leur rapport direct au gouvernement (il faudrait dire à l'État). La monarchie délimite là une zone sacrée, zone précisément où s'élabore la théorie du double corps royal décrite par Kantorowicz, qui permet de penser juridiquement l'horreur de la trahison[8]. On voit bien l'image que reflète cette élaboration, celle de l'Empire romain, où s'est formée la notion de crime de lèse-majesté (*laesa majestas*). Au XIVe siècle, donc, en ce grand moment de production de l'idéologie étatique[9], le concept de haute trahison prend une consistance certaine : Bartolo la théorise ; chaque souverain tente de se l'annexer : le juriste Philippe de Leyde, vers 1355, essaie de l'appliquer au comte de Hollande[10].

L'Église et la trahison

Ces efforts de contrôle exclusif de la trahison et de la fidélité, chez les monarques, trouvent leur modèle dans la construction forte de la notion au sein de l'Église du XIIe siècle ; la puissance affective en était disponible dans la structure féodale des Xe-XIe siècles, on l'a dit ; sa faiblesse effective résidait dans la fragilité de la valeur de fidélité qui lui était opposée. Or, l'Église sut trouver l'exact et puissant contre-poids nécessaire, grâce au glissement sémantique de fidélité (*fidelitas*) à foi (*fides*). Là encore, il faut considérer l'aboutissement du processus pour en deviner le déroulement

discret. Une brève mais capitale étude de cet immense décou-
vreur que fut Walter Ullmann nous y aide en analysant la
« signification de la décrétale *Vergentis* d'Innocent III », au
tout début du XIIIᵉ siècle[11]. Cette décrétale applique la notion
romaine de haute trahison, de lèse-majesté, à l'hérésie :

> Car, puisque, selon des sanctions légitimes, les accusés
> convaincus de lèse-majesté sont punis de la peine capitale, de
> la confiscation de leurs biens, la vie de leurs enfants n'étant
> sauve que par miséricorde, à plus forte raison ceux qui errent
> dans la foi (*aberrantes in fide*) et portent atteinte à Jésus, fils de
> notre Seigneur, doivent être retranchés de notre chef, qui est le
> Christ, par un acte d'Église, dépouillés de leurs biens tempo-
> rels, car il est bien plus grave de léser la majesté éternelle que
> la majesté temporelle.

Le saut juridique est considérable et il fonde durablement
la procédure de l'Inquisition qui s'installe quelques années
plus tard ; en effet, le droit romain, dans sa version justi-
nienne, rappelée par Gratien vers 1140, définit objectivement,
extérieurement, le crime de trahison (ou de lèse-majesté, en
un contexte étatique où la « félonie » n'a pas de sens) par
l'attentat contre la personne publique impériale ou ses délégués ; ici, en matière de foi, aucun *acte* (sauf exception) ne peut
se saisir ; l'*aberratio in fide* n'existe que dans les consciences.
Avant la décrétale *Vergentis*, l'hérésie, bien qu'elle soit sévère-
ment pourchassée, paraît aussi difficilement assignable au
droit que la félonie féodale. Le grand juriste que fut
Innocent III réussit cette assignation en se fondant à la fois
sur la hiérocratie postgrégorienne et la transposition du droit
romain impérial : la hiérocratie corporative justifie la gravité
de la sanction (une blessure de la tête ou de l'âme tue le corps)
et la capacité papale à juger de l'hérésie (le pape, successeur
direct du Christ, en reçoit la primauté du magistère de la foi,
en plus de la plénitude juridictionnelle ; il a le *sensus Christi*, le
« sens du Christ », et dispose donc de la pleine et entière
délégation de décision sur les attaques subies par Lui). Du
droit romain, Innocent tire le concept de *majestas*, cette
essence du pouvoir qui signifie la souveraineté plus haute que
toute autre : *majestas* redouble *majoritas* (supériorité). La force
de *Vergentis* vient de la synonymie qu'elle pose entre

« majesté » (essence du pouvoir impérial) et « foi » (essence du pouvoir ecclésial). De même que la haute trahison (ou lèse-majesté) passait dans l'absolu en droit romain, parce qu'elle attentait non seulement à l'individu physique mais à la personne souveraine (l'empereur comme *lex animata*, « loi vivante », « loi dotée d'une âme »), de même, et à plus forte raison, l'hérésie lèse l'âme du corps ecclésial, la foi, telle qu'elle est énoncée par le pape, chef du corps délégué par le Christ. La force de cette nouvelle qualification vient précisément de cette dépersonnalisation, ou de cette supra-personnalisation, de la trahison, qui produit dès lors l'horreur sacrée et l'assignation juridique qui manquait à la dénonciation morale, indéfiniment inversible (l'autre trahit toujours), de la félonie féodale (et même monarchique).

Si on mesure bien la portée de cette élaboration juridico-mystique dans le domaine religieux (l'Inquisition) et dans le domaine politique (la mystique de l'État au XIVe siècle), il reste à en saisir la genèse. Walter Ullmann, en s'étonnant de ne pas trouver de prototype immédiat de cette construction, l'a située dans le fil d'une pensée juridique pontificale continue depuis Léon le Grand; mais il semble possible de repérer les prémices de cette élaboration dans un contexte plus court et plus large en considérant non plus seulement la formation de la suprématie pontificale, mais la thématisation de la trahison à l'époque féodale et la sacralisation de l'*écart ecclésial* depuis la réforme grégorienne. L'Église, largement féodalisée, réussit, à la fin du XIe siècle, à s'arracher à cette société dont elle naît et où elle s'imbrique étroitement : en quarante ou cinquante ans, elle récupère très largement la possession des églises et des fiefs presbytéraux; le fait nous importe d'autant plus que cette récupération, parfois monnayée, s'appuie très souvent sur la seule crainte de l'excommunication et surtout sur l'horreur de léser le Christ. Entre mille exemples possibles, écoutons un seigneur du Berry à la fin du XIe siècle :

> Moi, Amblard Guillebaud, voyant le seigneur Richard [archevêque de Bourges] avertir avec charité et frapper d'excommunication et les puissants seigneurs du Berry remettre les églises et les biens d'Église qu'eux-mêmes et leurs prédécesseurs

avaient longtemps tenus injustement, je sais, bien qu'illettré, que j'ai offensé le Seigneur[12].

La terreur sacrée de l'offense commence donc à pénétrer dans un paysage mental déjà habité par la fascination de la félonie. Amblard trouvait enfin l'universalité et la hiérarchie pure (celle *du* Seigneur), absentes de la mêlée féodale. L'Église pouvait à la fois assumer et dépasser l'obsession de la trahison.

Elle l'assume parce qu'elle se fonde sur elle; l'évangile dit la part de l'humaine trahison dans l'histoire du salut : deux des douze apôtres trahissent; Judas et Pierre. Les deux cas présentent une sorte de tableau contrasté des motivations et des conséquences de la trahison. Judas trahit par perversion (envie, avidité...); il inverse les valeurs, comme les anges déchus et leur chef Satan; il mime le geste d'amour et de sujétion (le baiser dont on connaît la place dans les rituels de vassalité)[13], pour en faire l'instrument même de la trahison; il se suicide (acte de *felony* dans la Common Law anglaise)[14] et subit la damnation éternelle. Pierre, sur qui Jésus fonde son Église, trahit par le reniement; il renie en prêtant serment (*negavit cum juramento*) à trois reprises. Il s'agit bien là d'une trahison; Tertullien et Prudence désignent par *negator* le renégat et le traître[15]; il le fait par faiblesse et obtient la rémission et l'élection : Église et homme à la fois, il fonde cette tension essentielle entre le péché et son rachat, entre l'humanité sauvée et la divinité incarnée qui constitue le christianisme. Cette opposition entre Judas et Pierre rejoint la dualité entre trahison et félonie : l'une attente au Corps sacré lui-même, l'autre proclame la faiblesse de l'homme et la nécessité corrélative de la solidification par l'institution corporative. L'effort de l'Église au XIIe siècle consiste précisément à creuser cet écart, à bannir la trahison dans l'extériorité totale de Satan : il est significatif que l'histoire de Judas s'invente au XIIe siècle une version œdipienne, très largement répandue dans les milieux monastiques où la trahison perd toute coloration humaine (félonne) et apparaît comme la monstruosité absolue, dérivée de l'inceste (grande obsession de l'Église postgréorienne), projetée vers une fatalité quasi ethnique, puisqu'elle se lie étroitement à l'antisémitisme alors naissant[16]. La diabolisation imaginaire de la trahison, l'intégration religieuse de la félonie dans la fidélité au Christ s'accompagnent d'une glorification de la Foi, âme et armature du corps chrétien, instance de résistance absolue à la trahison. Pour repérer les modes de cette mutation, nous aurons recours à une étude de cas qui nous introduit dans l'atelier théologique où se forge l'absolutisme ecclésial.

Une chevalerie christique

Saint Bernard (1090-1153), on le sait, emblématise l'apogée du monachisme occidental; l'institution de Clairvaux constitue le dernier de ces dépassements par lesquels le mouvement monastique engendrait les réformes nécessaires à la perpétuation de l'esprit bénédictin. Bernard, dans la première moitié du XIIe siècle, rencontrait les efforts hiérocratiques de la papauté, mais par des voies propres; alors que les papes, selon une tradition juridique ancienne réactivée par la réforme grégorienne, établissaient peu à peu l'absolutisme juridictionnel et doctrinal de l'Église romaine, Bernard (et, sous ce nom, toute une culture monastique très puissante, au-delà des fractures entre Cluny et Clairvaux) vise à faire basculer la société entière dans l'univers religieux. Rien ne le montre mieux que le fameux épisode de son entrée au monastère en 1112 : avant de rejoindre Cîteaux, il constitue autour de lui tout un groupe familial de chevaliers : son oncle Gaudry de Touillon, ses frères Barthélemy et André qu'il va chercher au sein même de l'armée du duc de Bourgogne pendant le siège du château de Gracey; les deux frères aînés de Bernard, Gérard et Guy, s'engagent dans le groupe quelques mois plus tard; puis Bernard va quérir un autre oncle, Milon de Montbard, ses cousins Robert de Châtillon et Geoffroy de La Roche-Vaneau, d'autres amis et proches; en avril 1112, trente chevaliers liés par le sang et l'amitié se présentent à Étienne Harding, prieur de Cîteaux. L'anecdote, authentique, fait apparaître une véritable translation de l'ordre chevaleresque dans l'ordre monastique[17]; la fidélité (ici au duc de Bourgogne) se déplace vers la foi en conservant le même modèle et le même vocabulaire. Les sermons de Bernard sont parcourus d'une métaphore militaire constante, constituée à partir de l'image du chevalier du Christ (le *miles Christi* de saint Paul), filée jusqu'au détail (les flèches, les armes, l'exercice, les chevaux, les chars, les éperons, les ceinturons, etc.)[18]. Cette chevalerie christique prend le relais du siècle et en extirpe la félonie en se fondant sur la Loi divine, la Foi et l'Ordre. L'origine sociale de Bernard se lit assez clairement dans cette substitution; le lignage de Bernard, implanté aux bordures de la Champagne et de la Bourgogne, vit précisément les avantages et les dangers de cette situation féodale aux marches, qui fait alterner les fidélités au gré des occasions et des engagements individuels. De plus, la Bourgogne, aux confins de l'Empire (mais d'un Empire lointain et déliquescent), ne relève pas directement de la suzeraineté monarchique française et perdure dans la fragmentation féodale. De fait, Bernard aura toujours une attitude distante vis-à-vis du roi de France et, tout en gardant des liens d'amitié avec Suger, abbé de Saint-Denis, il ne subira pas la fascination de la monarchie laïque, qui fit de Suger le régent du royaume. Du siècle, le chevalier Bernard emportait l'expérience de l'aporie féodale, de la félonie sans fin, et la certitude de ne pas trouver en ce monde la hiérarchie légitime ni la Loi souveraine. Bernard, au-delà de ses déterminations propres, participait pleinement à l'autosacralisation monastique du XIIe siècle; selon une distinction ancienne qu'il reprend, l'ordre des moines (ordre des « pénitents » et des « continents », figuré par Daniel) se situe au sommet d'une hiérarchie sacrée, au-dessus de l'ordre des « prélats » (les clercs, figurés par Noé) et de l'ordre des « gens mariés » (les laïcs, figurés par Job) :

> Les moines sont la partie la plus resplendissante du corps de l'Église, qui est tout entier resplendissant, parce qu'ils ont choisi la voie la plus directe et la plus sûre[19].

Mais les réactions violentes de Bernard aux transgressions de cet ordre montrent bien que la trahison (en une forme intermédiaire entre la félonie et la haute trahison religieuse) restait fortement thématisée. Vers 1120, un cousin de Bernard, qui avait fait partie du groupe fondateur, Robert de Châtillon, se laisse entraîner par le grand prieur de Cluny, de

passage à Clairvaux; Bernard en conçut une fureur extraordinaire et dénonça l'apostasie de Robert en des termes qui
transposent une fois de plus le vocabulaire militaire féodal :

> Debout, soldat du Christ, debout! Secoue la poussière!
> Retourne au combat dont tu t'es enfui... Réveille-toi, prends
> tes armes et précipite-toi vers tes compagnons de combat que
> tu avais abandonnés en fuyant[20].

L'anecdote montre bien la spécificité de Clairvaux pour
Bernard; Robert a trahi par le *transitus*, le passage à un ordre
monastique moins élevé, plus engagé dans la société laïque.
Au-delà des rivalités institutionnelles, Bernard tente de réunir
une milice chrétienne dans un esprit proche des aspirations
grégoriennes, elles-mêmes fort influencées par le monachisme
qui forma plusieurs des papes réformateurs du XIᵉ siècle;
mais il n'oublie pas la morale féodale, transcendée par la foi,
comme le montre le soutien ému que, après quelques hésita-
tions scrupuleuses, il apporta à la fondation de l'ordre du
Temple (dont l'un des neuf fondateurs était son oncle André
de Montbard) quand il écrivit l'*Éloge de la nouvelle milice* en
1130[21].

La transmutation de la fidélité en *foi*, de la félonie en
trahison pouvait donc s'effectuer dans cette rencontre de la
théocratie papale et de la sacralisation de la milice monastique; elle s'appuyait alors sur la première des vertus mona-
cales selon l'héritage de Benoît, l'*obéissance*. Les pierres de
l'édifice ecclésial, cimentées par l'obéissance et le droit, repo-
saient sur les solides fondations de cette foi sans cesse invo-
quée par Bernard. Pour lui, qui fut considéré au Moyen Âge
comme le dernier des Pères de l'Église, le contenu de la foi
réside d'abord et avant tout dans ce que contiennent les
Écritures et ce que transmet la tradition patristique. Le Livre
a tout dit; seule l'exégèse méditative (vieille tradition monastique) paraît nécessaire à la lecture divine (*lectio divina*). La
théologie n'y a guère de place.

C'est précisément dans le domaine de cette foi qui devait
expulser la félonie de la société humaine que Bernard éprouva
le sentiment de la trahison la plus haute, celle des *clercs*;
ceux-là mêmes qui devaient propager et chérir la foi la
pervertissaient, la corrompaient; la trahison de Robert ou

d'autres moines que Bernard chassa de Clairvaux relevait encore de la félonie (aggravée, certes, par leur statut), car les moines abandonnaient une haute fidélité, mais à titre individuel. La trahison des clercs, elle, attaquait les fondements de l'édifice ecclésial. Précisons que lorsque nous parlons des clercs il faut entendre par là les théologiens, généralement clercs, qui tentent, au risque de l'erreur, d'articuler la foi et la raison ; la réalité mêle, on le verra, moines et clercs de façon plus complexe ; mais l'opposition entre « le cloître et l'école » demeure cardinale[22].

La trahison des clercs

Considérons donc l'épisode le plus saisissant de cette trahison des clercs, lors du débat qui mit aux prises, en 1148, au concile de Reims, Gilbert de La Porrée et Bernard. L'affaire nous est rapportée par un témoin éminent, lui-même un des grands esprits du XIIᵉ siècle, Jean de Salisbury, dans son *Historia pontificalis*[23], corroborée par le chroniqueur Othon de Freising ; une version assez différente, sans doute partiale, apparaît chez le secrétaire de Bernard, Geoffroy d'Auxerre[24]. Le fond de l'affaire, assez complexe, ne nous retiendra pas ; car seules nous intéressent ici les tactiques d'accusation et de défense ; par ailleurs, les aspects théologiques de la controverse ont été bien traités dans deux études un peu anciennes, mais solides[25]. Notons simplement que Gilbert de La Porrée (1076-1154) fut un disciple de Bernard de Chartres, à qui il succéda comme chancelier des écoles de Chartres, avant d'enseigner à Paris, à partir de 1141, et de devenir évêque de Poitiers, sa ville natale. À la suite de ses méditations grammatico-philosophiques, imprégnées du rationalisme de l'école de Chartres, Gilbert distinguait en toute chose son étant (ce qu'il est, *id quod est*) de son être (ce par quoi elle est, *id quo est*), en empruntant cette distinction à Boèce tout en en renouvelant le sens : l'opposition, purement conceptuelle (mathématique selon les termes de Gilbert), constituait un préalable à toute description du monde et permettait de dépasser la question des universaux[26].

Dans le domaine théologique, cette position lui attira des ennuis à partir de 1146, moment de la rédaction de son *Commentaire sur la Trinité de Boèce*; en effet, tout en maintenant l'idée de la simplicité de Dieu, il en venait à distinguer la divinité (*divinitas, deitas*) de Dieu (*Deus*), par un aboutissement logique de la distinction conceptuelle entre être et étant, même si Gilbert fut l'un des premiers à marquer la différence entre science naturelle (qui traite des choses telles qu'elles apparaissent), science « mathématique » (qui procède par abstraction en distinguant le *quod* et le *a quo*) et science théologique — qui considère l'origine des choses dans la Création ou dans leur émanation à partir des « Idées » ou de la « Matière » (*Ile*). La chose se compliquait encore lorsqu'il traitait de l'attribution de formes de l'étant et de l'être aux trois personnes de la Trinité.

Bernard se scandalisa fort de ces positions et peut-être encore plus de la prétention de soumettre la méditation sur Dieu à l'exercice de la dialectique et de la philosophie. Des accusations d'hérésie furent portées contre Gilbert devant le pape à Sienne en 1147, puis au concile de Paris, à Pâques de la même année; mais on n'aboutit à aucun résultat décisif. Il est probable que Bernard ressentait déjà les manœuvres dialecticiennes de Gilbert comme une trahison, mais la défense de l'évêque à Reims le conforta dans cette idée qui contribua certainement, avec le développement des grandes hérésies radicales de la fin du siècle, à l'élaboration de la théorie de l'hérésie comme crime de lèse-majesté.

Bernard, à Reims, prétend enfermer Gilbert dans le donjon de la Foi, dont il construit rapidement les fortifications. Avant l'audience publique, hors de la présence de Gilbert, Bernard réunit dans sa propre chambre (*in ejus hospicio*), de sa propre initiative (*petitione ipsius*), les « hommes vénérables qui s'étaient distingués par leur savoir, leur sainteté ou leur fonction » (p. 18) : les évêques Théobald de Canterbury, Geoffroy de Bordeaux, Henri d'York, les abbés Suger de Saint-Denis et Baudoin de Châtillon-sur-Seine, etc. Bernard leur adresse un bref discours qu'il conclut en demandant à ses amis de « supprimer les scandales de l'Église romaine [...] de remplir leur devoir et de protéger la pureté de la foi » (la pureté de la foi se nomme ici *sinceritas*, « sincérité », notons-le). Puis il met en place sa procédure :

> Il les pria d'écouter les articles sur lesquels il était en désaccord avec l'évêque [Gilbert de La Porrée] et, une fois qu'ils les avaient entendus, de les approuver ou de les désapprouver (*ibid.*).

Il lance ainsi quatre brèves propositions, qu'il fait transcrire par son secrétaire Geoffroy d'Auxerre; celui-ci relit la proposition et demande si l'assemblée l'accepte.

Quel est le sens de cette procédure? Jean de Salisbury l'indique lui-même : l'action se déroulait « selon le mode de la promulgation des décrets et des lois » (*ibid.*). Qui promulgue les lois et les décrets? Le souverain suprême, l'empereur du droit romain, ou le pape du droit canon. Bernard ici prend la place du pape absent. En matière de foi, il légifère; sa procédure même, plus que ses propositions théologiques, condamne le théologien Gilbert à la condition de sujet. Au centre de la mise en scène, Bernard place la foi (à protéger), prise comme Loi; l'abbé se donne comme voix canonique immédiatement transcrite sur le parchemin. On songe alors aux maximes du droit canon analysées par Pierre Legendre : le pape « a toutes les archives dans son cœur » (*omnia scrinia habet in pectore suo*); « il est la voix vivante (*viva vox juris*), lui-même ou par le truchement de ses légats, issus de son côté après une chirurgie mystique (*legati a latere suo*) »[27]; un glissement capital se produit ici, de la *lex animata* (celle des empereurs, puis des papes) à la *fides animata*, « la foi vivante », incarnée, qui annonce le cumul de la plénitude juridictionnelle et de la magistrature de la foi sous Innocent III. Bernard, certes, jouit alors d'une position éminente dans l'Église; il a sauvé Rome du schisme en combattant Anaclet, l'antipape d'Honorius II; et, déjà, cette lutte le conduisait à l'obsession de la trahison des clercs, doublée de l'antijudaïsme qui accompagnait l'élaboration hiérocratique au XIIe siècle (« On sait, dit-il d'Anaclet Pierleoni, que la descendance juive a occupé le siège de Pierre pour attenter au Christ[28]. ») Par ailleurs, en 1148, le pape Eugène III est un de ses anciens moines de Clairvaux et l'on connaît la fameuse phrase de Bernard : « On dit que ce n'est pas vous qui êtes le

pape, mais moi[29]. » Mais le statut personnel de l'abbé
importe moins que sa certitude de dire la foi, comme la dirait
le pape ; la majesté de la foi tombe en lui, comme un bec d'une
colombe du Saint-Esprit, en ces temps où on appelait *majesté*,
à Conques, la statue de sainte *Foy*, lieu et objet où descendait
le pouvoir surnaturel de la foi[30]. La voix de Bernard, sortant
de cette statue de commandeur officieux des croyants, dit la
foi et manifeste son impersonnelle majesté. Par une étonnante
ironie de l'histoire (ou par les jeux d'une subtile concurrence),
cette distinction de la Majesté (foi et loi) et de celui qui
l'incarne évoque irrésistiblement la séparation entre *Deus* et
deitas, thèse précisément condamnée par Bernard à Reims.
Bernard n'usurpe pas (l'usurpation est diabolique ou théolo-
gienne) : il désigne personnellement/impersonnellement la
place souveraine du pape.

La procédure confond le judiciaire et le doctrinal, l'individuel et l'universel, sur le modèle de la décrétale pontificale[31].
Bernard demande un consensus, non une controverse. Dès
lors, il n'a pas lieu d'user de la forme néo-romaine de
l'enquête (*inquisitio*) qui se développait dans les tribunaux
religieux du XIIe siècle ; cette forme, définie par l'enquête
contradictoire, ne saurait se confondre avec la procédure
d'exception appelée Inquisition, telle qu'elle se fixe à partir de
1232 ; la procédure par enquête suppose le débat, le recours
aux témoins, la confrontation de la défense et de l'accusation.
La tactique de Bernard à Reims renvoie plutôt à des formes
archaïques d'action juridique en matière criminelle, comme
l'*accusatio*[32], par laquelle une personne se présentait comme
formellement responsable de l'accusation et risquait la rétorsion (*talio*) en cas d'insuccès de l'action, jugée globalement,
sans débat contradictoire, selon une démarche proche de
l'ordalie ; la brutalité rapide de Bernard, son engagement
personnel relèvent bien de ce modèle, et il vivra son échec de
Reims comme une rétorsion (mais diabolique). Bernard, en
inventant sa tactique, a pu aussi penser à une autre procédure
ancienne, tombée en désuétude, la *denunciatio*, la dénonciation
par des « témoins synodaux », reposant exclusivement sur
l'autorité d'accusateurs et de dénonciateurs choisis pour leur
éminence. On trouverait là les raisons du choix des prélats

regroupés par l'abbé. Quoi qu'il en soit, un paradoxe apparaît clairement : Bernard fait progresser le pouvoir pontifical en matière de foi (du moins l'espère-t-il) en passant par des formes juridiques archaïques; il lui manquait sans doute la puissance de réflexion juridique d'Innocent III, qui sut trouver le bon détour du droit impérial et du droit canon.

Bernard répétait à Reims une manœuvre qui lui avait réussi, huit ans plus tôt, lorsqu'il avait fait condamner Pierre Abélard au concile de Sens en 1140; les positions théologiques d'Abélard étaient certes fort différentes de celles de Gilbert, mais les fondements des accusations de Bernard paraissent identiques; Abélard trahissait la foi en la compromettant avec la raison et la dialectique : « l'esprit humain usurpe tout pour soi-même, ne réserve rien à la foi », « Pierre Abélard cherche à évacuer le mérite de la foi chrétienne en pensant qu'il peut comprendre par la raison humaine tout ce qu'est Dieu »[33]. Abélard avait demandé lui-même à l'archevêque de Sens de convoquer un concile pour opposer à Bernard ses propres thèses en un débat contradictoire. Mais, la veille du débat, Bernard avait réuni à part les prélats des provinces de Reims et de Sens pour leur proposer une liste de dix-neuf thèses hérétiques que les évêques devaient condamner et sur lesquelles Abélard aurait à se prononcer. Le lendemain, Abélard se présenta sans être prévenu de ce piège; on lui lut la liste des propositions et on lui demanda s'il s'y reconnaissait. Abélard quitta les lieux sans répondre, en indiquant qu'il en appelait à Rome. Mais, le 16 juillet 1140, Rome le condamnait[34].

En 1148, Bernard franchissait un pas de plus; il proposait des articles assertifs et non dénonciatifs; il faisait donc œuvre de droit doctrinal positif[35]; ce changement paraît à la fois stratégique et tactique. De sa voix propontificale, il passe de la poursuite de l'hérésie à la magistrature de la foi; tactiquement, la situation de Gilbert devient moins tenable encore que celle d'Abélard, qui pouvait à la fois nier la pertinence des propositions condamnées à sa doctrine propre et leur justesse. Gilbert se trouve en position de double lien : il ne peut refuser les articles de Bernard qui contiennent des vérités canoniques (« Les trois personnes sont un seul Dieu et réciproquement », art. 2), en plus des assertions ambiguës (« Dieu est la déité », proposition que Gilbert n'a jamais refusée; toute la divergence réside dans l'analyse de *est*, forme matricielle de l'être et de l'étant) et des affirmations polémiques (art. 4), selon la tactique de l'amalgame déjà pratiquée à Sens en 1140. Par ailleurs, Gilbert ne pouvait accepter ces articles sans se renier, car ils rejetaient sa doctrine (art. 4 et art. 1, pris dans une interprétation réductrice).

La ruse de Bernard se comprend sans doute par sa conception supraféodale de l'obéissance monastique, par son souci de la Règle : le chrétien, et à plus forte raison le clerc, fait allégeance à l'Église en souscrivant au texte unique, quasi légal, de la foi, charte de la plus haute fidélité, dont on ne saurait marchander le détail, fixé par l'Écriture et les Pères, énoncé par la voix pontificale, ici transmise, croit-il, par lui-même.

La trahison de la Curie

Mais le piège ne se referme pas, parce que les prélats rassemblés refusent la procédure qu'ils avaient d'abord acceptée, et Bernard constate avec horreur que la trahison doctrinale des clercs (la compromission de la foi avec la dialectique) se compliquait d'une trahison plus ample, institutionnelle, qui allait entraîner les cardinaux de la curie. Un des plus obscurs auditeurs de l'abbé, Robert de Bosco, archidiacre de Châlons, se lève, après le quatrième article (le plus polémique), et montre que la matière est plus complexe que ne le dit Bernard : sur le point débattu, Anselme et Raoul de Laon avaient hésité, ainsi que Gilbert l'Universel, Albéric de Reims et Gilbert de Westminster — qu'il estimait plus savant que tous les autres. Robert disqualifie l'article de Bernard en l'excluant de la foi reçue, canonique, patristique : Anselme et Raoul de Laon avaient refusé, en ce domaine, d'outrepasser les « termes posés par les Pères »; certes, Robert de Châlons a bien compris la tactique quasi pontificale de Bernard (faire œuvre de droit positif doctrinal) :

l'archidiacre utilise les termes techniques de chancellerie
pontificale (*sententia* et *diffinitio*) qui désignent le contenu des
décrétales, mais pour en refuser l'application; il dénie impli-
citement à l'abbé sa capacité à légiférer sur le mode pontifical : « Le seigneur pape et l'Église romaine devaient être là »
(p. 19). La situation se détériore encore quand l'affaire est
connue des cardinaux, « indignés au-delà de toute mesure »;
ils rappellent le précédent d'Abélard et invoquent l'autorité
papale :

> L'abbé n'avait pas avisé le siège pontifical qui avait coutume
> de rejeter ce genre de machinations (*machinationes*) et d'arra-
> cher les pauvres aux griffes de puissants (p. 19).

La querelle rejoint alors un des débats les plus vifs dans
l'Église romaine depuis le XIᵉ siècle; les cardinaux, constitués
en collège électoral en 1059, tendaient à se donner des
pouvoirs judiciaires et doctrinaux, au détriment du pape. Peu
de temps après le concile de Reims, le grand canoniste
Huguccio, reprenant les thèses du cardinal Humbert
(XIᵉ siècle), dira qu'« on appelle Église romaine le pape et les
cardinaux » (on reconnaît là une position implicite de Robert
de Châlons, quand il parle de l'« Église romaine »). Au
XIIIᵉ siècle, le cardinal Hostiensis, autre illustre canoniste,
déclare que le sacré collège dispose de la totalité des pouvoirs
pontificaux en cas de vacance[36]. Visiblement, Bernard avait
fait jouer un autre ressort en présentant l'affaire à une
assemblée de prélats, lors d'un concile : au moment où la
curie prenait un essor exceptionnel, il faisait vibrer la fibre
épiscopale et abbatiale, selon un mode conciliariste alors peu
tendu et peu dangereux pour le pouvoir pontifical.

En fait, la réaction des cardinaux désacralise l'action de
Bernard et la réduit au modèle féodal de l'attaque indivi-
duelle (« il avait attaqué Maître Pierre [Abélard] ») et de la
mutuelle et humaine félonie, alors que tout l'effort hiérocratique de Bernard, puis d'Innocent III, vise à lester la trahison
de l'horreur sacrée de l'impiété, donnant ainsi une vie durable
en Occident au tragique idéologique. Les cardinaux laïcisent
le débat en rejetant Bernard et ses amis dans des clans
temporels et politiques :

Ils disaient que l'abbé de Saint-Denis [Suger], qui agissait comme régent du roi de France, et les hommes les plus puissants de l'Église s'étaient rassemblés dans le but exprès de contraindre la papauté à accepter les vues de l'abbé sous la menace d'un schisme (p. 20).

Jean de Salisbury, esprit fort distingué, témoin fiable par sa double sympathie envers Bernard et Gilbert, parle de son côté d'une conspiration (*motus*) des cardinaux; pour lui, la félonie demeure le lot de l'Église institutionnelle : la suite de son *Histoire pontificale* relève sans cesse la participation de l'Église aux mœurs féodales ou simplement humaines; il note l'abandon de Théobald de Cantorbéry par ses proches, le parjure de Gilbert Foliot qui, après avoir prêté serment au duc de Normandie (le futur Henri II d'Angleterre) pour obtenir son siège d'Herreford, s'empresse de faire allégeance jurée au roi Étienne, adversaire du duc pour le trône, en invoquant la reconnaissance du roi par l'Église romaine et l'absolue nécessité d'éviter les schismes dans l'Église d'Angleterre. On retrouve exactement les termes de l'aporie féodale en matière de fidélité : n'importe quel engagement se tourne par le recours à une fidélité plus haute. Le duc de Normandie, plein de sa légitimité dynastique contre l'usurpateur Étienne, se plaint alors de la rupture du serment (*de fide lesa*) en des expressions qui évoquent directement la *majestas lesa*; il se scandalise du mépris de la fidélité jurée publiquement et corporativement (*fidem publice et corporaliter prestitam*) (p. 48). Nous repérons encore une fois l'émergence de l'idée de haute trahison à partir du contexte de la félonie féodale. Plus loin, Jean de Salisbury signale une rumeur de trahison qui affecte la plus noble entreprise sacrée de la chrétienté, la croisade : l'échec devant Antioche, en 1148, malgré une position favorable des croisés s'explique ainsi : « Il est bien connu qu'une trahison (*prodicionem*) a joué et que le roi très-chrétien [Louis VII de France] fut trompé; on a longtemps attribué cette trahison aux Templiers... » (p. 57) (est-ce une pierre jetée par Jean dans le jardin dévasté de Bernard?). Le détail nous intéresse puisque le procès des Templiers, sous Philippe le Bel, au début du XIVe siècle, constitua une des manifestations les plus tangibles de la captation de l'accusation de haute trahison religieuse par la monarchie laïque.

Bernard tenta alors d'endiguer cette montée du flot féodal dans l'Église en s'adressant directement à Eugène III :

> Prévenant les autres [les cardinaux], il vint trouver en ami le pape, l'exhortant à mettre en œuvre son zèle et son courage viril pour la cause du Seigneur, afin d'éviter que la faiblesse du corps du Christ et les coups portés à la foi (*fidei plaga*) n'atteignent la tête (p. 20).

En ces quelques mots s'inscrit déjà la genèse de la décrétale *Vergentis* : la conception corporative de l'Église et l'assimilation de l'erreur à une blessure du corps découpent la notion de lèse-majesté en matière de foi; la démarche de Bernard dessine son contrôle pontifical.

Mais le pape se tait; du moins, Jean de Salisbury ne rapporte pas sa réponse, et Gilbert de La Porrée, « avec l'aide et le conseil des cardinaux », peut alors développer sa contre-attaque victorieuse, judiciaire et dialectique.

> Il proclama que personne, et encore moins un évêque, ne devait être condamné s'il n'avait avoué un crime ou n'en avait été convaincu (p. 21).

Cette portée générale de l'exigence d'enquête inverse le mouvement procédurier de Bernard : en théologie, Gilbert réclame le traitement commun des justiciables, en matière criminelle comme en matière civile. Les papes du XIIIe siècle se souviendront de ce danger en constituant les tribunaux de l'Inquisition; et dans un texte à peu près contemporain du concile de Reims, le *De consideratione* — suite de cinq lettres adressées à Eugène III —, Bernard met en garde le pape contre l'invasion des nouvelles méthodes judiciaires à la curie romaine :

> De nouveaux usages ont prévalu, je te l'accorde; tout autres sont les temps, tout autres sont les mœurs; quant au péril, il n'est pas imminent, il est là. La mauvaise foi, la tromperie, la violence ont prospéré à la surface de la terre. Les imposteurs sont maintenant légion. Pour moi, je me demande comment tes pieuses oreilles peuvent supporter d'entendre ces controverses d'avocats, ces joutes oratoires qui servent beaucoup plus à ruiner la vérité qu'à l'établir. Réforme cet usage perverti, coupe la parole à ces langues menteuses, ferme la bouche à ces fourbes! Les voilà, ces parleurs habiles qui ont

dressé leurs langues à proférer le faux, à disserter contre la justice, à n'argumenter que pour induire en erreur[37].

Gilbert exige donc des preuves, récuse la lecture du livre d'un de ses disciples et prend l'exact contre-pied de Bernard, homme de la forteresse (clôture du lieu d'accusation, des textes, de la foi, cette *domus Dei*); il proclame la publicité et l'ouverture de son œuvre de théologien :

> Il professait dans les écoles et les églises à la face du monde (*palam mundo*) et n'avait jamais rien dit de caché; il avait écrit sur le psautier et sur les épîtres de Paul, et si on y trouvait des erreurs, il se soumettrait à la correction ou à la punition (p. 22);

à l'univers binaire et exclusif de Bernard s'oppose l'indéfinie souplesse du discours de Gilbert.

Dès lors, Gilbert récupère entièrement la maîtrise de son œuvre théologique : après avoir fait brûler le livre du disciple récusé par Gilbert, le pape l'accuse de certaines erreurs dans le *Commentaire sur la Trinité de Boèce*; il ordonne qu'on lui remette le livre pour correction. Mais Gilbert lui rétorque habilement que ce travail (éventuel, précise-t-il) de correction lui revient, à lui-même, en guise de pénitence :

> Empêche, seigneur, que personne d'autre que moi n'entreprenne cette tâche *(laborem)* qui me revient *(debitum)*. Il est juste que, si j'ai péché en écrivant, je sois puni en expurgeant; et la destruction de mes erreurs sera une part de ma pénitence; il vaut mieux que vous me prescriviez ce qui doit être corrigé et je me conformerai scrupuleusement à vos instructions (p. 23).

Gilbert, abrité par son savoir, obtient ainsi la reconnaissance implicite de son droit de théologien sur son œuvre. Il peut confondre son travail intellectuel et sa pénitence dans le « labeur » *(labor)*. Les cardinaux approuvent sa réponse et le pape doit se contenter de faire reprendre les quatre articles de Bernard, dans une formulation nouvelle et plus nuancée; on voit mal de qui vient le compromis, car Jean de Salisbury prétend que cette nouvelle version des articles a été rédigée par Geoffrey d'Auxerre, homme de confiance de Bernard (et son successeur à la tête de Clairvaux), peut-être, dit-il, « avec l'approbation du pape » (p. 25) ; Jean note d'ailleurs que ces articles ne furent publiés ni dans les Actes du concile, ni dans les registres d'Eugène III. Quoi qu'il en soit, Gilbert pouvait approuver ce texte de compromis et son usage : on lui demandait simplement d'y conformer plus tard, à loisir, son *Commentaire*.

Gilbert, « absous des accusations et des stigmates portés par ses adversaires » (p. 25), put alors quitter les lieux ; il ne modifia en rien son *Commentaire* et l'enrichit d'une préface nouvelle, reproduite par Jean de Salisbury, qui non seulement rejetait tout soupçon d'hérésie, mais critiquait le texte des articles dans la version de compromis. L'échec de Bernard était total ; il en conçut une grande amertume visible, dit Jean de Salisbury, dans les attaques contre Gilbert que l'on trouve dans le *De consideratione* et dans l'exposition du Cantique des Cantiques. Une notation émouvante de Jean montre bien l'étendue de cette haine. Jean de Salisbury était à la fois un ancien disciple de Gilbert à Chartres, proche de son humanisme chartrain, et un admirateur de Bernard. Or, l'abbé l'utilisa après le concile pour « trahir » Gilbert :

> On faisait subir des tentations à Gilbert sous couleur d'une demande d'enseignement. Je me souviens moi-même avoir sollicité l'évêque de la part de l'abbé pour fixer une rencontre dans le Poitou, ou en France, ou en Bourgogne, au choix de l'évêque, pour conférer sur les écrits d'Hilaire. Il répondit qu'ils avaient déjà assez débattu sur la question (p. 26).

Le double langage

Pour Bernard, à une première trahison de la foi (les clercs, chargés de la défendre, la compromettent avec la dialectique humaine), avait succédé la trahison ecclésiale, fomentée par les cardinaux et les théologiens associés. Mais une troisième trahison importait peut-être encore plus, celle du Verbe. Jean de Salisbury, malgré sa sympathie pour l'évêque, s'en fait l'écho :

> Certains ont estimé que l'évêque n'avait pas usé de la sincérité qu'il professait et qu'il n'était pas pénétré de l'humilité dont il faisait étalage par les mots et les gestes [...] et parce que ses

adversaires ne pouvaient comprendre sa doctrine, beaucoup disaient qu'il dissimulait sa trahison [et/ou son hérésie : *perfidiam*] par la ruse *(astu)* et l'obscurité des mots et qu'il avait circonvenu la religion du Juge par son *art (arte)* (p. 26).

Le mot « art » paraît capital ici : il évoque à la fois les arts maléfiques et cette capacité à imiter la nature par une copie fidèle, qui échoit au seul Législateur, dans les gloses canoniques du *Digeste* (« Le droit est l'*art* de la justice et du bien[38] »). Gilbert détourne le langage de sa claire fonction glossatrice et législative à ses fins propres de trahison. Tel est du moins le point de vue des partisans de l'abbé, car Jean de Salisbury, qui, à l'instar de Gilbert, conçoit la vérité comme un horizon à atteindre et non comme une forteresse à défendre, porte un jugement plus serein sur cette obscurité de Gilbert :

> Certains de ses jugements [...] semblaient critiquables, soit parce qu'ils ne convenaient point aux règles, soit parce qu'ils paraissaient n'y pas convenir en raison de la nouveauté des mots. Il usait souvent de mots des Pères dont l'emploi est rare ; et pourtant il est sûr que beaucoup de ces mots, qui semblaient alors des nouveautés profanes introduites par lui, sont maintenant passés dans l'usage public des écoles (p. 27).

Deux usages du langage (et deux cultures) se heurtent ici. Pour Bernard, statue à la voix prophétique, la seule langue possible en religion dérive de l'Écriture. La loi ne peut que gloser et toute articulation nouvelle trahit le sens de la foi, le sens du Christ répété par l'Église. Et l'abbé lui-même parle en Bible :

> Il était si imprégné des Saintes Écritures qu'il pouvait expliquer n'importe quel sujet avec les mots des prophètes et des apôtres ; il les avait fait siens et il ne pouvait presque plus converser, ni prêcher, ni écrire de lettre sans user des mots authentiques [les mots de l'Écriture] (p. 21).

L'évêque humaniste, au contraire, convoque tous les mots, anciens et nouveaux, tous les lexiques profanes ou religieux dans un discours qui n'exhibe pas le dépôt sacré du Verbe, mais se manie comme une arme ou une ruse :

> Il savait fortifier ses réponses d'autorités et de raisons telles

que personne, dans le discours, ne pouvait s'emparer de lui (p. 21).

Gilbert pose la nécessité des langages médiats, indirects, parallèles, pour décrire l'inaccessible mystère divin, « pour éviter que la dévotion ne soit muette, on use de mots figurés pour exciter cette dévotion » (p. 36). Ne nous méprenons pas. Cette langue figurée ne renvoie pas à une innocente rhétorique de la métaphore (pratiquée par Bernard lui-même), mais à la possibilité hautement revendiquée par l'évêque de dire le mystère divin sur le mode logique et dialectique, *salva fide*. La langue n'est alors qu'un instrument plus ou moins adéquat, sans cesse mobile ; l'évêque l'affirme avec un brin de hauteur cynique : à propos des mots qu'il devait réformer après la décision papale de Reims, il

> ajoutait que pour les esprits trop simples, il pourrait changer ses mots afin de ne pas scandaliser ; mais il ne changerait rien de ce que l'Esprit Saint lui avait confié. Car la *vérité* [notons le mot, ici disjoint de la foi] n'est pas altérée par le changement des mots.

On comprend l'éclat de Reims et la fureur de Bernard : en ce lieu, s'opposent le Texte animé, la Foi en texte et le discours changeant, babélique, serpentin de la théologie.

Au-delà de la polémique, Gilbert théorise fortement :

> C'est le *sens (sensus)* et non l'*expression (sermo)* qui fait l'erreur (p. 39).

Non sans impudence, il applique cette théorie au quatrième article de Geoffroy d'Auxerre, dans sa nouvelle préface au *Commentaire* :

> La forme des mots ne vicie pas la compréhension de la vraie foi et il est également acceptable de dire que la déité, ou la divinité, ou l'essence divine s'est incarnée, ou, en d'autres mots, que le Fils, qui est Dieu dans la plénitude de la divinité et la vérité de sa nature, non par adoption, s'est bien incarné (p. 39).

Gilbert, sous couleur de clarté d'exposition, réintroduit, avec un brio exceptionnel, sa théologie en écrivant de façon plus logique la proposition de Geoffroy. Le quatrième article révisé disait : « La divinité, ou substance divine, ou nature divine s'est incarnée, mais dans le Fils » (p. 24). Gilbert réintègre le Fils en position de sujet (de prédicat) sous la forme : « Le Fils, ou la déité, ou la divinité, s'est incarné » (Gilbert admet la coïncidence de Dieu et de la déité, non leur indistinction conceptuelle). Puis il remplace le sujet (Jésus), pris comme nom propre, par sa description définie (selon l'équivalence que postuleront Frege et Bertrand Russell) : « Le Fils qui... » Autrement dit, il sépare la vérité (ce qu'il appelle le sens) donnée par la proposition de la signification désignée par le développement du sujet (prédicat). Assuré d'une vérité de foi (Jésus s'est incarné), il peut raffiner sur la signification qu'il élabore de façon logiquement et théologiquement plus satisfaisante que Geoffroy ; mais, au passage, il a pu intégrer à la signification, à la désignation, de Jésus sa distinction de Dieu et de la déité (« le Fils, qui est Dieu par la plénitude de la divinité »), tout en citant saint Paul (« Car en lui habite toute la plénitude de la divinité », Col. 2,9). Gilbert, par ses incursions dans le discours de l'adversaire, est inattaquable, et la foi couvre la liberté rationnelle du philosophe, qui se glisse dans cette béance entre vérité et signification, fondatrice du logicisme occidental.

On touche ici la véritable trahison des clercs : par leurs sophismes, ils contournent la foi, l'attaquent sans avoir l'air d'y toucher ; toute une tendance de l'Église condamnera cette duplicité impie, et l'*exemplum* de Maître Silo, le logicien damné pour ses sophismes, se répétera sans cesse dans les sermons et recueils du XIIIe siècle[39]. Deux siècles après l'épisode de Reims, en 1340, on relève une autre occurrence exemplaire de cette trahison des clercs, magistralement décryptée par Ruprecht Paqué[40] : Buridan, ce virtuose de l'équivoque, passé dans la légende pour l'usage galant de sa maîtrise de la duplicité de langue, réussit, en rédigeant le Statut parisien des nominalistes, à assurer le triomphe de la rationalité critique contre l'ontologie médiévale sous couvert d'une condamnation apparente de celui qu'il promouvait, Guillaume d'Ocham. Bernard avait raison de redouter la trahison des clercs.

Gilbert pousse encore plus loin ses provocations logi-

ciennes, dans cette préface qui devait être une pénitence : il
affirme que la vérité elle-même ne vaut que dans son contexte
d'énonciation et de réception ; Hilaire, dit-il, s'oppose à
Photinus parlant de la souffrance de Jésus en dépit de
l'authenticité des contenus, « parce qu'il savait la trahison
(perfidiam) des mots catholiques en de telles bouches » (p. 40).

> Il est donc nécessaire de recourir à la cause du discours *(ad
> causam dicendi)*, car, selon Hilaire, toute parole dérive d'une
> cause et la raison du propos doit se comprendre par la visée de
> la parole *(ex sensu dicendi)* (p. 41).

« Le prophète vaut ce que vaut celui qui le consulte *(qualis
consultor talis propheta)* », assène-t-il fortement. Gilbert se situe
là à l'origine d'une morale et d'une théologie de l'intention et
de l'intériorité qui échappe à l'évidence externe chère à
Bernard ; pour l'abbé, les théologiens comme Gilbert trahissent en se réfugiant dans les replis des consciences. L'échec
de Bernard, dernier des Pères du Verbe, et la réussite de
Gilbert, premier des docteurs du Sens, allaient, de conserve,
contribuer aux nouvelles poursuites de l'erreur cachée.
Contre les intentions secrètes, il fallait de nouveaux tribunaux. L'Inquisition (et les inquisitions), forte de la foi (sens et
discours confondus), allait y pourvoir.

CHAPITRE VIII

L'inceste de Judas
et la naissance de l'antisémitisme
(XIIᵉ siècle)

Le grand récit monastique
de la trahison, II.

« Le roi ajouta : "Ainsi je vous dis que personne, à moins d'être un bon clerc, ne doit disputer avec eux. Quant aux laïcs, lorsqu'ils les entendent médire de la loi chrétienne, ils ne doivent pas la défendre autrement que par l'épée, qu'ils doivent enfoncer dans le ventre de leur adversaire autant qu'elle peut entrer[1]." »

La haine parle ici, littéralement viscérale. Un souverain exclut, pousse au meurtre immédiat et forcené. Qui parle ? Saint Louis, roi de la mesure et de la prud'homie, « légifère » oralement sur les juifs. Joinville l'écoute dévotement et note scrupuleusement. Le bréviaire médiéval de la haine, pour reprendre le titre de Léon Poliakov, eût fourni sans difficulté mille propos plus radicaux, mais la parole d'un roi aussi médian que Louis IX image l'antisémitisme qui naît en Occident au XIIIᵉ siècle. Les historiens ont noté cette mutation de l'antijudaïsme chrétien, repérable à de nombreux et sinistres signes, sans toutefois l'expliquer, ou en l'expliquant par trop de raisons, ce qui revient au même; l'antisémitisme paraît arbitraire et abstrait (il fallait un bouc émissaire) ou bien inévitable et universel (les chrétiens ont toujours persécuté les juifs). Pourtant, Hannah Arendt, dans son grand livre sur l'antisémitisme contemporain[2], a montré avec éclat que la haine occidentale du juif ne se saisit que dans des *configurations* historiques précises et renouvelées qui réemploient les *figures* déposées par les cycles antérieurs sur les parois de l'histoire. Décrivons d'abord ces parois médiévales.

La haine antisémite se distingue, au XIIIᵉ siècle, de l'antijudaïsme religieux et social par une intériorisation de l'hostilité : le juif impur risque de contaminer la communauté et met en péril ses femmes, ses enfants, ses biens et son salut ; dans l'imaginaire, cette crainte dégoûtée produit des récits, des rumeurs : les juifs empoisonnent les puits, noient ou dévorent rituellement les enfants, complotent avec les ennemis de la Chrétienté ; dans la pratique, l'exclusion, l'expulsion et le massacre apparaissent comme des nécessités de salut public. La coexistence de ces traits, ou plutôt leur causalité circulaire et cumulative, définit l'antisémitisme médiéval, à partir de la fin du XIIᵉ siècle.

Considérons, par exemple, le massacre de Blois[3] qui, en 1171, fut peut-être le premier pogrom antisémite : au printemps, une rumeur se répand sur les juifs de Blois : ils ont noyé un jeune chrétien ; le puissant comte de Blois, haï pour avoir une maîtresse juive jugée influente, prend la tête d'une persécution, avec l'approbation active du clergé de la ville ; plus de trente juifs sont brûlés le 26 mai. Ce schéma (rumeur/consensus/massacre) se répète et s'amplifie aux XIIIᵉ et XIVᵉ siècles, en culminant dans les massacres de la Grande Peste de 1349, imputée à l'empoisonnement des puits par les juifs, les lépreux et les sorciers. À Blois, trois acteurs communient dans la même haine cimentée par la fabulation : un grand baron, l'Église et la population, porteuse de la rumeur. Jusque-là, les violences (d'ailleurs rares), dépourvues de discours de légitimation, se limitaient à des flambées locales vite réprimées. Contrairement aux apparences, les massacres de Rhénanie, en 1096, lors du passage des cohortes populaires de la première croisade, ne relèvent pas de l'antisémitisme. Les autorités locales, confondues ici avec l'Église, s'opposent aux violences. Il s'agit, pour cette horde de la croisade populaire, de trouver un ennemi à mettre en pièces, avant d'atteindre le but lointain du combat. L'accusation de meurtre rituel n'apparaît qu'un demi-siècle plus tard, lors des pogroms de la seconde croisade, en 1146. Les autorités ecclésiastiques locales semblent s'en faire les complices et saint Bernard doit opposer son éloquence fougueuse à la marée qui commence à gonfler. Les violences populaires rapportées par les chroniqueurs au cours du haut Moyen Âge, aveugles et muettes, s'inscrivent dans la logique sociale de persécution des minorités, sans que le bouc émissaire reçoive le stigmate de la fabulation. À cette violence sans discours et sans garants, s'oppose, en cycles déphasés, un discours religieux antijudaïque sans force matérielle ni mythification unifiante : l'Église, depuis les premiers Pères, lutte contre le judaïsme par l'argumentation théologique et par la pression sur les autorités laïques en faveur d'un statut juif strictement défini. Et même en ce cadre, les nuances sont infinies et il faut noter que l'attitude tolérante de Grégoire le Grand influencera longuement une bonne partie du clergé qui se souvient de l'interdiction canonique des conversions forcées. Le discours clérical, lorsqu'il se fait antijudaïque, prône la séparation plus que la ségrégation : entendons par là que l'Église refuse l'influence plus que le contact ou la contamination; les décrets synodaux visent à empêcher les conversions au judaïsme en interdisant aux juifs la possession d'esclaves chrétiens ou païens et en leur barrant l'accès aux fonctions publiques susceptibles de produire une influence[5]. Même Agobard et Amolon, ces archevêques forcenés de Lyon au IXe siècle, ne font que pousser à l'extrême cette exigence d'un statut séparé; par ailleurs, ils subissent tous deux un net désaveu de la population et des souverains francs Louis le Pieux et Charles le Chauve. Les autorités civiles, jusqu'au XIIe siècle, s'en prirent rarement aux juifs qui leur étaient utiles et qui leur procuraient de nombreuses occasions d'extension commerciale; les Carolingiens, de Charlemagne à Charles le Chauve, encouragèrent le développement des communautés juives et les utilisèrent parfois en colons de l'influence franque aux marches catalanes et saxonnes[6].

La seule exception, de taille, il est vrai, concerne l'Espagne wisigothique du VIIe siècle : l'Église et la monarchie, étroitement associées, produisirent une quantité considérable de mesures antijuives au cours des nombreux conciles de Tolède.

Mais on peut suivre Bernard Bachrach quand il montre que ces mesures, peu efficaces, procèdent moins d'une haine spécifique que d'une politique de manipulation des groupes divers qui peuplaient l'Espagne : il s'agissait de briser les alliances tactiques entre les Wisigoths demeurés dans la foi arienne, les cités rebelles de la Septimanie et les juifs ; cette alliance n'avait rien de fantasmatique, car les communautés juives de Catalogne, fort nombreuses, constituaient une réelle force politique et militaire dans la mosaïque espagnole. Les revirements brusques de la politique judaïque des Wisigoths au fil des usurpations confirment cette hypothèse ; et l'Église n'appliqua guère les décrets antijudaïques des conciles de Tolède, pourtant bien connus, parfois repris dans le *Décret* de Gratien.

Les fils de l'antisémitisme ne se nouent donc pas au cours du premier millénaire de l'ère chrétienne, même si au regard rétrospectif de l'historien, la haine rôde, inquiète et affamée. Ainsi au IXᵉ siècle, d'après les *Annales de Saint-Bertin*, écrites dans le milieu d'Hincmar, le grand archevêque de Reims dont les rêveries théocratiques visent aussi les juifs, la rumeur du complot semble se dessiner : les juifs ont livré Barcelone aux musulmans, Bordeaux aux Vikings ; mais la fable tourne court : elle ne mythologise pas, elle ne précipite pas la figure existentielle et abstraite du traître absolu ; elle transpose, avec une mauvaise foi simple, la politique tortueuse de Charles le Chauve qui préfère livrer ces cités à des païens plutôt que de les abandonner à son rival et neveu Pépin II d'Aquitaine. Dans ces simples histoires de famille, juifs et chrétiens cousinent et l'histoire ne prend pas corps, ne prend pas au corps.

Résumons à gros traits cette préhistoire cavalière de l'antisémitisme à son stade antijudaïque. Dans la mosaïque ethnique et religieuse de l'Europe du premier millénaire, les juifs constituent un groupe à l'identité marquée, à la cohérence certaine ; cette cohérence les désigne mais aussi les protège : tant que le droit demeure personnel, avant de se territorialiser progressivement au IXᵉ siècle, la communauté juive relève du droit romain, avec un statut particulier pour les affaires internes en matière arbitrale. Or la loi romaine antique accordait à la seule religion juive le droit de ne pas honorer les dieux latins. Certes Justinien y inséra un statut juif restrictif, mais dans les nations germaniques qui dominèrent l'Europe du premier millénaire, les dispositions plus clémentes du code théodosien diffusé par le Bréviaire d'Alaric assurèrent une réelle protection juridique aux Juifs.

L'hostilité antijudaïque, en matière religieuse, procède d'un sentiment de la concurrence : dans une Europe où le christianisme ne s'implante que superficiellement, où l'hérésie arienne, plus strictement monothéiste, en somme plus voisine du judaïsme, occupe longtemps de fortes positions, cette concurrence existe bien. Elle joue d'autant plus qu'elle porte sur un héritage commun et sacré, celui de la parole divine de l'Ancien Testament; en théologie pastorale, l'apport néotestamentaire constitue alors plus un embarras qu'une aide : si on expose inlassablement le dogme de la Trinité et de l'Incarnation dans les innombrables traités et disputes antijudaïques, c'est qu'on touche là une difficulté fondamentale de la christianisation; avant de devenir la chance du christianisme au Moyen Âge central, la foi trinitaire, mal comprise, sans cesse contestée par les hérésies, retarde l'évangélisation des masses. Ne minimisons donc pas la réalité de cette concurrence par la vision anachronique d'une population juive, gardienne jalouse et exclusive de ses traditions. L'attraction israélite existait, comme en témoignent les nombreuses mises en garde épiscopales ou synodales contre la judaïsation, contre l'observation des rites et des rythmes juifs de la part des chrétiens. Prenons-en comme ultime figure ce comte Renaud de Sens, qui, aux dires de Raoul Glaber[7], se prétendit roi des juifs et menaça le fragile pouvoir de Robert le Pieux.

Cet état des relations judéo-chrétiennes rend tout à fait improbable le saut de la *concurrence* à la *rivalité* (entendue comme désir d'éliminer l'autre et non pas seulement de le surpasser), de l'altérité à l'exclusion, du voisinage à la ségrégation, de l'étonnement hostile et parfois amical à la fascination dégoûtée. Revenons rapidement au XIIIe siècle, afin de mieux mesurer cet écart.

Les persécutions, thématisées et consensuelles depuis le

massacre de Blois en 1171, s'accompagnent d'expulsions durables qui se pratiquent à l'échelle d'une nation : en 1182, Philippe Auguste chasse les juifs du domaine royal capétien (le fisc) ; en 1290, le roi d'Angleterre prend la même mesure pour tout son royaume, suivi par Philippe le Bel en 1306. La décision, levée en 1315, sera réitérée en 1394 sous Charles VI. Et qui ne connaît l'expulsion de 1492 en Espagne? Le mouvement a donc un caractère universel; les seules exceptions en Europe, constituées par l'Italie et la Pologne (le roi Casimir le Grand contribua ainsi à la constitution de la vaste communauté ashkénase issue de France et d'Allemagne), importeront à notre schéma d'explication. Entre les phases d'expulsion, sévit la ségrégation légale du juif; ne nous arrêtons pas à ce qui relève de la simple séparation, même si ces mesures permettent ensuite la ségrégation. Ainsi, la première mention d'un ghetto fermé se trouve dans une décision ambiguë de l'évêque Rudiger de Spire, en 1084, qui fait clôturer le quartier juif pour le protéger; le concile d'Oviedo (1050), celui du Latran III (1179) interdisant l'emploi de domestiques chrétiens par les juifs mettent en œuvre, aux frontières de l'antisémitisme, la vieille politique cléricale de protection contre l'influence et la concurrence juives. Une coupure radicale se perçoit dans les canons du concile du Latran IV (1215), dont l'influence fut immense au XIIIᵉ siècle. Quatre canons concernent les juifs; le 69ᵉ et le 70ᵉ réitèrent des injonctions anciennes (inaptitude des juifs aux emplois publics, interdiction absolue de l'apostasie); le 67ᵉ exclut toute relation avec les juifs usuriers avec un attendu qui dénote bien la protection d'un péril, constitutive de l'antisémitisme (« ils sont en passe d'épuiser à bref délai les richesses des chrétiens »)[8]. Le canon 68 prescrit, pour la première fois dans l'histoire de l'Occident, « que les juifs doivent se distinguer des chrétiens par un habit spécial »; on sait la sinistre fortune de cette injonction. Et là encore, les attendus sont révélateurs : « Pour éviter que des unions aussi répréhensibles [mariages ou concubinages entre juifs et chrétiens] ne puissent à l'avenir invoquer l'excuse du vêtement... ces gens de l'un ou l'autre sexe se distingueront publiquement par l'habit des autres populations. » On trouve donc, dans ces canons, l'obsession antisémite du danger qui menace les biens et les femmes. Ainsi s'énonce la rivalité : le juif tente de se mettre à la place du chrétien dans son lit et dans sa demeure ; cette substitution effraie d'autant plus qu'elle est sournoise : la marque distinctive implique la ressemblance, la possibilité de confusion. Voilà donc la duplicité du juif : trompeur (*duplice*), il est le double maudit, l'homme en trop. Dès lors, son identité même doit disparaître, comme le signifient les autorités laïques en adoptant partout en Europe la formule de l'esclavage essentiel du juif (*peculium, servus meus*), d'autant plus frappante qu'elle n'a guère d'implications pratiques. En 1223, le monarque français interdit aux juifs l'emploi du sceau : or le sceau, répandu dans toutes les couches sociales, équivaut à notre carte d'identité ; lui seul permet la signature de contrats et l'existence juridique. On donnera un dernier aspect de cette rivalité gémellaire qui structure les mentalités du XIIIe siècle : le rejet absolu de la croyance de l'autre, qui dit aussi, sur un autre mode, qu'il n'y a qu'une seule chambre dans la demeure du Père.

La longue histoire des controverses judéo-chrétiennes[9] s'infléchit nettement au XIIIe siècle ; que l'on lise le texte des dernières controverses ouvertes du Moyen Âge, à la fin du XIe siècle, entre Gilbert Crispin, abbé de Westminster, et un juif de Mayence[10] : réelle ou littéraire, la dispute, sérieuse, intense, éclairée des premiers feux du rationalisme scolastique, se passe dans un réel respect de l'adversaire. Un siècle et demi plus tard, la dispute de Barcelone (1263) entre le grand docteur juif Nahmanide d'une part, et, de l'autre, le juif converti Paul Cristiani et le dominicain Raymond de Peñafort tourne au procès[11]. La relation pathétique de Nahmanide montre bien comment le piège se referme. Songeons aussi à l'aboutissement de la dispute de Paris (1240) sur le Talmud : plusieurs charretées de Talmuds sont brûlées publiquement. Cet intérêt pour le Talmud, né au XIIe siècle, comme on le verra, se développe au XIIIe siècle ; déjà, vers 1235, le juif converti Guillaume de Bourges mettait sa science hébraïque au service de la controverse[12]. Il s'agit là encore d'arracher au juif ce qui fait son identité.

Au XIIIe siècle donc, brutalement, le juif est de trop : tout, législation, récits pratiques, conduit au point aveugle de la haine. Pourquoi?

L'historien tend à décrire, toujours plus en détail, avec le vain espoir que la série, l'accumulation formeront cause, asymptotiquement. Mais les faits restent muets, ou ne renvoient qu'un simple écho. Suivons rapidement ces séries factuelles bien réelles, mais sans vertu causative :

— Série religieuse : la controverse antijudaïque des théologiens répète les mêmes arguments depuis saint Jérôme; même un exalté comme Joachim de Fiore[13], à la fin du XIIe siècle, n'infléchit guère ce propos. Les formes populaires ou consensuelles de religiosité, comme les Croisades, suscitent des persécutions dans leurs formes marginales (croisade populaire de 1096, mouvement des Pastoureaux, vers 1250); les consciences médiévales perçoivent la croisade comme départ, comme pénitence; l'ennemi lointain, mal identifié, changeant, ne cristallise pas la haine.

— Série socio-politique : la communauté juive ne pouvait pas s'intégrer dans un monde féodal ou communal fondé sur le réseau des hommages et des fidélités. Pourtant Charlemagne et Louis le Pieux avaient pris grand soin de faire composer des serments de fidélité juifs, aussi contraignants que les professions chrétiennes. Au-delà de cette possibilité fragilement juridique, la fidélité, dans le monde féodo-vassalique, apparaît comme un horizon symbolique, non comme une réalité pratique; la défiance exprime l'antisémitisme, mais ne l'explique pas.

— Série socio-économique : la question de l'usure juive paraît à tous déterminante; déjà Abélard, au XIIe siècle, connaissait cette explication; dans son *Dialogus inter philosophum, Judaeum et Christianum*, il attribue ce discours au juif : « Nous ne pouvons posséder ni champs ni vignes ni aucune terre, puisque rien ne peut les garantir contre les attaques ouvertes ou cachées. Notre seule ressource est donc l'usure. Ce n'est qu'en pratiquant l'usure avec les non-juifs que nous pouvons entretenir notre misérable vie. Et pourtant c'est à

cause de cela que nous provoquons une haine amère chez
ceux qui se considèrent comme gravement spoliés[14].» On
contestera non l'existence d'un tel enchaînement, mais sa
portée. L'usure odieuse aux emprunteurs et à l'Église suscite
l'hostilité, suggère la spoliation ou l'expulsion sporadique
immanquablement suivie d'un nécessaire rappel, comme le
montre l'histoire des autres groupes d'usuriers, Cahorsins,
Lombards ou Lucquois. La haine bavarde nous échappe
encore. Elle nous échappe car elle se love au creux des
mentalités qu'elle construit en les nourrissant de récits et de
fantasmes.

   La haine donc, rien que la haine, toute la haine. Il faut
partir d'elle, y retourner, entrer dans son ordre, son univers et
son discours. Mais où trouver ce discours obsessionnel et
fuyant? Elle parle par rumeurs et par grondements; son
énoncé emplit les chroniques, son énonciation se trouve
toujours ailleurs dans le temps, dans l'espace, dans la société.
Difficulté majeure : le Moyen Âge n'a produit aucune théorie
antisémite. La fable antisémite semble se répandre sans
auteur, dans la pure oralité. Pourtant, dans une culture
scripturaire, un consensus durable ne peut se passer d'une
élaboration symbolique, d'un texte, ou d'un ensemble textuel
fondateur; ce texte biaisé, indirect, on ne le trouvera pas dans
la littérature spéculative; la haute culture théologique ou
juridique ignore la haine : saint Bernard, en 1146, désamorce
énergiquement la campagne hystérique d'un ermite lors de la
seconde croisade. En 1247, le pape Innocent IV adresse aux
évêques de Rhénanie la bulle *Lacrimabilem Iudaeorum* pour
affirmer avec force que la loi hébraïque ne prescrit nullement
le partage rituel du cœur d'un enfant[15]; en plein XIVe siècle
antisémite, les juges de Manosque manifestent une durable et
inflexible impartialité dans les procès qui mettent en cause
des juifs[16]. On ne lira pas non plus le texte antisémite dans la
littérature profane, juchée sur les hauteurs courtoises ou
héroïques, ou bien ramassée dans la joyeuseté du fabliau. Le
mythe s'accommode mal de la distance spéculative ou
ludique.
   Où trouver alors une zone discursive où la croyance se

raconte sérieusement tout en s'affranchissant du contrôle des autorités et de la raison? Dans la légende religieuse qui s'élabore librement au cours du Moyen Âge central, sur le modèle hagiographique classique, mais en variation libre. Il s'agit d'une production abondante, souvent anonyme, généralement issue des milieux cléricaux ou monastiques; elle n'engage pas l'Église, car elle ne relève ni de la théologie ni de la liturgie; elle connaît une immense diffusion par le biais de la prédication. Songeons par exemple à la *Légende dorée* de Jacques de Voragine, écrite vers 1265[1] : ce légendier sans statut ni fonction officiels, chargé de centaines de récits qui mêlent les sources autorisées (Bible, patristique, hagiographie ancienne) et les sources apocryphes ou « populaires », se lit partout et dans tous les milieux; avec plus de mille manuscrits conservés, on a affaire au texte le plus répandu du Moyen Âge après la Bible.

Or on lit dans la *Légende dorée* (LA, 188-193) un récit qui narre l'origine de la malédiction juive; il s'agit de la vie de Judas, insérée dans le chapitre sur saint Mathias qui lui succéda dans l'apostolat. Résumons : après avoir conçu de Ruben (issu de la tribu juive de Dan), Cyborée rêve qu'elle enfantera un fils souillé de vices qui causera la ruine du peuple juif; les parents, après la naissance de ce fils, s'en débarrassent en le plaçant dans un panier lancé à la mer. Il échoue sur une île dont la reine, sans enfant, adopte Judas. Ensuite cette reine met au monde un enfant que Judas persécute, puis tue, après avoir découvert qu'il n'était pas lui-même le fils naturel de la reine. Puis Judas fuit à Jérusalem et se met au service de Pilate. Or, un jour, ce dernier éprouve le désir violent de goûter des pommes qui poussent dans un jardin voisin; Judas y court, se heurte au propriétaire, sans savoir qu'il s'agit de Ruben son père et le tue. Pilate donne alors les biens et l'épouse de Ruben à son meurtrier. Après quelque temps, Judas découvre qu'il s'est uni à sa mère en l'entendant raconter ses malheurs. Pour expier, il se rend auprès de Jésus qui, après avoir entendu son récit, l'accueille au nombre des disciples puis des apôtres; puis Judas trahit Jésus et se pend.

La légende applique à Judas le récit œdipien; le fait

importerait peu s'il ne s'agissait là que d'un exemple de
l'industrieuse récupération, par Voragine, d'un matériau
narratif antique bien connu. Mais ce détournement a une tout
autre ampleur : cette version œdipienne de la vie de Judas,
nullement inventée par Jacques de Voragine, naît dans la
seconde moitié du XIIe siècle et se trouve dans une bonne
cinquantaine de manuscrits du XIIe au XIVe siècle, nombre
considérable pour une œuvre médiévale; la vitalité de cette
tradition narrative se manifeste aussi par les variations de ce
corpus, où l'on peut distinguer trois ou quatre tissages de la
même trame narrative[17]. Notons donc ce lien, posé par le
récit, entre l'inceste originel et la malédiction des juifs, et la
concordance chronologique entre l'apparition de l'antisémitisme et l'invention de ce récit totalement étranger à la
tradition évangélique et patristique (l'Évangile ne rapporte
que la trahison et le suicide de Judas).

Mais il y a plus : à la même époque (fin XIIe siècle), se forge
une autre légende incestueuse, celle du pape Grégoire, connue
par une demi-douzaine de manuscrits, une version rimée du
poète allemand Hartmann von Aue et popularisée, elle aussi,
par un recueil narratif religieux au grand succès, les *Gesta
Romanorum* (XIVe siècle; 165 manuscrits)[18]. Là encore,
l'invention est abrupte : le Moyen Âge connaissait bien la vie
de Grégoire par les récits hagiographiques de Paul diacre et
Jean diacre utilisés d'ailleurs par Jacques de Voragine, dans
le chapitre consacré à Grégoire, situé précisément juste après
la vie de Mathias et Judas. Résumons encore : le duc d'Aquitaine, en mourant, confie sa fille à son fils et successeur. Au
bout de quelques mois, le jeune homme ne résiste plus au
désir et couche avec sa sœur. Un enfant va naître. Rempli de
honte, le jeune duc part expier en Orient, où il mourra; après
l'accouchement, la mère confie l'enfant aux flots; le jeune
Grégoire est recueilli par des pêcheurs et élevé au monastère
voisin; mais, un jour, la femme du pêcheur, irritée des
brutalités qu'il fait subir au fils naturel du couple, lui révèle sa
naissance incestueuse, connue par les inscriptions anonymes
qui avaient accompagné le jeune Grégoire dans sa dérive
maritime. Grégoire décide alors de se faire chevalier pour
secourir les opprimés; au cours de son errance, il apprend que

la duchesse d'Aquitaine est attaquée par le duc de Bourgogne qui veut l'épouser contre son gré ; Grégoire la protège efficacement et l'épouse. Mais Grégoire finit par apprendre le double inceste sororal et maternel. Pour expier, devenu moine, il se fait enchaîner pendant dix-sept ans à un rocher. Puis une révélation divine ordonne aux cardinaux romains de porter le saint ermite Grégoire sur le trône pontifical. Et au moment où on le trouve, le pêcheur qui avait jeté dans les flots, dix-sept ans plus tôt, la clef de la chaîne de Grégoire la découvre dans le ventre d'un poisson pris le jour même.

En tirant le fil incestueux des récits religieux du XIIe siècle, on dévide une immense pelote : une histoire analogue se lit de saint André en Europe orientale, de saint Alban, et un peu plus tard de saint Martin et saint Brice. L'inceste fonctionne alors comme un mythe d'origine : l'incestueux sans repentir engendre le juif, l'incestueux repenti le bon chrétien. Insistons sur cette centralité et cette originalité du thème ; Grégoire et Judas sont des figures de premier plan dans l'histoire religieuse ; d'autre part, ces récits nouveaux constituent, en masse, une part importante de la création légendaire, forcément limitée par l'ampleur et la force du matériau ancien et autorisé. Enfin, les auteurs ou les compilateurs savent fort bien qu'ils rapportent des versions nouvelles ; l'auteur anonyme d'une longue version rimée de la vie de Judas (début XIIIe siècle) déclare, dans son exorde : « Les anciens dits des Pères ont déjà déserté notre théâtre et de nouveaux leur succèdent[19]. » Jacques de Voragine commente ainsi ce qu'il vient de conter à loisir : « Jusqu'ici, il s'agit d'un récit de l'histoire apocryphe qui est laissé à l'appréciation du lecteur, bien qu'il soit plutôt à rejeter qu'à admettre. » De fait, cette version œdipienne de la vie de Judas ne passe jamais dans la littérature ecclésiale (prédication transcrite et imitable, théologie, histoire ecclésiastique, liturgie) ; on n'en trouve aucune figuration iconographique publique (vitraux, fresques, peintures).

Dans le système compliqué des registres de croyance au Moyen Âge, la légende apocryphe a un statut particulier : sans croire à son authenticité (assurée par l'autorité scripturaire-patristique, ou bien par le témoignage visuel), on la raconte hors-champ, comme une histoire significative, révélatrice, une histoire vraie *dans le fond* (c'est-à-dire : au-delà de la véridiction formelle ; à *tout* prendre ; dans le tréfonds). Judas métaphorise-t-il le juif (comme dans un *exemplum*) ? Non, car la syntaxe qui unit le prototype au groupe est plus forte : le mythe associe Judas au Christ dont la présence liturgique scande la vie du Chrétien ; chaque juif trahit le Christ au terme d'une passion incestueuse ; il est significatif qu'une version française de la vie de Judas, au XIIe siècle (version évangélique et non œdipienne, il est vrai), s'intitule *Passion* de Judas[20]. Chaque juif recommence Judas, non par métaphore ni par filiation de responsabilité, mais par le mystère d'une présence réelle. On ne croit guère, au Moyen Âge, à la responsabilité collective de l'*acte* de Judas ; les théologiens les plus écoutés (Grégoire le Grand, Raban Maur, etc.), en affirmant que le pécheur chrétien livre chaque jour le Christ à ses bourreaux, assignent à la trahison une valeur morale et individuelle. La pérennité juive du mystère de Judas procède non de l'*acte* (qualifié/disqualifié par la conscience juridicomorale), mais de la *motivation* (cachée, donc soupçonnée ; encore plus réelle si elle est déniée). La rumeur dit : « On dévore un enfant » ou « On profane l'hostie » ; il s'agit là de célébrer la souillure de la Mère et le massacre du Père, comme ici, dans l'Eucharistie, on commémore le Fils sacrifié et la Mère virginale ; ainsi, au carrefour de la physique aristotélicienne et de l'invention du mythe de Judas, naît au XIIe siècle l'idée d'une *nature* juive (le mot se lit chez Guibert de Nogent dont on reparlera). La rumeur, cette messe antisémite, réévoque le récit abject de la passion de Judas. Aux premières tentatives de liturgisation de la persécution, notée au début du XIe siècle sous le nom de colaphisation (gifles liturgiques données aux juifs le Vendredi-Saint), il manquait encore la puissance fondatrice du texte passionnel, dont l'articulation scande, encadre le fantasme incestueux (puissance structurale qui se lit dans la construction en trente chapitres du *Livre des Guerres du Seigneur* de Guillaume de Bourges, vers 1235, explicitement indexée sur les trente deniers de la trahison de Judas).

Il reste à comprendre la puissance symbolique de l'inceste

en ce milieu du XIIe siècle. Ici une concomitance massive, impressionnante apparaît. L'interdiction ecclésiale de l'inceste (au sens large, on le verra) se durcit et se précise à la fin du XIe siècle, dans le grand mouvement de la réforme grégorienne : déjà en 1059, le pape Nicolas II, proche d'Hildebrand, le futur Grégoire VII, convoque un concile qui fixe une législation sévère : celui qui aura pris femme dans son cousinage jusqu'au septième degré sera forcé de s'en séparer par son évêque ; et le système de calcul des degrés de parenté se met en place avec une rigueur particulière : Pierre Damien, suivi par le pontificat, opte, dans son *De parentela gradibus*, pour le système germano-canonique (contre le système romain), qui compte les degrés par génération et non par individu et augmente considérablement la zone d'interdiction matrimoniale.

Cette interdiction a une portée immense, dans un système culturel où l'Église détient le monopole de la production symbolique ; l'excommunication, l'interdit jeté sur un royaume ou sur un fief punissent les contrevenants ; de plus, la conscience de la faute est intériorisée par une prédication de plus en plus efficace, puissante et menaçante. Georges Duby, dans *Le Chevalier, la Femme et le Prêtre*[21], a bien montré le bouleversement des consciences et des pratiques qu'à provoqué cette politique de l'Église aux XIe-XIIe siècles. Toute rébellion attire la réprobation et le châtiment divins ; Suger, au milieu du XIIe siècle, décrit ainsi la chute du baron Thomas de Marle : « Peu après, pour que ce fût à la volonté divine que l'on attribuât la ruine des impies, Thomas de Marle perdit par l'annulation de son union et son château et son mariage que souillait une incestueuse consanguinité[22]. » Ce dernier témoignage désigne la portée sociale de la prohibition ecclésiale de l'inceste ; dans une société féodale où l'on ne survit qu'en arrondissant le domaine afin de trouver les hommes et les ressources nécessaires à la guerre, le mariage apparaît comme un instrument indispensable ; or les habitudes culturelles germaniques ou méditerranéennes, la transformation des charges précaires en fiefs héréditaires depuis le IXe siècle, la conscience du lignage privilégient le mariage entre cousins. Au début du second millénaire, l'affrontement entre l'Église et la société féodale engendre un traumatisme majeur qu'on pourrait décrire comme la perception d'un double lien, pour reprendre la célèbre notion définie par Gregory Bateson : il faut se marier (pour que le corps et la race survivent ; mais aussi parce que cela est bon ; le sacrement du mariage est instauré à peu près à cette époque) et il ne faut pas se marier (pour sauver son âme ; chaque projet suscite le danger de l'inceste). Le mystère de cette imposition symbolique par l'Église, qui retourne les valeurs de la société dont elle émane, a été élucidé avec une géniale simplicité par le grand anthropologue Jack Goody. Il montre que depuis le IVe siècle (moment de son institution publique), l'Église instaure graduellement un système d'interdictions sexuelles et familiales étranger aux pratiques sociales ambiantes comme au message évangélique[23] : rejet du mariage entre cousins (appelé inceste), du concubinage des laïcs et des clercs, de l'adoption, du lévirat (mariage avec la femme du frère sans enfant). Rien ne justifie ce système, si ce n'est que les pratiques interdites servent à assurer une transmission familiale de l'héritage : Jack Goody considère que dans une société monogamique, 20 % des couples sont stériles, 20 % n'engendrent que des filles ; la transmission directe à un héritier mâle fait donc défaut dans 40 % des cas (pourcentage aggravé aux périodes de forte mortalité infantile naturelle ou violente). Certaines sociétés privilégient donc le renforcement des liens familiaux naturels (mariage entre cousins, lévirat et polygamie chez les Juifs) ; d'autres favorisent la création de liens familiaux supplémentaires (adoption et concubinage chez les Romains) ; tout cela permet au lignage ou à la famille large une survie globale au-delà de la transmission directe. L'Église, en limitant ces voies parallèles de transmission, en faisant par ailleurs pression sur les testateurs, se constituait ainsi une immense réserve territoriale ; à la fin du premier millénaire, elle possédait à peu près un tiers de la surface cultivable en Europe... Mais, vers l'an mil, cette ascension prodigieuse de l'Église connaît un arrêt net : la résistance des laïcs se manifeste par la spoliation des terres ecclésiastiques, par une mainmise sur les bénéfices du clergé, par un refus des prohibitions familiales. À la fin du XIe siècle, l'Église, menacée dans sa puissance territoriale et sociale, réagit : enfin dotée d'un réseau clérical adéquat, solidement assise sur le trône monarchique de la papauté, elle augmente sa pression sur la société civile par la réforme grégorienne. Au même moment, la société laïque, au cœur de l'âge féodo-vassalique, éprouve le besoin vital de consolider ses lignages et de renforcer sa politique matrimoniale ; le thème généalogique devient capital. La situation de double lien atteint alors son point critique.

Nous voici donc au cœur sombre de l'imaginaire du XIIe siècle : le Père monarchique déchu (voir dans les romans de Chrétien de Troyes la dérisoire figure des rois Marc ou Arthur), le Père lignager affaibli ou tôt anéanti par les luttes incessantes, manquent ; la femme, riche de promesses douairières, mais intouchable si elle est proche, inaccessible si elle est lointaine, prend un relief confondant et n'offre sa sollicitude que comme mère ou comme Vierge mère de Dieu. Osera-t-on parler ici d'une névrose de groupe ? Oui, si l'on s'autorise de la belle analyse de la *Névrose courtoise* par Henri Rey-Flaud[24], qui rend compte du *fin'amor* des troubadours et des romanciers du XIIe siècle ; on la donnera comme variante de la véritable névrose virginale qui abîme les esprits du XIIe siècle dans la dévotion mariale la plus obsessionnelle. Mais pour approcher de ce qu'il faut peut-être appeler la psychose antisémite, on évoquera la figure justement célèbre de Guibert de Nogent[25].

Guibert écrit son autobiographie (la première du Moyen Âge), *De Vita sua*, vers 1116, en un moment où la tension incestueuse est à son comble avant que les fables ne détournent l'agressivité collective vers le groupe judaïque. On trouve d'ailleurs chez Guibert la première mention d'un « sabbat » hérétique qui annonce de très près la rumeur antisémite, dans ses composantes sexuelles et profanatoires ; ce groupe rural d'hérétiques de la région de Soissons « rampe dans la clandestinité, dénoncée par ses perpétuels bruissements » (p. 429) ; ils nient l'incarnation ; sournois, « ils se mêlent aux autres et reçoivent nos sacrements » ; « on les voit, hommes et femmes, cohabiter sans aucune règle conjugale...

on sait encore que des hommes couchent ensemble, que des femmes agissent de même ». Ils se livrent à des orgies sexuelles dans des endroits souterrains ; quand une femme enfante, lors de ces réunions, ils se passent le bébé de main en main puis le jettent dans les flammes et « lorsqu'il se trouve réduit en cendres, ils fabriquent avec ces cendres un pain dont un morceau est distribué à chacun ; un hérétique ne vient presque jamais à résipiscence lorsqu'il a participé à cette espèce d'eucharistie » (p. 431). La haine a trouvé ici son mode d'énonciation et son discours, mais non son objet (les juifs) ni son mythe fondateur (l'inceste de Judas). Et pourtant, Guibert hait les juifs. Lorsqu'il évoque l'horrible comte Jean de Soissons, il note que sa mère s'aide des artifices d'un juif pour empoisonner son frère et s'emparer de ses terres (incestueuse et meurtrière rivalité d'héritiers) ; Jean, son digne fils, « honore la fausse croyance des juifs », fréquente l'Église la semaine sainte pour blasphémer et « regarder attentivement les jolies femmes qui [y] passent la nuit » (p. 427) ; il trompe sa femme avec une vieille maîtresse dans la maison d'un juif. Ailleurs, le juif s'associe à la sexualité du Diable : Guibert raconte ainsi qu'un moine eut recours à un médecin juif ; ils se font confiance : « leur intimité devint assez grande pour qu'ils eussent l'audace de se révéler mutuellement leurs secrets » (p. 203) ; le juif, pour répondre à la curiosité du moine, s'entremet auprès du Diable qui exige de lui le sacrifice de « ce qu'il y a de plus délectable en l'homme » : « Quoi donc ? — Tu me feras une libation de ton sperme, après quoi tu en pourras savourer ce à quoi ont droit les sacrificateurs » (p. 203). Autour du sacrifice profanatoire du sperme ou du bébé, se met en place, encore confusément, le discours obsessionnel de l'antisémitisme. Notons que chez Guibert, le juif est toujours associé à la sexualité interdite et à la profanation, mais non à l'usure, pourtant très présente dans ses récits de châtiments horribles. Le juif bascule déjà dans le fantasme, loin de l'hostilité sociale consciente.

La personnalité de Guibert nous aide à mieux saisir l'habitus antisémite. Guibert est issu d'un noble lignage de la région de Clermont (Oise). Son père, Évrard, meurt peu après sa naissance ; sa mère (jamais nommée dans le récit) se retire au couvent quand il a douze ans. Guibert vénère sa mère, sans cesse louée et associée à la Vierge : son texte s'ouvre sur une proclamation de sa propre misère morale et de la beauté physique de sa mère. Le père se situe du côté de la déchéance ; il n'a pu engendrer que par le péché : impuissant devant son épouse pendant sept ans, il ne peut l'approcher que lorsque sa famille, redoutant sans doute l'absence d'héritiers, pousse dans son lit une courtisane dont il eut un enfant, avant d'engendrer plusieurs fils légitimes. La mère, devenue moniale, en garde une horreur profonde de la propriété (elle ne cesse de détourner Guibert de l'acquisition de bénéfices ecclésiastiques) et de la parenté. Au moment de sa mort, un moine, ancien maître de Guibert, déplore l'absence de ses fils (Guibert est à Nogent ; elle meurt au monastère de Fly) : « Mais elle, le foudroyant du regard, répondit : "Même s'ils habitaient comme autrefois le monastère voisin, Dieu m'est témoin que je ne souhaiterais voir assister à mon trépas ni eux ni personne de ma parenté. Il n'y a qu'un seul être que de toute mon ardeur intérieure j'attends ; ô combien je souhaite qu'Il soit seul à m'assister" » (p. 245). Guibert, devenu moine, se laisse d'abord tenter par l'ambition et il recherche un bénéfice ecclésiastique, poussé par ses parents (cognati), toujours présentés comme des bêtes et des brutes ; Judas prête sa figure odieuse à ses parents au zèle familial dangereux : sans aucun cynisme, Guibert répond à un de ses proches qui lui propose d'œuvrer pour l'obtention d'un bénéfice : « Ce que tu fais, fais-le vite », paroles de Jésus à Judas le trahissant, dans Jean, XII, 27 (p. 161). Enfin, il sait retrouver la voie des deux mères (la sienne et celle de Jésus) ; la virginité maternelle vainc la promiscuité parentale et l'ambition terrestre. Ainsi s'annonce, avant sa formulation, le mythe antisémite.

Le texte de Guibert impressionne, car il montre le fantasme dans son bouillonnement naissant ; Guibert se vit comme un champ de bataille ; discret sur les déportements de sa sexualité, allusivement dénoncés, il se raconte en ambitieux et en traître (il trahit le roi, l'Église par sa faiblesse et se le reproche amèrement), mais son texte a toutes les audaces dans la dénonciation et la création verbale (souvent intraduisible).

L'Autre est encore en lui, pas encore expulsé par le récit, comme ce bébé à double corps sur une unique paire de jambes dont il signale la naissance prodigieuse.

Pourtant au livre III de son récit, Guibert, par le biais de la chronique, met en scène, dans un cadre déjà éloigné du Sujet, un grand épisode de malédiction incestueuse et ambitieuse, lorsqu'il raconte la sanglante histoire de la commune de Laon (1111), où se dessine en creux la figure encore flottante de Judas. Cet épisode, depuis Augustin Thierry, a toujours passionné les historiens du mouvement communal français; nous le lirons sous un tout autre angle.

Guibert commence ce récit par une évocation des mauvais évêques de Laon dont les crimes et les faiblesses préparent la catastrophe de la commune. Cette chronique sinistre, où les évêques sont des criminels, le pape et le roi des faibles, les barons des pillards et des ribauds, laisse Guibert tout seul dans le désert social, seul avec le souvenir de sa mère. Lisons. Adalbéron, le premier évêque cité, « riche de terres », trahit le roi « enfant innocent », « à l'instar de Judas, le jour même de la Cène du Seigneur » (p. 269); son successeur Hélinand cumule les épiscopats de Laon et de Reims et le pape le lui reproche en disant que « quiconque a une épouse ne peut en aucun cas en acquérir une autre » (p. 273). Ensuite vient Enguerran, parent et intime d'Enguerran de Boves, sire de Coucy, pivot du drame de la commune. Cet Enguerran de Boves ne se satisfait pas des femmes proches de lui, « légitimes ou courtisanes » (dans le prodigieux et significatif vocabulaire de Guibert : *debitas*, « dues », et *usurarias*, d'usure; l'usure n'est vraiment pas où on la croit; Guibert nous protège de l'économisme); « malheureux dans ses choix matrimoniaux » (mais la traduction ne suffit pas : *sortiendis matrimoniis* renvoie à la fois au choix et au hasard; Mathias a été tiré au sort — *sortitus* — après la trahison de Judas), Enguerran épouse illégalement (après répudiation et incestueusement) la femme de son cousin, une grande pécheresse; il avait engendré le terrible Thomas de Marle, qui lui-même se maria trois fois et incestueusement; Thomas complice de la commune, ennemi mortel de son père, persécuteur de l'Église, grand brigand, est pour Guibert le sauvage absolu; il s'étend

complaisamment sur les tortures qu'il fait subir à ses ennemis, qu'il suspend lui-même par les testicules, qu'il empale de
sa pique de la bouche à l'anus. Voilà où mène l'amour des
cousines et de la terre : la haine en tous sens. Revenons à
l'évêque Enguerran qui donnait « son absolution à cette
diabolique union » (celle de son cousin Enguerran) (p. 279) ;
la mort proche ne retient pas l'évêque dans ses plaisirs ni ne le
conduit à la confession et à la communion qu'il refuse ; il ne
retrouve force que pour embrasser son cousin de Boves. Le
quatrième évêque de Laon évoqué par Guibert, anonymement, acquiert le siège par la simonie et meurt aussitôt ; dans
la cathédrale, son corps subit le sort de celui de Judas, selon
les mots mêmes des *Actes des Apôtres* (I, 18) : « À peine son
cadavre y eut-il été déposé que, à ce qu'on me dit, il creva et
un flot de liquide puant s'écoula jusqu'au milieu du chœur »
(p. 283). Enfin, Gaudry, deux fois meurtrier, trahit lui aussi le
roi le jour de la Cène du Seigneur et meurt percé de coups
dans le tonneau où il s'est réfugié lors de la commune de
Laon.

La haine de Guibert, féroce, relève certes de sa fureur
contre les clercs ; dans un monde où toutes les relations
d'autorité ecclésiastique se désignent en termes de parenté,
Guibert hait le père en chaque évêque ; et nous avons trouvé
ailleurs (voir chapitre VI) une assimilation du problème de la
succession ecclésiastique au meurtre du père ; mais aussi dans
ce scénario haineux, commence à s'inscrire la figure de Judas.
Dans cette narration, se dit la double postulation de Guibert,
écartelé entre la fascination de Thomas de Marle et la
vénération de la Vierge-mère. Et la joie de Guibert écrivain
(*dictaturiens* : brûlant du désir des mots — superbe emploi
rarissime d'un mot qu'hélas, et malgré son dernier commentateur, il n'a pas inventé puisqu'on le doit au polygraphe
byzantin Priscien) s'adosse à l'exécration de Thomas, qui
expulse l'Autre dans une haine constitutive.

On tue Thomas de Marle comme un loup, on extermine les
hérétiques comme une vermine. La haine des mâles incestueux cherchait sa proie ; elle la trouve chez les juifs, par le
biais de l'histoire de Judas.

Dans une société rendue homogène quant aux prescriptions

sexuelles par l'encadrement doctrinal chrétien, la communauté juive représente la seule alternative, fascinante et
répugnante, objet d'envie et de haine : ce groupe qui,
appuyé sur une autorité sacrée (Thomas de Marle ne
théorise pas ; les hérétiques délirent et comprennent le latin
à contresens), continue à pratiquer la polygamie (jusqu'au
XIIIe siècle), le lévirat et le mariage entre cousins, tend aux
chrétiens le miroir abhorré de leur manque. Le mystère de
la séparation, de la culture accroît la tension : que font-ils
donc entre eux ? Les pires et les plus délicieuses saletés.
L'oreille collée à l'épaisse porte juive, d'où ne sortent que
de confuses jubilations, on construit alors le grand fantasme
narratif antisémite ; on fabule. Relisons notre histoire de
Judas : on y trouve un meurtre du père (Ruben tué à coups
de pierre, comme Abel et à cause de pommes tentantes) et
du Père (Jésus), une adoption suivie du meurtre du frère
légitime et préféré de la mère, un inceste maternel en forme
de quasi-lévirat ; joignons-y l'histoire de Pilate racontée par
Voragine : enfant naturel de parents païens et concubins, il
tue lui aussi son demi-frère avant de participer au meurtre
du Seigneur en s'associant à l'incestueux. Tout ce scénario
se saisit en contrepoint de celui de Jésus : voilà un fils qui
recueille tout l'héritage paternel en se sacrifiant pour le
Père, un fils dont la mère virginale écarte tout inceste.
Lisons un dernier récit, juif, celui-là, et qui inverse les
significations : dans les *Toledoth Yeshuh*[26], récits juifs de la
vie de Jésus, Jésus l'imposteur est né de Marie et du voisin
de son époux Joseph, Yoanan, qui l'engrosse en se faisant
passer pour Joseph, une nuit de sabat, alors que Marie est
impure (réglée) : le mythe juif, antérieur au mythe de
Judas, donne à l'Autre son origine, non dans l'endogamie
excessive, mais dans l'exogamie (adultère et violation des
normes sexuelles de la communauté). La grande rivalité des
jumeaux testamentaires se raconte fébrilement en ce début
de millénaire.
    La légende, travaillée en mythe paraliturgique (et
l'inconscient a un fonctionnement liturgique), articule
l'immense et dangereux amour de la mère, berce la terrible

solitude du sujet féodal (*ego solus*, ne cesse de dire Guibert) dénudé par la loi ecclésiale. En ce XIIe siècle qui découvre la théologie de l'histoire[27], on invente l'économie historique du désir...

CHAPITRE IX

La guerre des récits : la crémation du Talmud (1240-1242)

Le 6 juin 1242, à Paris, sur la place de Grève, vingt ou vingt-quatre charrettes de Talmuds, représentant sans doute plus de dix mille volumes, furent livrées aux flammes sur ordre du roi saint Louis. Je voudrais montrer que ce qu'on entendait détruire était moins la Loi ou la doctrine de l'Autre que sa puissante capacité à raconter le divin.

Les historiens n'ont guère relevé le tournant très net que représente cet événement bien connu et bien étudié, qu'ils ont souvent dilué dans un contexte immédiat ou, au contraire, dans de très anciennes et continues évolutions[1].

D'un côté, en effet, on peut reconstituer assez précisément l'enchaînement de circonstances qui conduit à la crémation de 1242 : en 1236, le juif converti Nicolas Donin de La Rochelle, qui était peut-être entré dans l'ordre franciscain, fait parvenir au pape Grégoire IX une lettre qui contient une liste de charges contre le judaïsme rabbinique, et en particulier contre le Talmud. Le 9 juin 1239, Grégoire IX envoie des lettres aux rois de France, d'Angleterre, de Castille et de Léon, ainsi qu'à l'évêque de Paris, Guillaume d'Auvergne : il dénonce les blasphèmes et hérésies contenues dans le Talmud ; le samedi du Carême de 1240, les prélats, aidés des frères mendiants, et en requérant le bras séculier, doivent prendre dans les synagogues les livres juifs. Le pape précise, en s'adressant à l'évêque de Paris et aux dignitaires des ordres mendiants, que les livres confisqués contenant des blasphèmes devront être brûlés[2].

Seul saint Louis donna suite à cette requête et intenta, en

juin 1240, un procès à quatre rabbins de la région parisienne, chargés d'assumer la responsabilité du Talmud; ce procès, présidé par Blanche de Castille, ne s'acheva que tardivement, probablement en 1248. Mais entretemps saint Louis avait ordonné la crémation de 1242. En 1244, puis 1248, Innocent IV confirma cette volonté de destruction. Le rôle central joué par Donin a conduit certains historiens à privilégier l'importance des contradictions internes du judaïsme occidental : l'événement de 1242 constituerait une réponse à un épisode de peu antérieur : en 1232, Rabbi Salomon ben Abraham de Montpellier avait fait appel aux autorités chrétiennes et en particulier aux ordres mendiants pour faire condamner et brûler certains textes du grand Maïmonide (mort en 1204) dont l'influence se développait considérablement[3]. On peut alors imaginer Donin en disciple rationaliste de Maïmonide, se détachant du judaïsme au point de se convertir et de dénoncer le texte fondamental des docteurs juifs. Mais on ne saurait expliquer l'explosion par le détonateur, sans considérer la charge. En procédant à la même contextualisation immédiate, mais du côté des persécuteurs, un historien américain a proposé récemment de lier la crémation de 1242 et, plus généralement, la recrudescence de l'antisémitisme médiéval aux ordres mendiants, très présents dans l'épisode[4]. Mais il est probable que les mendiants ne furent que le canal obligé d'une tendance infiniment plus vaste; ils sont au premier plan ici comme en toute question importante; de même, on ne saurait attribuer aux cisterciens en tant que tels l'antisémitisme du XIIᵉ siècle, époque qu'ils dominèrent intellectuellement et culturellement avant le triomphe des mendiants.

À une autre échelle, l'événement de 1242 se banalise quand on l'intègre dans la longue chaîne de l'antijudaïsme et de l'antisémitisme. Les spécialistes d'histoire juive ont tendance à dérouler un processus continu depuis saint Augustin. Le bûcher de 1242 ne serait que le sommet de l'apogée antisémite, marqué par les pogroms du XIIᵉ siècle et par les canons du concile du Latran IV (1215) qui imposèrent aux juifs le port d'un signe distinctif. On pourrait aussi mentionner la création de l'Inquisition, vers 1230, bien que la procédure lancée par Grégoire IX n'en relève pas directement. Le principe de la crémation d'ouvrages, déjà pratiqué pour les productions hérétiques, aurait donc simplement été appliqué au livre majeur de la religion juive, puisque l'Église ne pouvait, bien sûr, s'en prendre à la Torah. À cet égard, il est significatif que le seul ouvrage contemporain[5] traitant de la lutte ecclésiastique contre le Talmud, envisage le phénomène à partir du VIe siècle, alors que le mot « Talmud » n'apparaît dans la littérature chrétienne qu'au milieu du XIIe siècle.

Il faut s'attacher à la nouveauté radicale de l'événement de 1242. Le Talmud, dont la rédaction écrite a été entreprise au IIIe siècle de notre ère, s'est clos au VIe siècle ; or les chrétiens en connaissaient l'existence et, au moins grossièrement, les contenus : quelques témoignages, qu'on évoquera plus loin, le prouvent ; la coexistence familière des juifs et des chrétiens au cours du premier millénaire, scandée par des disputes théologiques nombreuses et généralement pacifiques, rend cette connaissance vraisemblable. Or on ne trouve pas d'attaque systématique contre le Talmud avant 1144, date probable de rédaction de l'*Adversus Judeorum inveteratam duritiem*[6] de Pierre le Vénérable, abbé de Cluny. D'autre part, sur le bûcher de 1242, s'opère la première destruction d'un livre non hérétique, appartenant à une religion constituée, sans accusation propre contre une personne ou un groupe. Certes, lors des attaques contre les synagogues, au cours de la première croisade et depuis, la populace s'emparait des rouleaux de la Torah pour les détruire. Mais jamais l'Église ni l'autorité civile ne prirent part à cette agression. L'antisémitisme ne naît vraiment que lorsqu'il se soutient d'un discours (légende, rituels, procès). C'est pourquoi je considère que les massacres et destructions de la première croisade procédèrent d'une pure agressivité, déjà à l'œuvre au cours du premier millénaire, plus que de l'antisémitisme médiéval, qui élabore son discours pendant le XIIe siècle. On trouve ici la même différence que Freud établit entre l'agressivité et le sadisme : la première n'inclut pas la dimension libidinale et donc fantasmatique du second. Cette comparaison n'implique pas de renoncer à la causalité immanente de l'histoire : l'agressivité antijudaïque s'explique en termes d'histoire sociale, exactement comme le tournant « sadique », « antisémite » du XIIe siècle.

Ainsi, les rabbins convoqués en 1240 ne comparaissent pas en raison d'une responsabilité, mais d'une appartenance. On a affaire au premier *procès* contre des juifs en tant que tels ; certes des « disputes » officiellement organisées se sont déjà produites, mais en 1240, on demande aux rabbins de prêter serment comme dans un procès pénal. C'est d'ailleurs le premier épisode de « controverse » dont la tradition juive ait gardé une trace écrite. Enfin, la destruction du Talmud n'a plus le caractère symbolique et exemplaire que revêt la crémation d'un ouvrage hérétique ; saint Louis fit chercher des exemplaires dans toutes les maisons juives : il fallait détruire des objets maudits, exhaustivement. L'objet, en lui-même, avait acquis la dimension d'une chose maléfique et précisément d'un livre. La crémation, massive, publique a constitué le Talmud en livre maudit, dont il fallait se purifier. De même, on peut se demander si la mutation mystérieuse qui fait qu'au début du XVe siècle l'Église se met à croire en la réalité de la sorcellerie ne provient pas de la répression elle-même, qui construit une forme vraisemblable avant d'engendrer une adhésion.

Le dossier d'instruction du procès, composé d'une double série d'extraits de la littérature rabbinique et d'une liste de trente-cinq chefs d'accusation, fut sans doute rédigé, comme l'a montré Gilbert Dahan[7], par une équipe de dominicains dirigée par le juif converti Thibaud de Sézanne, auteur, peu de temps après, d'une *Pharetra* accusatoire elle-même riche en citations talmudiques. Si on complète ce dossier par les textes de Pierre le Vénérable, on a une idée assez nette de cet aspect maléfique du Talmud, brusquement surgi entre 1144 et 1240.

Des trente-cinq articles retenus en 1240, une quinzaine concernent les pouvoirs et l'autorité attachée au Talmud par les juifs ; déjà en 1144, la question du statut scandaleux accordé au livre occupait la moitié de l'argumentation anti-talmudique, dans le chapitre V de l'ouvrage de Pierre le Vénérable. Le reste concerne les contenus essentiellement narratifs de la tradition talmudique, jugés blasphématoires : on sait en effet que le Talmud, composé de nombreux petits traités rassemblés en deux grands corpus (Talmud de Jérusalem et Talmud de Babylone), inclut deux types de textes :

celui de la Halakha (Michna et Guémara), codification thématique de la Torah orale, telle qu'elle se fixe à partir du IIe siècle, et celui de la Aggada, partie narrative composée de récits de débats, d'anecdotes à portée éthique ou religieuse[8].

La rédaction même du Talmud apparaît comme sacrilège : œuvre des hommes, le livre prétend rivaliser avec la Bible et la surpasser, même en son volume matériel : « Des hommes, qu'ils appellent docteurs et scribes... la rédigèrent en un écrit dont le volume dépasse considérablement celui de la Bible[9]. » Cet effarement devant la taille du livre sera réitéré par Grégoire IX et Innocent IV dans leurs décrétales. Il prend un sens particulier si l'on songe aux occurrences anciennes de l'opposition — telle qu'elle apparaît, par exemple, dans l'*Histoire ecclésiastique du peuple anglais* de Bède[10] — entre le mince livret où les anges notent les vertus des hommes et l'énorme registre que les esprits malins tiennent des vices du pécheur. Et, pour annoncer le thème de la rivalité gémellaire, comment ne pas voir là l'expression de l'embarras créé par la disproportion de volume entre l'Ancien Testament et le Nouveau, chargé de l'accomplir?

Le fait même de rédiger le texte se fait contre le commandement divin, suivant les termes d'une discussion rabbinique traduite dans le dossier : « Cependant, il n'est pas permis d'écrire un tel livre? (Réponse) — Non, sans doute, mais depuis qu'il est impossible (glose : de ne pas l'écrire, parce que la mémoire s'est affaiblie et la loi est oubliée), "au temps d'agir (pour la gloire de) Dieu, on a aboli ta loi" (Ps. CXIX) » (L, 2, 257). En rédigeant le Talmud, des hommes, les « scribes » — et ce terme fait écho aux condamnations évangéliques — s'attribuent une sagesse plus grande que les prophètes eux-mêmes, pourtant directement inspirés par Dieu : « Amémar l'a dit : "Le docteur *(sapiens)* est supérieur au prophète" » (L, 2, 258). L'homme s'affirme comme aussi puissant ou même plus puissant que Dieu : « Rab Avyya veut prouver que les préceptes des rabbins ont autant de force que ceux de Dieu »... « Rabha dit qu'il faut plutôt se lever devant un grand homme [docteur ou scribe ou maître de la science talmudique] que devant le rouleau [la Bible], puisque les docteurs ont un plus grand pouvoir *(maiorem potestatem)* que la loi elle-même » (L, 2, 261). L'étude du livre conduit, par elle-même, au salut : « ceci se lit dans *Moëd*, traité *Megilla*, chap. *Bené ha-ir* : "On a dit dans la maison d'Élie : 'Tout homme qui étudie les « halakhat » (Talmud), est sûr d'être fils du monde futur'" » (L, 3, 53).

Le Livre se crée son espace divin en diminuant Dieu (articles XV à XIX) : « Ils [les docteurs] disent aussi que Dieu a péché... et qu'il se repentit du serment qu'il avait fait dans sa colère... et qu'il se maudit d'avoir fait un serment et qu'il a demandé à en être relevé... et que chaque nuit il se maudit d'avoir abandonné le temple et soumis Israël à la servitude... Ils disent aussi que Dieu a menti à Abraham » (L, 3, 39-42). Ce Dieu humilié devient alors le desservant du Talmud : « Et après qu'il eut quitté le temple, Dieu se réserva un certain lieu grand de quatre coudées où il étudie la doctrine susdite [le Talmud] ». Dieu, progressant dans ce savoir, l'enseigne à son tour, mais, venant d'un autre que les scribes, cette science salutaire devient mortelle : « Et Il [Dieu] pratique tous les jours l'étude [du Talmud] en l'enseignant aux enfants qui meurent avant de connaître cette science » (L, 3, 43). En effet, Dieu demeure, malgré son travail, inférieur aux scribes : « Et Il [Dieu] avoue qu'il a été vaincu par les juifs dans une discussion sur cette même doctrine [talmudique]. » L'épisode rapporté dans le XXIVᵉ article montre comment la décision des rabbins l'emporte non seulement sur la loi (la Torah), mais aussi sur le miracle et sur la volonté de Dieu. Rabbi Éliézer discute d'un sujet avec les rabbins et cite toutes les autorités scripturaires, en vain ; alors, il fait appel au miracle de confirmation : sur son ordre et à titre de preuve, un arbre s'arrache de sa place puis y retourne ; les eaux d'un ruisseau remontent vers leur source. Les murs de l'école rabbinique se courbent. Enfin, la voix de Dieu se fait entendre, pour approuver Rabbi Éliézer. Mais son adversaire principal, Rabbi Josué, répond : « Elle (la Loi) n'est pas dans les cieux... La Loi nous a été donnée sur le Sinaï et il y est dit : "Tu te décideras d'après la majorité." Rabbi Natan rencontra Élie et lui demanda : Que dit Dieu à ce moment-là ? Élie répondit : Dieu sourit et dit "Mes fils m'ont vaincu, mes fils m'ont vaincu" » (L, 2, 45-46).

Pour Pierre le Vénérable, cette image d'un Dieu lecteur du Talmud constituait déjà le scandale majeur qu'il dénonçait au début du chapitre V de son livre, consacré aux « fables ridicules et très stupides des juifs ». À quatre reprises, il cite cet extrait du Talmud : « Dieu ne fait rien d'autre au ciel que de lire assidument cet écrit, que de conférer avec les docteurs juifs qui l'ont composé » (Adv., 126). Pierre ne cite pas l'épisode de Rabbi Éliézer, mais un autre, emprunté au traité *Baba Mezia* du Talmud de Babylone : Dieu et les docteurs s'entretiennent des divers genres de lèpre, de l'alopécie et d'autres maladies. Notons qu'il s'agit alors de commenter la Torah, sur laquelle Dieu pourrait légitimement revendiquer quelque autorité. Dieu, à l'encontre des rabbins, prétend que l'alopécie est un genre de lèpre. L'assemblée décide d'en référer à Rabbi Néémias et qu'on tiendra son avis pour la vérité. Dieu envoie donc l'ange de la mort frapper Rabbi Néémias, afin que son âme rejoigne les rabbins et Dieu au Ciel. Mais Néémias ne veut pas mourir et ne cesse de lire le Talmud, ce qui lui assure l'immortalité (« les juifs la [l'Écriture qu'ils appellent Talmud] tiennent tant pour sainte que personne ne peut mourir durant le temps qu'il la lit », commente Pierre — Adv., 132). Dieu conseille alors à son ange de produire au-dessus de la tête de Rabbi Néémias un grand tourbillon et un fracas de tonnerre et de pierres, afin de distraire son attention l'instant nécessaire pour emporter son âme au ciel. La ruse réussit, mais Néémias donne raison aux docteurs : « Alors Dieu rougissant quelque peu et n'osant rien dire contre le témoignage d'un tel homme, répondit elliptiquement aux juifs avec qui il avait disputé : NAZAHVNI BENAI, c'est-à-dire "Mes fils m'ont vaincu." »

Dans l'évocation de Pierre, les juifs se sont créé un objet magique, un livre plus puissant que Dieu, qui donne la mort, ou bien la tient à l'écart, suivant la position de qui le manipule. Dès lors, Pierre s'efforce de réduire ce pouvoir du Livre, en rapportant l'objet à sa fonction instrumentale et à sa matière concrète : Dieu ne peut lire le Talmud parce que la lecture répond à cinq fonctions, toutes inadéquates à la divinité (apprendre ce qu'on ignore; se rappeler ce qu'on a oublié; instruire quelqu'un ou le divertir; argumenter). La

matière en est « de peaux de bélier, de bouc, ou de veaux; de
papyrus; de chiffons de vieux linges — [notons là une des
premières mentions du papier au Moyen Âge] —, ou de
quelque matière plus vile, le tout couvert d'inscriptions au
moyen de plumes d'oiseaux ou de roseaux des lieux palustres,
trempés de colorants » (Adv., 130). Pierre isole l'objet de sa
signification — le Talmud désignant la continuité dans la loi
orale transcrite par rapport à la loi écrite.

On comprend que cette conception du Livre, appuyée sur
des textes authentiques — la question de leur niveau de
pertinence, de leur contexte, du sens général de la aggada
échappant largement aux commentateurs chrétiens du temps
— ait pu rejoindre des configurations familières : le Diable est
un ange déchu pour avoir voulu rivaliser avec Dieu et
dépasser sa puissance; Simon le Magicien aspire aussi, par sa
ruse, à produire des miracles capables de le faire passer pour
Dieu. Par une contradiction qui annonce la transformation
« réaliste » de la sorcellerie, Pierre le Vénérable, à la fin de
son texte, peut-être au comble de la passion, diabolise le
Talmud : « Vous avez combattu si longtemps les livres divins
par le livre diabolique. » Les juifs, en lisant le Talmud,
célèbrent un contre-mystère : « *Haec sunt mysteria vestra, o Judei,
haec interna sacramenta* » (Adv., 186).

En un temps — le XIIe siècle — de développement puissant
du livre et de l'écrit, la prétention usurpatrice pouvait donc,
avec vraisemblance, passer par le livre, ce livre dont on
connaissait l'existence matérielle et les prétentions qu'il
contenait. Notons que dans cette partie qui se joue en 1240-
1242, la notion implicite de magie apparaît au croisement de
deux accusations mutuelles : celle qui est dirigée contre le
Talmud et celle que les juifs, en traitant les chrétiens en
idolâtres, lancent contre l'usage magique des images, des
symboles, mais aussi du texte biblique, considéré par les
chrétiens comme l'œuvre de Dieu. La crémation fait peut-être
partie d'une négociation : en 1244, avant la condamnation de
1248, Innocent IV permet aux juifs de conserver leur Talmud, s'ils l'expurgent[11]. Puis certains décisionnaires juifs
influents, dont Rabbi Menahem Meiri[12], abandonnent le
classement des chrétiens parmi les idolâtres.

Mais il reste à comprendre les raisons de cette découverte tardive du Talmud comme livre, alors que son caractère central dans l'éducation juive devait l'avoir fait connaître de longue date à une communauté chrétienne qui vivait depuis plus de mille ans en symbiose avec les juifs.

Certes, on ne doit pas minimiser la portée d'un choc, d'un événement capital dans la vie de Pierre le Vénérable : en 1142, l'abbé de Cluny s'est rendu en Espagne et y est demeuré un an. La raison de ce voyage semble liée à la gestion matérielle des biens de Cluny : Alphonse VI, grand-père d'Alphonse VII de Castille alors régnant, avait accordé à Cluny une généreuse dotation, qui, sous l'abbatiat de Pierre, n'était plus payée ; mais lors de son voyage, l'abbé rencontra deux cultures non chrétiennes, l'Islam et le judaïsme, qui lui firent forte impression. Pierre fit immédiatement traduire le Coran et emporta en France cette traduction achevée pendant son séjour. Peu après, il rédigea son *Livre contre la secte ou hérésie des Sarrasins*[13]. La découverte parallèle du Talmud et de la vitalité puissante du judaïsme ibérique poussèrent certainement Pierre à la rédaction du traité contre les juifs. Cependant, cette découverte ne fait que souligner une indifférence antérieure de l'Église au Talmud.

Il semble en effet que jusqu'au XIIe siècle, la concurrence doctrinale et pastorale, affirmée depuis saint Augustin, n'ait pas abouti à la rivalité haineuse, telle qu'elle se développe dans l'antisémitisme du Moyen Âge central. Dès lors, la littérature proprement juive est simplement écartée, soustraite au regard des fidèles chrétiens. La monarchie wisigothique, qui organisa les premières persécutions contre les juifs — mais dans un contexte particulier qui ne saurait se réduire à l'antisémitisme tardif[14] —, édictait des mesures contre les chrétiens qui conservaient des livres juifs chez eux : « Si quelqu'un lit ces livres des juifs, ou s'intéresse à leur doctrine, ou possède, en les cachant, ces livres, dans lesquels s'exprime de mauvaises pensées contre la foi en le Christ, il sera tondu et flagellé cent fois[15]. » Dans des contextes moins tendus, plus tard dans le premier millénaire occidental, on retrouvera des injonctions épiscopales aux chrétiens, les adjurant de ne pas se mêler aux prédications et aux rituels juifs. En somme, l'Église cherche essentiellement à se garder des conversions au judaïsme au sein des fidèles, notamment en ce qui concerne les esclaves et les serviteurs employés dans les maisons juives, tout en poursuivant, à un échelon plus élevé, celui de la théologie, une constante polémique doctrinale, qui n'a cure de la littérature talmudique.

Certes, comme le montre la loi wisigothique citée, l'Occident médiéval connaît très tôt l'existence d'une tradition écrite, bien distincte des rouleaux de la Torah, à qui, évidemment, ne peuvent s'appliquer les imprécations de la loi. Déjà Augustin, au début du Ve siècle, connaissait l'existence d'une tradition de commentaires juifs, deux siècles avant la clôture du Talmud ; il affirme que les juifs « préfèrent la justice de leurs traditions et de leurs observations, qu'ils appellent "deuteroseis"[16]. » mot grec, qui désigne l'action de recommencer, pourrait transcrire soit la « michna » (qui vient d'un verbe hébraïque signifiant répéter) soit la « guemara » (complément, achèvement), qui entrent toutes deux dans le Talmud, alors en formation.

Mais ce qui importe au débat tient au texte biblique et à son interprétation. La partie légale du Talmud (la Michna) n'apportait, aux yeux du chrétien, qu'une confirmation du formalisme juif, patent dans ses rites. En effet, les très nombreuses disputes, réelles ou littéraires, dont nous gardons les traces écrites, montrent la répétition des mêmes arguments, graduellement affinés par les progrès des techniques de lecture biblique. Tout se résume dans la célèbre image de la synagogue aveugle : le juif n'a pas su reconnaître en Jésus le Messie. Lisant à la lettre le texte de l'Écriture, il n'a pas su voir les annonces de la Venue, partout répandue. Encore quelques années avant la crémation de 1242, le juif converti Guillaume de Bourges, dans *Les Guerres du Seigneur*[17], réitère l'opération en y apportant sa connaissance de l'hébreu, mise au service d'une exégèse plus détaillée. Les accusations de Pierre le Vénérable puis de Grégoire IX inversaient radicalement la position de l'Église : on ne reprochait plus aux juifs la pauvreté et la sécheresse de leur pratique des textes bibliques, mais au contraire l'exubérance de leurs ajouts et commentaires. Le caractère nouveau de cette perception apparaît

clairement dans la structure du traité de Pierre le Vénérable :
le long chapitre V, consacré au Talmud, ne semble pas avoir
été prévu par son auteur, si l'on suit l'annonce de son plan.
Par ailleurs, les quatre premiers chapitres reproduisent l'antique schéma polémique des controverses antijudaïques, sans
apport notable. Le chapitre V, nettement moins construit que
les autres, apparaît bien comme un supplément. Si l'on
remarque que la totalité des extraits du Talmud fournis par
Pierre relève de la aggada, de la partie anecdotique du
Talmud, on peut penser que cette attention et cet effarement
nouveaux sont liés à la découverte de la richesse de l'exégèse
narrative juive.

Là encore, certains contenus narratifs étaient connus de
longue date ; ainsi les versions juives de la vie de Jésus,
vraiment blasphématoires pour un chrétien (Jésus aurait été
le fils d'une femme adultère, aurait manipulé de faux
miracles, aurait achevé son existence en enfer dans la crotte
brûlante), telles qu'elles se trouvent en plusieurs passages du
Talmud, furent citées et condamnées par le grand théologien
carolingien Raban Maur dans son *Contra Judaeos* (début du
IXe siècle) et par l'évêque de Lyon Agobard (*De judaicis
superstitionibus*, vers 830)[18]. La connaissance des récits juifs dut
progresser constamment jusqu'au début du XIIe siècle, vers
1110, lorsque le juif converti Pierre Alphonse rédige son
Dialogus Petri et Moysi Iudaei en utilisant largement ses
connaissances en matière de aggada et de halakha[19]. On
pourrait dire que, de Raban Maur à Grégoire IX, l'antijudaïsme doctrinal se double d'un courant mineur, peu
apparent, qui stigmatise les blasphèmes provocateurs du récit
juif : en effet, les articles XXVI et XXVII du dossier de 1240
portent sur la conception adultérine et sur le sort infernal de
Jésus (L, 3, 48-49). Au cours du procès de 1240, les rabbins de
l'Ile de France durent se justifier de ces passages du Talmud.
L'aggravation de l'intolérance mutuelle s'inscrirait alors dans
le processus continu dont nous avons contesté la validité :
l'attention portée aux blasphèmes juifs passerait au premier
plan, du IXe siècle, où elle n'apparaît que dans les traités peu
répandus de Raban Maur et de deux évêques lyonnais,
Agobard et Amolon, marqués par un antijudaïsme forcené

mais marginal, au XIIIe siècle, où la dénonciation entre dans
une décrétale pontificale; du côté juif, les récits sur Jésus,
fragmentaires et peu cohérents dans le Talmud, s'organisent,
au cours du Xe siècle, en un cycle complet et détaillé, les
Toledoth Yeshuh[20].

Cependant, ce recours à la tradition narrative pourrait
constituer plus un effet qu'une cause et masquer une transformation tardive et radicale du statut idéologique du juif au
XIIe siècle. En effet, le très long chapitre V de Pierre le
Vénérable (plus de soixante pages dans l'édition serrée du
Corpus Christianorum), aux citations talmudiques parfois très
longues, ne comporte aucune des citations blasphématoires
contre Jésus et Marie : le quart du texte porte sur Dieu lecteur
du Talmud, puis viennent six autres commentaires, sur le
firmament troué créé par Dieu, sur la colère de Dieu connue
par le coq, sur les larmes de Dieu, sur l'histoire du roi Og, sur
rabbi Ioazahnen et enfin sur le prophète Jérémie. Autrement
dit, Pierre vise la productivité narrative juive, plutôt que tel
ou tel contenu : les épisodes romanesques, comme celui du roi
Og, montrent la folie de l'imagination juive, tandis que le
prélude sur Dieu lecteur condamne la prétention de cette
imagination qui se déifie. La tradition juive prend alors un
statut ontologique puissant, sanctionné par la désignation
nominale (le Talmud, comme être organique), alors que
Pierre Alphonse, élevé dans la pratique du Talmud, ne le
désignait pas ainsi.

Dès lors, Pierre le Vénérable réagirait moins aux provocations accrues du judaïsme qu'à la vitalité concurrentielle de
son exégèse, telle qu'elle se manifeste dans l'œuvre immensé-
ment répandue de Rachi — Rabbi Chlomo Itsh'aki — (1040-
1105) de Troyes, dont les commentaires, tout en s'attachant
essentiellement à l'exégèse littérale et rationnelle, ne négli-
geait pas le complément narratif, la aggada. Rachi ne constitue pas un cas isolé : depuis la fermeture de la Michna, la voie
narrative paraissait fort riche. Or, dans cette voie, le judaïsme
et le christianisme se rapprochaient insensiblement l'un de
l'autre et la concurrence lointaine de deux peuples, ou de
deux religions se transformait en la rivalité de deux groupes
gémellaires. Au XIIe siècle, se délimite et se clôt le champ
commun de cette rivalité, dans le rapport au Livre.

On a vu, au chapitre précédent, l'importance de la rivalité gémellaire en matière de conduites matrimoniales et sexuelles. L'histoire pontificale offre un autre exemple de cette obsession de la copie, de l'usurpation par un être à la fois proche et différent. Cet épisode offre l'intérêt, en plus, de faire apparaître Pierre le Vénérable. En 1130, se produisit à Rome une double élection pontificale, qui conduisit à ce qu'on appelle traditionnellement le « schisme d'Anaclet ». Le Moyen Âge a souvent connu la rivalité de deux papes élus par deux groupes différents, mais, en ce cas, la lutte déborde largement le cadre romain et embrase l'Europe; on sait que saint Bernard, au prix d'un véhément combat, réussit à faire triompher Innocent II contre Anaclet, dont les prétentions paraissaient pourtant plus légitimes que celles d'Innocent. Une historienne a pu montrer récemment, par un examen attentif des causes possibles et alléguées du refus d'Anaclet, dans les domaines politiques et religieux, que la seule explication possible réside dans l'ascendance de Pierre Pierleoni (Anaclet), petit-fils d'un juif converti de Rome. Les allusions à la judaïté d'Anaclet ne manquent pas dans la littérature polémique du schisme, y compris chez saint Bernard. Sans s'attarder à la discussion de cette thèse, peut-être trop réductrice, il importe que le juif apparaisse ici sous les traits du chrétien apparent (et du premier des chrétiens) tout en gardant l'essence de son altérité schismatique. Arnulf de Séez, futur évêque de Lisieux, écrivait, après avoir évoqué le baptême du grand-père : « De ce mélange de races diverses, ce Pierre est né, qui représente par son visage l'image juive et rappelle leur perfidie par ses volontés et ses passions... Il n'est plus Juif, mais pire qu'un Juif [21]. » Pierre le Vénérable fut un des plus ardents défenseurs d'Innocent II, dont il abrita l'intronisation à Cluny, qu'il dirigeait comme abbé depuis 1122. La proximité, perçue comme contamination et comme duplication maligne, importe plus que la différence blasphématoire, d'autant que cette proximité tend à la communauté, dans le cas des pratiques matrimoniales, comme dans celui de l'exégèse, le miroir de ses propres troubles. Examinons donc le champ des rivalités exégétiques du XIIᵉ siècle.

La chrétienté du XIIᵉ siècle aspire massivement au récit

religieux, comme on l'a vu. Plus fondamentalement, les clercs
tentent de combler les lacunes de l'Écriture, comme si la
conscience accrue de l'historicité du salut[22] appelait une
meilleure connaissance du déroulement de la Révélation. Les
évangiles apocryphes sont redécouverts, malgré les condamnations anciennes de l'Église; des légendes nouvelles apparaissent en milieu monastique; on signalait plus haut le cas de
Judas; il faudrait y ajouter des récits sur Ponce Pilate, sur les
apôtres, sur Marie-Madeleine. On se souvient des efforts
imaginatifs d'Aelred de Rievaulx à propos de l'absence de
Jésus à douze ans. À la fin du siècle, Pierre le Mangeur
rédigea une *Histoire scolastique* qui connut un succès immense,
sans doute parce qu'elle proposait pour la première fois une
« histoire sainte », une reconstitution narrative de l'Écriture,
où le texte biblique était complété par toutes sortes
d'emprunts à l'histoire universelle, aux apocryphes et aussi
aux commentaires juifs : Pierre le Mangeur semble avoir bien
connu ces traditions qu'il observe avec une sorte de curiosité
d'anthropologue.

La littérature talmudique présentait, elle aussi, des narrations supplémentaires ou complémentaires, mais avec l'avantage certain d'avoir reçu une canonisation, manifestée par la
clôture du Talmud, et en même temps renouvelée, pour le
temps présent, par le dogme de la transcendance rabbinique,
alors que la littérature chrétienne de complément demeurait
dans les zones plus incertaines de la méditation mystique, ou
de la reconstitution historienne. Ainsi, Pierre le Vénérable,
quand il rapporte certaines légendes talmudiques, ne
reproche pas tant aux juifs leur production narrative que le
fait qu'ils croient à leur authenticité : il leur oppose les
auteurs grecs ou latins, qui n'ajoutent aucune foi à leurs fables
(Adv., 157).

Le traité d'Aelred fait comprendre que ce goût du récit
complémentaire tient largement au caractère plus personnel,
plus dialogique que prennent, au XIIᵉ siècle, les relations avec
Dieu; on a noté depuis longtemps que le Moyen Âge central
constitue le temps du Christ-homme et de la Vierge-Mère; la
question qui donnait son titre à un ouvrage de saint Anselme
de Cantorbéry, à la fin du XIᵉ siècle, *Cur Deus Homo?* fut
souvent reprise, et les traités de mariologie, à la suite de

l'œuvre de saint Bernard, abondèrent. Sur un autre registre, c'est au XIIe siècle que débute en Occident la représentation iconographique de Dieu le Père et de la Trinité, où s'installent durablement une étrange familiarité avec la divinité[23].

La connaissance de la partie aggadique du Talmud manifestait cette extrême familiarité du dialogue entre Dieu et les hommes, à laquelle la communauté chrétienne tendait : le judaïsme offrait une fois de plus le miroir d'une situation enviée et redoutée à la fois. Il est piquant de remarquer que Pierre le Vénérable et les accusateurs de 1240 fassent grief à la littérature talmudique d'avoir une conception anthropomorphique de Dieu, alors que précisément le dogme de l'Incarnation demeurait au cœur de l'incompréhension mutuelle des deux religions.

L'exégèse biblique chrétienne, dans le milieu victorin, dont l'influence intellectuelle fut si forte, mit en place une étude poussée du sens littéral, historique de la Bible (ce que Rupert de Deutz appelait la « littera Synagogae »)[24], au moment où l'exégèse juive suivait des voies parallèles, mais sans renoncer à la discussion sur le récit. Dès lors, André de Saint-Victor, qui alla le plus loin dans ce sens, eut à subir l'accusation de « judaïser ». De fait, André connaissait fort bien les commentaires juifs de la Bible, et, plus d'une fois, il préfère l'interprétation rabbinique des textes à la tradition chrétienne[25]. Certes, on ne peut réduire l'exégèse chrétienne aux efforts d'André et de quelques disciples, mais, dans son ensemble, la lecture de l'Écriture dut subir un éclatement, entre théologie, spiritualité et exégèse[26], qui la rendit plus sensible à la concurrence juive. En sens inverse, Rachbam, Rabbi Joseph Kara et Rabbi Joseph Bekhor utilisent la dialectique chrétienne.

Au même moment, et dans un rapport probable de cause à effet, se développa une théologie indépendante de l'exégèse, fondée sur des catégories plus abstraites. La figure du « maître » de théologie, plus savant que l'Écriture elle-même, se répand : qu'on se rappelle le dramatique débat qui opposa, en 1148, Gilbert de La Porrée à saint Bernard au concile de Reims. On ne peut s'empêcher de penser à l'exaltation talmudique des « scribes », quand on lit l'éloge du « littera-

tus » chez Pierre le Mangeur, qui emprunte à Jean Scot l'expression de « *deividus* » (celui qui voit Dieu par l'intelligence des écritures)[27]. Il est sûr qu'au-delà des divergences qui les opposèrent, Pierre le Vénérable et saint Bernard partagent la même horreur de cette autonomie suffisante du savoir humain sur Dieu, qu'ils projettent tous deux sur les juifs.

Enfin, le Talmud, apparaissait comme un livre génératif, qui poursuivait le déroulement de la Révélation; il cristallisait certaines hantises de l'Église, qui, au cours du Moyen Âge central, devait affronter l'annonce persistante d'un livre à venir qui accomplirait et dépasserait les deux Testaments. Le renversement de perspective opéré par le chapitre V du traité de Pierre le Vénérable trouve dans cette terreur du dépassement sa source probable, comme le montre la typologie des erreurs selon Pierre, dont l'œuvre présente cet intérêt extrême d'avoir argumenté successivement contre les hérétiques sectateurs de Pierre de Bruys (*Contra Petrobrusianos*)[28], contre l'islam, puis contre le judaïsme. Cette succession ne relève pas d'un encyclopédisme répressif mais répond à une suite de heurts effectifs avec les forces de résistance au christianisme : au temps de l'abbé de Cluny, l'hérésie de Pierre de Bruys sévissait dans le Midi de la France, même après le lynchage de son chef, vite remplacé par son disciple Henri; on a évoqué plus haut la rencontre de Pierre le Vénérable avec l'Islam et le judaïsme espagnols. Or la virulence de l'abbé de Cluny semble exactement proportionnelle à la production, dans ces groupes, de suppléments doctrinaux ou narratifs à l'enseignement ecclésiastique; le couperet de Pierre préfigure, en quelque sorte, le rasoir d'Ockham, en supprimant toute exubérance ontologique en matière de divinité et de révélation.

Ainsi, l'hérésie, réductible, pour Pierre, à l'arianisme ou au nestorianisme, ces simplifications doctrinales, semble moins gravement menacer la foi, parce qu'elle prétend arrêter la Révélation juste après la publication de l'Évangile : en matière de baptême, de liturgie, de culte, elle prône le retour à l'institution stricte des pratiques évangéliques. Elle se présente donc comme un littéralisme, qui méconnaît la productivité doctrinale des Pères et de l'Église militante et qui

reproduit l'erreur première, antétalmudique, des juifs :
« Vous avez décidé d'adhérer à la lettre sur le mode
judaïque », dit Pierre aux pétrobrusiens[29]. Quant à l'Islam,
Pierre en voit l'origine chez un moine nestorien qui aurait
endoctriné Mahomet ; dans son traité contre les musulmans,
l'abbé de Cluny déclare hésiter, pour les qualifier, entre les
catégories d'hérétiques et de païens (« *ethnici* »). Mais, dans
les deux cas, le message islamique reste dans l'archaïsme,
l'antériorité, qui peuvent être efficacement combattus par le
complément correctif fourni par l'Église. Dès lors, le musulman, à l'inverse du juif, paraît à Pierre bien lointain, comme il
le dit dans cet émouvant début du premier livre du *Liber contra
sectam sive haeresim Sarracenorum* : « Il vous semblera étrange, et
peut-être l'est-ce, que moi, un homme très éloigné de vous par
le lieu, distinct par la langue, séparé par sa profession
[monastique], étranger par les mœurs et la vie, j'écrive depuis
le fond de l'occident à des hommes qui vivent dans les régions
de l'orient et du midi et que j'attaque en mon discours des
gens que je n'ai jamais vus et que, peut-être, je ne verrai
jamais. Mais, je vous le dis, je vous attaque, non pas par les
armes, comme les nôtres l'ont souvent fait, mais par les mots,
non par la force, mais par la raison, non par la haine, mais par
l'amour[30]. »

L'hérétique et le musulman ne savent pas, ne comprennent
pas, mais la foi peut surgir de l'enseignement, à moins que la
fable, le récit supplémentaires, précisément véhiculés par les
juifs ne pervertissent cette ignorance en l'orientant vers la
« perfidie », cette foi perverse proprement judaïque, comme
l'indique Al Kindi, l'apologiste chrétien arabe du Xe siècle,
dont le traité a été traduit, sous le titre *Summa totius haeresis
Sarracenorum*, sur ordre de Pierre le Vénérable : « Et afin que la
plénitude de l'iniquité confluât en Mahomet et qu'il ne
manquât rien à sa perdition, les juifs se joignirent à l'hérétique [le moine nestorien] et de peur qu'il ne devînt un
véritable chrétien, ils distillèrent auprès de Mahomet, en
comblant habilement cet homme avide de nouveautés, non
pas la vérité des écritures, mais leurs fables, dont, jusqu'à nos
jours, ils regorgent[31]. » Dès lors, se déclenche la menaçante
production livresque : « Ainsi instruit par les meilleurs doc-

teurs, juifs et hérétiques, Mahomet produisit son Alcoran et, sur le mode barbare qui est le sien, tissa cette écriture mauvaise tant avec les fables juives qu'avec les sottises des hérétiques. Il alléguait mensongèrement que ce texte lui avait été apporté peu à peu, tome par tome, par l'archange Gabriel, dont il avait connu le nom par l'écriture sacrée. » La fable juive apparaît comme un multiplicateur, chez un Pierre qui se fait statisticien : « Il n'y a pas seulement quelques centaines ou milliers de juifs dans le monde chrétien, mais ils sont bien cinquante ou soixante mille qui, lorsqu'ils habitent en un même lieu, montrent, prêtent ou donnent à nous et aux nôtres, chaque jour, en leurs synagogues, la loi complète [le Pentateuque], tous les prophètes et d'autres livres en langue hébraïque. Chez nous, on trouve à peine vingt juifs vivant dans le même lieu qui ne possèdent point de livres de ce genre[32]. » L'incitation à la composition de nouveaux livres trouve là sa source, auprès de Mahomet à l'extérieur du monde chrétien, auprès des hérétiques à l'intérieur : Pierre le Vénérable rédige son traité contre les pétrobrusiens quand il apprend qu'Henri, le disciple de Pierre de Bruys, a composé un livre.

Entre le temps de Pierre le Vénérable et celui de Grégoire IX, la crainte du supplément doctrinal ou narratif ne faisait que croître. La tendance au dépassement de l'Évangile s'affirme, à la fin du XIIᵉ siècle chez Joachim de Fiore, dont Geoffroy d'Auxerre, proche collaborateur de saint Bernard, prétendait qu'il était un juif converti, qui avait gardé de son origine l'étrange et judaïque prénom de Joachim. Joachim de Fiore proposait d'adjoindre aux Écritures divines les « *Institutiones sanctorum Patrum* », sur le mode du supplément si fort rejeté dans sa version talmudique. Son littéralisme faisait du Nouveau Testament une lettre analogue à la lettre de l'Ancien[33]. Enfin, le calcul précis de la fin du monde rapprochait aussi Joachim du messianisme juif. L'héritage de Joachim sera repris au siècle suivant par Gérard de Borgo San Doninno, avec son Évangile éternel qui devait faire succéder au temps du Père (Ancien Testament) et au temps du Fils (Nouveau Testament), celui du Saint Esprit. Entre-temps, Amaury de Bène, dont les disciples furent brûlés en 1210,

produisait les livres d'une nouvelle annonce, destinés à la
masse des fidèles par l'emploi de la langue vernaculaire,
tandis que les premiers livres de magie juive, attribués à
Salomon, circulaient, selon le témoignage de Guillaume
d'Auvergne (un des protagonistes de la crémation de 1242).

Les tentations et les dangers de la communauté chrétienne,
dans le domaine exégétique, pouvaient donc aisément se
projeter sur le groupe rival des juifs. Et d'un champ de rivalité
à l'autre, de Judas l'incestueux au scribe rabbinique, courait
une continuité : le dernier récit scandaleux rapporté par
Pierre le Vénérable raconte comment le prophète Jérémie
engrossa sa propre fille, par une dérive de sperme dans l'eau
de son bain (Adv., 185). L'antipape juif Anaclet eut à subir
l'accusation d'inceste (« On raconte qu'il a pollué sa sœur
Tropea d'un inceste bestial et d'avoir eu d'elle par un prodige
abominable des enfants qui étaient ses neveux », dit Arnulf de
Séez)[34]. Enfin, le moine anonyme de Saint-Denis qui traduit,
sans doute à la fin du XIIe siècle, le Pentateuque en français,
quand il rapporte la faute de Ruben, qui coucha avec Bala, la
servante concubine de son père Jacob (Gen. 35, 22), qui le
privera de ses privilèges d'aîné, commente ainsi l'épisode :
« Ce ne fut pas escript, mais ce est prophetie/ Que apartient
as Juïs et si nous senefie/ Qu'il hont la loy lor pere corrompue
et guerpie/ Et a Rubem l'ainné ont prise compaignie[35]. » La
glose ordinaire expliquait ainsi l'épisode, en conjoignant les
rivalités : « Par Ruben est figuré Israël peuple premier né qui
pollua la couche de la concubine, c'est-à-dire qu'il macula la
loi de l'Ancien testament par sa faute[36]. » Le Livre juif se
chargeait de tous les péchés d'Israël.

Ainsi, la magie noire du Talmud apparaît comme un
moyen d'exclusion induit par la rivalité gémellaire entre
chrétiens et juifs. Il reste à s'interroger sur la portée et la
pertinence de ce modèle explicatif. La question de la portée se
résout assez facilement; certes la rivalité gémellaire, en
matière d'exégèse, ne touche guère que les milieux de clercs et
de moines; certes, le texte de Pierre le Vénérable contre le
Talmud n'a connu qu'une diffusion limitée; pourtant l'abbé
de Cluny se trouvait au centre d'un réseau moindre que celui
de saint Bernard, mais puissant. Il n'est pas besoin d'imagi-

ner des médiations complexes pour comprendre que l'effroi du supplément atteigne les milieux pontificaux et surgisse publiquement en 1239-1240, lorsque la crémation même fondait le phénomène qu'elle réprimait et en répandait une image facilement assimilable dans un contexte antisémite.

Il paraît moins aisé d'établir la pertinence du modèle gémellaire, d'en fixer les limites historiques d'application. Faut-il s'abandonner à une psychologie sociale anhistorique qui noterait, par exemple, que la haine entre socialistes et communistes, dans l'Allemagne de Weimar, fut bien plus féroce que celle qui opposait chacun des groupes au nazisme? On se rend compte que le modèle gémellaire ne s'appliquerait ici qu'au prix d'une évacuation de l'histoire sociale et politique, sans grand bénéfice. Faut-il songer à une règle générale de sociabilité intercommunautaire qui transposerait, par exemple, le modèle sociologique de la distinction établi par Pierre Bourdieu? L'ambition paraît un peu forte et l'idée de rivalité gémellaire perdrait en intension ce qu'elle gagnerait en extension. Le modèle de Bourdieu, par ailleurs, ne vise pas à l'universalité. Faut-il repérer là une constante des rapports judéo-chrétiens, propre à deux communautés éternellement soumise à un cousinage et à un partage difficile du Testament? Mais l'antisémitisme ou l'antijudaïsme ne présente aucune continuité; pour nous en tenir à l'objet de cette étude, la perception magique du livre concurrent s'est détachée du Talmud, tout en se reportant, au début de l'époque moderne, sur le livre des sorciers. L'antisémisme moderne et contemporain a fixé d'autres valeurs à la pratique talmudique, repérables dans l'*Entdecktes Judenthum* d'Eisenmenger (1700) ou dans *Talmudjude* d'A. Ruhling (1877) : le Talmud apparaît alors comme le signe de l'archaïsme verbeux du juif.

Sans doute faut-il plutôt renoncer à asseoir la pertinence de la structure sur une quelconque abstraction permanente et élargir le champ de sa pertinence dans son contexte historique, en y repérant au Moyen Âge les « structures élémentaires de l'altérité », selon le mode défini par Michael Harbsmeier à propos des relations de voyage aux XVIe et XVIIe siècles[36]. En attendant une exploration ultérieure, on notera que la structure de rivalité gémellaire, au Moyen Âge central, se trouve à la croisée de deux tendances, de durée inégale. Dans une durée longue, le christianisme occidental, jusqu'à la Réforme, est une religion d'emprunt, de prolongement, prise dans la contradiction entre le mouvement qui la forme (dépasser l'Ancien Testament) et l'immobilité qui la clôture (clore la Révélation) en Église. Dans une durée plus courte (XIIe-XIVe siècle), la formation des monarchies, en hypostasiant un pouvoir lointain et global, à l'écart de la visibilité féodale, engendre le sens des frontières extérieures et intérieures, avant même de trouver les instruments (la nation, la patrie, l'état) qui permettent de les penser. Devant le Père monarchique qui dépasse et accomplit les anciens testaments féodaux, les sujets, sans protocole d'identification, se reconnaissent à l'écart qu'ils creusent : ils rivalisent et haïssent.

CHAPITRE X

Le calice de saint Donat

Légende, autorité et argument
dans la controverse hussite (1414-1415)

La révolution hussite présente un intérêt très grand pour l'historien : répétition générale de la Réforme ou point extrême de la dissension religieuse médiévale, elle constitue un champ ouvert de possibilités historiques, saisissables dans leur réalisation partielle, inaboutie, ou balbutiante. La controverse théologique apparaît dans une clarté plus vive qu'au temps de la Réforme, car elle utilise des matériaux assez bien connus du médiéviste, sans l'interférence de l'humanisme du XVIe siècle, dans un champ encore bien clos.

Je voudrais examiner l'utilisation argumentative d'un épisode légendaire emprunté à la *Légende dorée* lors du débat qui opposa, en 1414-1416, le théologien hussite Jacobellus de Stribro et son adversaire orthodoxe Andreas de Brod[1]. Il s'agit de comprendre la force persuasive du matériau légendaire par rapport à celle des autorités et des raisons. J'ai proposé ailleurs[2] de considérer qu'au Moyen Âge, la vérité doctrinale s'établit selon un régime gradué, de vaste ampleur et de faible intensité : on croit plus ou moins à la vérité d'un élément selon la nature de sa source et selon la fonction de son emploi. Dans cette double échelle de véridiction, la légende se situe dans des zones assez basses (bien au-dessous de l'Écriture et des écrits des Pères, pour la nature de la source, bien au-dessous des textes à emploi liturgique, pour l'usage courant de la légende). Le débat de 1414 nous donne l'occasion d'éprouver ce modèle, dans des circonstances particulièrement dramatiques. Mais il convient de rappeler très sommairement les enjeux de ce débat.

En 1414, Jacobellus de Stribro écrit un petit traité, *Pius Jesus*[3], qui lance l'idée de la communion sous les deux espèces ; il est possible qu'il ait déjà pris cette position dans les mois précédents, dans ses sermons sur l'Évangile *(Evangelni Postila)* de 1413-1414[4], mais la nouveauté n'en demeure pas moins forte et énigmatique : Jean Hus, absent de Prague à ce moment, n'a apparemment eu aucune part à cette élaboration et, alors que la plupart des thèmes réformateurs se diffusent continûment à la fin du XIVe siècle et au début du XVe siècle, on ne peut trouver aucune trace de la doctrine de la nécessaire communion sous les deux espèces ni chez le grand prédécesseur anglais Wyclif, ni chez les maîtres de Jacobellus, Mathias de Janov ou Nicolas de Dresde. Aucune revendication des fidèles n'a laissé de trace d'une pression dans le sens de l'utraquisme avant 1414. Tout se passe comme si le traité *Pius Jesus* créait, par sa propre discursivité, un objet essentiel à la constitution de la révolution hussite ; on voit donc que l'argumentation de Jacobellus pose les questions capitales du rôle du discours et des mentalités ; de leur causalité autonome dans le changement historique.

En effet, la revendication de la communion sous les deux espèces pour les laïcs a une part essentielle dans le développement du hussitisme ; en 1419, elle constitue le premier des Quatre articles qui forment la charte du mouvement hussite ; les négociations de 1420, après la victoire des armées hussites à Vitkov, échouent sur le seul problème du calice ; la communion sous les deux espèces donne son emblème — le calice — et ses noms au mouvement (utraquiste, de « *sub utraque specie* », calixtin, dérivé du mot calice).

Donc, comme le dit fortement Paul de Vooght : « C'est le calice qui a fait le hussitisme et c'est Jacobellus l'"auteur" du calice[5]. » La formule peut paraître dangereuse si l'on ne tient pas compte des guillemets : comment imputer à un individu isolé une innovation aussi importante ? Elle a l'avantage de poser la question de la cause efficiente de la mutation, qui n'est pas résolue par l'observation des effets sociaux : il n'est guère contestable que la communion des laïcs sous les deux

espèces eut pour conséquence de briser le monopole liturgique des clercs et entrait dans une stratégie globale de
contestation de l'Église romaine. Mais l'invention tactique
reste à découvrir. L'étude de l'argumentation peut y aider.

La virulence hussite s'attaque ici moins à un dogme qu'à
une habitude liturgique ; la communion sous la seule espèce
du pain, à l'exclusion du vin, réservé au prêtre officiant, s'est
installée lentement et ne s'est fixée qu'au XIIIᵉ siècle ; l'Église
ne légifère en la matière qu'au XVᵉ siècle, au concile de
Constance, précisément en réponse aux hussites[6]. Cette habitude ne paraît correspondre, dans ses causes, qu'à un souci de
préservation des espèces consacrées : le risque de profanation
naturelle ou accidentelle du vin non consommé semblait plus
grand que pour le pain. D'autres facteurs ont pu jouer, à des
niveaux et des degrés divers : on a déjà mentionné la possibilité d'une explication sociale (produire de la différence pour
renforcer la hiérarchie) ; la théologie de la transsubstantiation, élaborée par Thomas d'Aquin et Bonaventure, en pro-
clamant la « conversion » totale[7], sans reste, de la substance,
avait besoin d'éliminer les traces les plus matérielles du
sacrifice : or le vin ne pouvait subir la réduction extrême de
l'hostie ; la condamnation, par Innocent III, d'une forme très
répandue de communion, l'« *intinctio* », où les fragments du
pain étaient mêlés à du vin consacré étendu de vin ou d'eau
profanes, a pu inciter à la précaution dans l'usage du vin.
Quoi qu'il en soit, la communion sous une seule espèce
n'engage pas très profondément l'Église : même après le
durcissement des Réformes, le concile de Trente se contente
de proclamer en sa session 21 que « l'on ne peut douter que la
communion sous l'une des espèces ne suffise au salut » ; le
concile déclare suivre « le jugement et l'habitude de l'Église
elle-même »[8].

Jacobellus attaque donc un maillon assez faible de la
chaîne ecclésiale, ce qui lui donne une grande liberté dans le
choix de ses arguments. Le traité *Pius Jesus* se présente comme
une compilation de textes, d'autorités, reliés par un commentaire rapide, suivant en cela le modèle classique de la
question, amputée toutefois des arguments contraires à la
thèse soutenue. Jacobellus cite d'abord l'Évangile (Jean V,
53-56, Matthieu, XXVI, 27, Paul, I Corinthiens XI, 23-27),

qui associe le pain et le vin. Puis vient la parole patristique de saint Cyprien, qui permet d'expliquer et de condamner l'« oubli » du texte évangélique : « S'il est vrai que le Christ seul doit être écouté, nous ne devons pas accorder notre attention à ce qu'un tel ou un tel a estimé devoir faire avant nous, mais bien à ce que le Christ qui est au-dessus de tous, a fait le premier[9]. » Ensuite, Jacobellus produit des témoignages sur la pratique de la communion sous les deux espèces : le premier, d'ordre juridique, sort du *Décret* de Gratien : c'est le décret *Comperimus* du pape Gélase II (fin du Vᵉ siècle), qui condamne l'abandon de la communion sous l'espèce du vin ; des extraits d'Ambroise, Augustin, Bernard, Grégoire le Grand, Jérôme, Thomas d'Aquin, Guillaume de Montlauzun[10] et Albert le Grand fournissent un large éventail d'autorités théologiques. On ne s'étonnera pas d'un tel assemblage : jusqu'au XIIIᵉ siècle, la question des deux espèces n'a aucune pertinence et chaque évocation de l'eucharistie, fondamentalement neutre quant au débat utraquiste, peut passer pour la justification d'une pratique, si l'on glisse de la théologie à la liturgie. L'enrôlement de Thomas et d'Albert le Grand, auteurs parfaitement orthodoxes en cette matière, procède d'une ellipse du contexte, courante dans le raisonnement religieux du Moyen Âge classique. Ainsi, Andreas de Brod, dans sa réponse de 1415, n'aura aucune peine à montrer que la décrétale de Gélase II s'adresse probablement à des évêques ou à des prêtres, non à des laïcs.

Mais à cet arsenal assez classique, Jacobellus ajoute un ingrédient bien remarquable : après avoir cité Albert le Grand, il invoque la légende de saint Donat, telle qu'elle apparaît dans le « Passional », titre qui désignait, en Bohême, la *Légende dorée* de Jacques de Voragine ; voici l'extrait qu'il rapporte : « Un jour, alors qu'on célébrait la messe, que le peuple communiait et que le diacre tendait aux fidèles qui communiaient le sang du Christ, tout d'un coup sous le choc provoqué par une irruption des païens, le diacre tomba et brisa le saint calice. Comme le peuple et lui-même se lamentaient de cet accident, Donat rassembla les morceaux du calice et par ses prières lui redonna sa forme primitive[11]. »

La légende de saint Donat, évêque d'Arezzo, pieux compagnon d'étude de l'impie Julien l'Apostat, qui aurait subi le martyre le 7 août 362, fut d'abord connue par une biographie ancienne, qui aurait été écrite par son successeur Séverin, à la fin du ɪvᵉ siècle. L'épisode du calice, en tout cas, jouissait d'une célébrité attestée, puisque Grégoire le Grand, dans ses *Dialogues*, y fait allusion comme à un fait bien connu; évoquant un miracle opéré par le vénérable Nonnosus, abbé du mont Socrate, il écrit : « Pour la lampe réparée, [il renouvela] le prodige de Donat qui rendit un calice brisé à son intégrité première[12]. » Pierre Damien, au xɪᵉ siècle, consacra à l'épisode un sermon et des hymnes[13]. Le calice devint l'attribut de Donat, fréquemment reproduit dans l'iconographie.

Dans l'argumentation de Jacobellus, la légende, qui apporte un témoignage clair de la pratique de la communion sous les deux espèces, intervient donc en fin de démonstration, avec un degré moindre d'autorité que les Évangiles et que les textes des Pères et des théologiens, mais dans une continuité complète. La démonstration commence et se termine par l'évocation du sacrifice, celui qu'opère Jésus, celui que perpétue Donat. Le légendier de Jacques de Voragine semble totalement intégré à la culture de Jacobellus — et à celle de l'Église en général —, qui tout en citant le texte de la *Légende dorée*, n'en mentionne pas l'auteur : le « Passionnal », par son usage, ne diffère guère du *Décret* ou du *Missel*. En fait, la véritable autorité n'est pas Voragine, mais Donat lui-même : le millénaire qui sépare le saint de son hagiographe ne pose aucun problème à Jacobellus, théologien d'une très grande érudition, qui aurait pu sans peine trouver, dans la liturgie, ou chez Grégoire, une source plus vénérable; il ne songe pas non plus à tirer parti de l'ancienneté de l'épisode évoqué : il suffit que les saints corroborent les témoignages du Seigneur et de ses docteurs. On pourrait donc nuancer l'hypothèse d'une échelle de véridiction des textes médiévaux, en notant qu'une longue manipulation du légendier, depuis la fin du xɪɪɪᵉ siècle, l'avait intégré parmi les matériaux prestigieux de la patrologie et de la théologie. Mais il faut corriger cette vue en examinant la réponse d'Andreas de Brod, telle qu'elle nous est parvenue dans son traité *De sumptione venerabilis pretiosique corporis ac sanguinis Domini nostri Jesu Christi*[14].

Andreas de Brod rétablit une hiérarchie des autorités selon leur source. L'Évangile et les textes patristiques demeurent les seuls textes irréfutables; la réplique d'Andreas porte donc sur leur interprétation : la lecture de Jacobellus procède de la lettre qui tue; la présentation christique de la communion doit se comprendre dans un sens spirituel. Les propos des théologiens plus récents, ou le décret de Gélase II, sont placés dans un contexte qui contrevient à l'utilisation qu'en fait Jacobellus. Mais dans la suite de son traité, Andreas développe une autre argumentation qui manifeste clairement le principe de l'échelle des sources : les décisions de l'Église ne sont contradictoires que si on lui refuse le droit au changement, à l'adaptation. Le droit canon lui-même manifeste la part humaine de l'Église; et Andreas montre bien que l'apparent respect de Jacobellus pour l'ensemble des sources cléricales masque un sentiment vif de la hiérarchie des autorités authentiques : « Après cela l'adversaire [Jacobellus, ainsi désigné tout au long du traité] recourt au Décret. Je me souviens avoir entendu de sa bouche et de celle des compagnons de son parti de tels propos : "Qu'est-ce que le Décret? Une tradition humaine! Que sont les lettres décrétales? Le vrai masque du pape[15]!" » Lorsqu'il en vient au texte de Guillaume de Montlauzun, Andreas montre qu'on touche là des sources de très faible poids; pourtant Guillaume n'est pas un mince personnage, même si l'on a un peu oublié ce canoniste important du début du XIVe siècle, abbé clunisien de Lézat, auteur de deux volumes de gloses sur le *Sexte* de Boniface VIII et les *Extravagantes* de Jean XXII. Jacobellus avait utilisé un fragment du *Sacramentale* de Guillaume, ouvrage très original qui constitue une sorte de manuel théologique sur les sacrements à l'usage des canonistes. Guillaume avait constaté que les canonistes avaient de graves lacunes en théologie, en une période où le développement du droit tendait à séparer les savoirs. Le fragment cité faisait bien apparaître cette conjonction de la théologie et d'un juridisme soucieux des cas particuliers : « En recevant le corps [le fidèle] en reçoit la vérité entière, mais non le sacrement entier; c'est pourquoi, dans de nombreux endroits, on communie avec le pain et le vin, c'est-à-dire avec la totalité du sacrement. » Le commentaire d'Andreas, cinglant, manifeste la conscience des rangs dans l'Église : « Les mots de ce docteur ne modifient pas le rite de l'Église. Car les mots du docteur ne font pas le droit. Si pourtant il a observé ce fait dans quelques endroits, je l'ignore, mais je ne suis pas tenu de croire en un quelconque docteur, car, hélas, beaucoup de ses semblables ont erré[16]. » Le traitement de l'épisode légendaire ne paraît pas beaucoup plus favorable : Andreas commence par opposer au prétendu respect de Jacobellus pour la légende, son attitude fort différente à propos des légendes de sainte Catherine et de sainte Marguerite. Puis il entreprend de détruire l'authenticité de l'épisode, en faisant apparaître son invraisemblance par une véritable critique interne : « Si ce calice avait été d'or, d'argent, de cuivre, d'étain, de fer, ou de plomb, comment aurait-il pu se briser en morceaux par l'effet de la simple chute du diacre? Et s'il avait été de verre ou d'argile, qu'était-il besoin d'implorer un miracle, puisque, dans ces pays, on trouvait des vases de verre ou de terre cuite en grande abondance? N'aurait-il pas été meilleur de deman-der que le sang du Christ, répandu par terre, à ce qui est dit, fût conservé et à nouveau offert à la communion des fidèles? » Enfin, même si l'on admettait la réalité de cet épisode, il faudrait comprendre que « Dieu au temps de Donat a permis que le calice fût brisé, afin que le peuple n'ait pas accès à ce à quoi il ne devait pas avoir accès[17] ».

La réponse de Jacobellus à Andreas, en août 1415, le traité *De communione plebis sub utraque specie contra Brodum*[18], aban-donna la fausse révérence envers les légendes; la logique hussite les incluait dans la tradition humaine, comme l'avait montré Andreas de Brod en signalant les contradictions de son adversaire. Jacobellus doit proclamer : « Je conseille aux fidèles de ne pas s'attacher davantage à ces légendes des Passionnals plus qu'à la solide loi de Dieu suprême, qui est tout à fait nécessaire et suffisante au salut. » La légende de Donat fait exception parce que Grégoire le Grand l'a intégrée dans ses *Dialogues*. Par cette modulation, Jacobellus retrou-vait exactement le principe véridictionnel de l'Église romaine.

La puissance du système chrétien de vérité se refermait par Jacobellus : comme Luther, un siècle plus tard, il prétendait retrouver la vérité chrétienne à sa source première, l'Évangile; mais à l'inverse de lui, il demeurait prisonnier de l'univers de croyance clérical, qui, par le jeu des hiérarchies et des successivités de sources, pouvait intégrer tout écart; il appartenait à Luther de sortir de cet univers en posant une limite chronologique externe à la recevabilité du discours de l'Église, qui cessait de transmettre la doctrine à partir de la donation de Constantin. Mais en même temps, on peut mieux comprendre l'insistance sur le calice, qui demeurera le dernier point de résistance hussite, et la logique qui conduit au *Pius Jesus* : lorsque Jacobellus, sous l'influence de Wyclif (à qui il s'oppose pourtant dans le domaine de la transsubstantiation, dogme auquel il adhère), écrit en 1406 un traité sur la rémanence du pain et du vin après la consécration, il montre que la croyance en la disparition des substances matérielles tient à un mauvais usage du langage; elles ne sont plus « rien » au regard de Jésus; elles ne sont pas « rien » comme réalités concrètes. Plus loin, dans de vertigineuses analyses logico-grammaticales du « hoc » et du « hic » christiques (« hoc est corpus... hic est calix »), il affirme la nécessité de passer au-delà du langage et de constater que le pain et le vin sont là, sur la table; par sa protestation, il veut faire saisir la nature profondément discursive de la cohésion de l'Église; contre elle, il affirme le caractère référentiel de l'Évangile; à la table du Seigneur, il faut manger et boire, en silence.

CONCLUSION

L'appropriation d'une légende orthodoxe par les hussites, et plus généralement le développement des narrations idéologiques montrent que le récit pouvait connaître une prolifération concurrentielle à la fin du Moyen Âge et au temps des réformes. De fait, l'entreprise jésuite, on l'a vu, multiplia les récits.

Pourtant, des deux côtés de la barrière de la réforme, les tactiques de cantonnement l'emportèrent, comme le prouve l'accord objectif entre catholiques et calvinistes qui, au XVIIe siècle, réduisit à néant la légende de la papesse Jeanne. Le grand légendier chrétien, par l'action conjuguée des critiques rationalistes (les humanistes), catholiques (les bollandistes) et protestantes, eut à subir une forte contraction. En outre, le goût pour le récit pouvait désormais se déplacer massivement vers des formes profanes : les deux derniers siècles du Moyen Âge produisirent une efflorescence de récits chevaleresques sans aucune mesure avec la production épique ou courtoise de l'époque précédente.

Mais la fin du récit chrétien tient sans doute aussi à des causes internes à l'évolution du christianisme médiéval. On l'a vu, l'amplification des narrations originaires a servi à l'élaboration du dogme. Or les terres inconnues de la doctrine se réduisaient progressivement au Moyen Âge central. La grande vague narrative des XIIe et XIIIe siècles correspondait au deuxième moment créateur en matière dogmatique : après le moment trinitaire et christologique du haut Moyen Âge, la chrétienté abordait le continent massif de la question sacramentelle. La phase exploratoire impliquait le recours au récit : ainsi, dans les années 1220, Alexandre de Halès et Hugues de Saint-Cher faisaient précéder leur commentaire du IVe Livre des Sentences (consacré aux sacrements) d'une glose de l'épisode de Naaman dans le Livre des Rois, qui préfigurait le baptême. Un peu plus tard, dans les années 1240 et 1250, les maîtres Richard Fishacre, Pierre de Tarentaise et Bonaventure se livraient à une exégèse précise du récit, qui leur permettait de mettre en place leur conception révolutionnaire du sacrement comme contrat entre Dieu et les hommes. Mais, par la suite, le passage par l'épisode biblique devint inutile. En somme, c'est la tendance à l'abstraction qui l'emportait sur la pratique de l'amplification. À un autre niveau, dans la prédication, on observe la même évolution : en matière eucharistique, les *exempla*-preuves, au cours du XIIIᵉ siècle, deviennent des *exempla*-préceptes.

L'affinement des techniques intellectuelles, tel qu'il s'illustre dans les question quodlibétiques, à partir de la seconde moitié du XIIIᵉ siècle, assurait l'autonomie de la raison doctrinale par rapport aux sources scripturaires et narratives. On raisonnait de plus en plus sur des cas construits, et non sur des épisodes rapportés par la tradition. Et lorsque le carme John Baconthorp, au début du XIVᵉ siècle, montre que la démonstration doit s'appuyer sur la raison et les « exemples », il entend le mot *exemplum* au sens de cas et non de récit. Lui-même, dans ses considérations sur l'immaculée conception de la Vierge, use de comparaisons et de cas empruntés à la science, sans guère faire appel aux récits sur Marie. Déjà le Décret de Gratien, vers 1140, se fondait, en sa première partie, sur des cas inventés. Le divorce progressif entre la foi et la raison, entre l'Écriture et la science, à partir du XIVᵉ siècle, limitait encore l'usage de la narration authentique.

Une autre modification considérable affecta le ressort principal de l'efficacité narrative médiévale : l'imitation du Christ et des saints. À partir de saint François, l'imitation littérale prend une place de plus en plus forte ; de l'amplification, on passe à la reproduction, à la représentation, du récit au drame. L'invention de la crèche par François à Greccio constitue un tournant net. Le sacré fait l'objet d'un retour, d'une réitération. Cette mutation, sensible dans la spiritualité mystique de la fin du Moyen Âge, trouve son accomplissement dans la réforme : les puritains d'Amérique se passent des amplifications catholiques, pour rejouer le Drame originaire dans sa lettre sans ajout ni soustraction. Désormais, la puissance créatrice du récit s'exerçait ailleurs, dans le roman de l'individualité : l'homme s'affairait à lui-même.

NOTES

Chapitre I

1. André Jolles, *Formes simples*, trad. Antoine Buguet, Paris, Seuil, 1972, p. 27-54.

2. Claude Bremond, *Logique du récit*, Paris, Seuil, 1973, p. 11-47. Voir aussi Claude Bremond et Jean Verrier, « Afanassiev et Propp », *Littérature*, 46, 1982, p. 61-78.

3. André Vauchez, *La Sainteté en Occident aux derniers siècles du Moyen Âge, d'après les procès de canonisation et les documents hagiographiques*, Rome, École française de Rome, 1981.

4. Voir la synthèse de Hellmut Rosenfeld, *Legende*, Stuttgart, Metzler, 1964[2].

5. Charles F. Altman, « Two types of Opposition and the Structure of Latin Saint's Lives », *Medievalia et Humanistica*, N. S., IV, 1975, p. 1-11.

6. Charles W. Jones, *Saint Nicholas of Myra, Bari and Manhattan. Biography of a Legend*, Chicago, Chicago University Press, 1978.

7. Prologue du *Liber Pontificalis Ecclesiae Ravennatis*, d'Agnello de Ravenne, édité par Otto Holder-Egger, dans les *Monumenta Germaniae Historica. Series scriptorum rerum langobardicarum et italicarum*, Hanovre, 1878, M.G.H., p. 275-391.

8. Patrick Geary, *Furta Sacra. Thefts of Relics in the Central Middle Ages*, Princeton, Princeton University Press, 1978.

9. Publiée partiellement dans Baudoin de Gaiffier, *Études critiques d'hagiographie et d'iconologie*, Bruxelles, Société des Bollandistes, 1967.

10. Cité par Carlo Delcorno, « Il racconto agiografico nella predicazione dei secoli XIII-XV », ouvrage collectif, *Agiografia nell'Occidente cristiano. Secoli XIII-XV*, Rome, Accademia del Lincei, 1980, p. 87.

11. Claude Bremond, Jacques Le Goff et Jean-Claude Schmitt, *L'Exemplum*, Turnhout, Brepols, 1982.

12. J'utilise l'édition de Theodor Graesse, *Legenda aurea*, Osnabrück, Otto Zeller Verlag, 1968 (réédition de la troisième édition de Leipzig, 1890[3]). Désormais, je cite cette édition par l'abréviation LA.

13. Édité et traduit par Edmond-René Labande, Guibert de Nogent *Autobiographie*, Paris, Les Belles Lettres, 1981.

14. Guibert, *op. cit.*, p. 443-449.

15. Dans Clifford C. Geertz, *Bali. Interprétation d'une culture*, trad. Denise Paulme et Louis Evrard, Paris, Gallimard, 1983, p. 213-215.

16. Gérard de Frachet, *Vitae Fratrum*, texte édité par Benoît Marie Reichert, Rome/Stuttgart, *Monumenta Ordinis fratrum Praedicatorum Historica*, 1897.

17. Texte édité par Marjorie Chibnall, *The Ecclesiastical History of Orderic Vitalis*, vol. II (livres III et IV), Oxford, Oxford University Press, 1969, p. 156-165, et vol. III (livres V et VI), 1972, p. 218.

18. Alain Boureau, « Le prêcheur et les marchands. Ordre divin et désordres du siècle dans la Chronique de Gênes de Jacques de Voragine (1297) », *Médiévales*, 1983, p. 102-122.

19. Baudoin de Gaiffier, « La nativité de S. Étienne. À propos des fresques de Tivoli », *Atti e memorie della società Tiburtina di storia e d'arte*, 41, 1968, p. 105-112.

20. Texte édité au tome 198 de la *Patrologie latine* de Migne.

21. J'ai édité le chapitre de Barthélemy de Trente sur Noël dans « Les vignes de l'Engadine. Étude et édition de l'Epilogus de Barthélemy de Trente sur la Nativité du Seigneur », *Civis. Studi e testi* (Trente). Suplemento 2, 1986, p. 91-104.

22. Émile Amann, *Le Protévangile de Jacques et ses remaniements latins*, Paris, Letouzey et Ané, 1910.

23. *De perpetua virginitate adversus Helvidium. Patrologie latine*, t. 23, c. 192.

24. Dans la *Patrologie latine*, tome 124, col. 1065 et suivantes.

25. Texte traduit par Antoine Dondaine : Jean de Mailly, *Abrégé des gestes et miracles des saints*, Paris, Le Cerf, 1947, p. 38.

26. Dans « Chrétienté orientale et chrétienté occidentale dans l'Antiquité tardive : la divergence », Peter Brown, *La Société et le sacré dans l'Antiquité tardive*, trad. Aline Rousselle, Paris, Seuil, 1985, p. 119-145.

27. Max Lüthi, *Es war einmal. Vom Wesen des Volksmärchens*, Göttingen, Vandenhoeck et Ruprecht, 1977[5].

28. Henri de Lubac, *Exégèse médiévale. Les quatre sens de l'Écriture*, Paris, Aubier, 1959-1964 (4 vol.).
Berly Smalley, *The Study of the Bible in the Middle Ages*, Oxford, Blackwell, 1952[2].

29. Bernhard Blumenkranz, *Le Juif médiéval au miroir de l'art chrétien*, Paris, Études augustiniennes, 1966.

30. Smalley, *op. cit.*, p. 89.

31. Voir l'ouvrage collectif, *Lectures médiévales de Virgile*, Rome, École française de Rome, 1985, et en particulier l'article de Jacques Berlioz, « Virgile dans la littérature des *Exempla* (xiiie-xve siècle) », p. 65-120, et Bernard McGinn, « Teste David cum Sibylla : The Significance of the Sibylline Tradition in the Middle Ages » eds. Julius Kirschner et Suzanne F. Temple, *Women of the Medieval World*, Oxford, Blackwell, 1985, p. 7-35.

32. *La Scala Coeli de Jean Gobi*, éd. par Marie-Anne Polo de Beaulieu, Paris, Éd. du CNRS, 1991.

33. A. Boureau, *La Légende dorée. Le système narratif de Jacques de Voragine († 1298)*. Préface de Jacques Le Goff, Paris, Le Cerf, 1984, p. 242-249.

34. Smalley, *op. cit.*, p. 29.

35. Voir la traduction de *l'Historia calamitatum* dans Paul Zumthor, *Abélard et Héloïse. Correspondance*, Paris, 10-18, 1979, p. 41-117.

36. Cité par Delcorno, art. cité, p. 84.

37. Ouvrage cité en note 8.

38. Voir les trois gros volumes *De lite*, dans les *Monumenta Germaniae Historica*.

39. Johann-Joseph Ignaz von Döllinger, *Die Papstfabeln des Mittelsalters. Ein Betrag zur Kirchengeschichte*, Stuttgart, Cotta, 1890[2].

40. A. Boureau, *La Papesse Jeanne*, Paris, Aubier, 1988.

41. Jacques Dalarun, *L'Impossible Sainteté. La vie retrouvée de Robert d'Arbrissel (v. 1045-1116), fondateur de Fontevraud*, Paris, Le Cerf, 1985. Théophile Desbonnets et Damien Vorreux, *Saint François d'Assise. Documents. Écrits et premières biographies*, Paris, Éditions franciscaines, 1981[2].

42. Andrew S. Lewis, *Le Sang royal. La famille capétienne et l'État. France, X^e-XVe siècles*, trad. Jeannie Carlier. Préface de Georges Duby, Paris, Gallimard, 1986.

43. Jean-Marie Moeglin, *Les Ancêtres du Prince. Propagande politique et naissance d'une histoire nationale en Bavière au Moyen Âge (1180-1500)*, Genève, Droz, 1985.

44. Gert Haendler, *Epochen karolingischer Theologie. Ein Untersuchung über die karolingischen Gutachten zum byzantinischen Bilderstreit*, Berlin, Evangelische Verlaganstalt, 1958, p. 109-110.

45. Constance de Lyon, *Vie de saint Germain d'Auxerre*, éditée par René Borius, Paris, Le Cerf, 1965.

46. Egon Boshof, *Erzbischof Agobard von Lyon*, Cologne/Vienne, Böhlau Verlag, 1969, p. 254-300.

47. Voir la véritable encyclopédie de légendes allégoriques qu'on trouve dans *l'Archiloge Sophie* de Jacques Legrand (XVe siècle) (texte édité par Evencio Beltran, Paris, Honoré Champion, 1986).

48. Paris, Seuil, 1983.

49. Orderic Vital, édition citée (livre III), p. 80.

50. Voir A. Boureau, *La Papesse Jeanne, op. cit.*, p. 241-243.

51. Cité par Bernard Guenée, *Histoire et Culture historique dans l'Occident médiéval*, Paris, Aubier, 1980, p. 29.

52. Harvard, Harvard University Press, 1980.

53. Texte édité par Fritz Bleienstein, Stuttgart, Ernst Klett, 1969, p. 85.

54. Texte cité par le père de Gaiffier dans l'article indiqué en note 23.

55. Texte cité par Beryl Smalley, *English Friars and Antiquity in the early fourteenth century*, Oxford, Blackwell, 1960, p. 225.

56. Voir le texte dans Solomon Grazel, *The Church and the Jews in the XIIIth century*, New York, Hermon Press, 1973 (rééd. de l'édition de Philadelphie, 1933), p. 268-270.

57. Voir A. Boureau, *La Papesse Jeanne, op. cit.*

58. Jean Quidort de Paris, *op. cit.*, p. 148.

Chapitre II

1. Voir Patrick Geary, *Furta Sacra, op. cit.*

2. Voir J. Laplanche et J.-B. Pontalis, *Vocabulaire de la psychanalyse*, Paris, P.U.F., 1967, p. 152-157.

3. Lettre à Paul Démeny, dans A. Rimbaud, *Œuvres complètes*, éditions d'A. Rolland de Renéville et J. Mouquet, Paris, Gallimard (Pléiade), 1963, p. 270 et 272.

4. Il faudrait sans doute nuancer cette opposition entre vision et évocation : ainsi, les visions du dominicain Robert d'Uzès, rédigées vers 1295, éditées par J. Bignami-Odier dans *Archivum Fratrum Praedicatorum* 1955 (tome 25), tout en relevant formellement de l'extase paulinienne, constituent un ensemble si construit, si cohérent, si densément voisin des préoccupations diurnes de leur auteur qu'elles se rapprochent de l'évocation.

5. Texte édité et traduit par Anselme Hoste et Joseph Dubois, Paris, Le Cerf, 1958.

6. Caroline W. Bynum, *Jesus as mother. Studies in the Spirituality of the High Middle Ages*, Berkeley Los Angeles/Londres, California University Press, 1982.

7. John Boswell, *Christianisme, tolérance sociale et homosexualité. Les homosexuels en Europe occidentale des débuts de l'ère chrétienne au XIVᵉ siècle*, trad. A. Tachet, Paris, Gallimard, 1985, p. 289-294,

8. Pierre Fontanier, *Les Figures du discours*, rééd. Paris, Flammarion, 1968, p. 390.

9. Dans « Les méditations d'un moine au XIIᵉ siècle », *Revue Mabillon*, 34-35, 1944-1945. p. 11.

10. Voir Patrick Geary, *op. cit.* Sur l'articulation du visuel et du tactile dans les médiations sacrées au IXᵉ siècle, je me permets de renvoyer à ma communication au colloque « Nicée II : 787-1987 » (Paris, octobre 1986) : « Les théologiens carolingiens devant les images religieuses. La conjoncture de 825 », parue dans F. Boespflug et N. Lossky, *Nicée II. 787-1987. Douze siècles d'images religieuses*, Paris, Le Cerf, 1987.

11. Texte édité par L. Levillain : Loup de Ferrières, *Correspondance*, tome II, Paris, Les Belles Lettres, 1964, p. 42-55

12. Texte édité par Marc Dykmans, s.j. (*Miscellanea Historiae Pontificiae* XXX), Rome, Presses de l'Université grégorienne, 1970.

13. Grégoire le Grand, *Morales sur Job*, texte édité et traduit par R. Gillet et A. de Gaudemaris, tome I, Paris, Le Cerf, 1975, p.131.

14. Éditée au tome 198 de la *Patrologie* de Migne.

15. Voir Jack Goody, *La Raison graphique. La domestication de la pensée sauvage*, trad. de J. Bazin et A. Bensa, Paris, Minuit, 1979.

16. *Patrologie latine*, tome 176, col. 622.

17. Voir Robert Javelet, *Image et Ressemblance au XIIᵉ siècle*, Paris, Letouzey et Ané, 1967.

18. Dans l'*Expositio prosae de angelis*, texte édité par M.-Th. d'Alverny dans Alain de Lille, *Textes inédits*, Paris, Vrin, 1965, p. 205.

19. Voir l'article de M.-D. Chenu, *op. cit.*, « Cur homo ? Le sous-sol d'une controverse » dans *La Thélogie du XIIᵉ siècle*, Paris, Vrin, 1976, p. 52-61.

20. Saint Ignace de Loyola, *Exercices spirituels*, trad. de F. Courel, s.j., Paris/Montréal, Desclée de Brouwer, 1963, p. 98-99 (par. 175 a). Je présente ici des jalons pour une histoire de l'évocation divine, en enjambant des occurrences importantes, comme le traité de Nicolas de Cues, *De visione*

Dei vel de icona (1453), traduit récemment aux éditions du Cerf, sous le titre *Le Tableau, ou la vision de Dieu* (Paris, 1986). Ce traité prépare et annonce les *Exercices* d'Ignace.
21. J. Laplanche et J.-B. Pontalis, *Fantasme originaire, fantasme des origines, origines du fantasme*, Paris, Hachette, 1986, p. 74.
22. Ch. Baudelaire, « Paysage » (poème 86 des *Fleurs du Mal*), vers 15-17 et 23-26.

Chapitre III

1. Sur la nouveauté du légendier diminicain, je me permets de renvoyer à A. Boureau, *La Légende dorée. Le système narratif de Jacques de Voragine († 1298)*, préface de J. Le Goff, Paris, le Cerf, 1984.
2. Voir A. Boureau, « Vel sedens, vel transiens. La construction de l'espace pontifical aux XI-XIIe siècles », dans S. Boesch Gajano et L. Scaraffia, *Luoghi sacri e spazi della santità*, Turin, Rosenberg e Sellier, 1990, p. 367-380.
3. Voir S.J.P. Van Dijk, *Sources of the Modern Roman Liturgy : The Ordinals of Haymon of Faversham and related Documents. 1243-1307*, Leyde, Brill, 1963.
4. A. Dondaine, « Jean de Mailly et la Légende dorée », *Archives d'Histoire Dominicaine*, 1, 1946, p. 53-102.
5. Voir A. Boureau, « Barthélemy de Trente et l'invention de la "Legenda nova" », dans S. Boesch Gajano, *Raccolte di Vite di Santi dal XIII al XVIII secolo*, Fasano di Brindisi, Schena, 1990, p. 23-48.
6. Voir A. Boureau, *La Papesse Jeanne, op. cit.*, p. 119-142.
7. B. Fleith, *Studien zur Uberlieferungsgeschichte der lateinische Legenda aurea*, Bruxelle, Société des Bollandistes, 1991.
8. Sur Domenico Cavalca, o.p., voir la synthèse récente de C. Delcorno, dans le *Dizionario biografico degli Italiani*, Rome, tome 22, p. 577-586. Pour le texte, aujourd'hui disparu des cartouches, voir S. Morpurgo, « Le epigrafi volgari in rima del "Trionfo della Morte" del "Giudizio Universale e Inferno", degli "Anacoreti" nel Camposanto di Pisa », dans *L'Arte*, II, 1899, p. 51-87.
9. Livre II, tractatus I, LXXII, dans *Maxima biblioteca veterum patrum*, XXV, Lyon, 1677, p. 491-492. Cité par J. Le Goff (voir note suivante).
10. J. Le Goff, « Ordres mendiants et urbanisation dans la France médiévale : état de l'enquête », dans *Annales E.S.C.*, XXV, 1970, p. 924-946, et « Apostolat mendiant et fait urbain dans la France médiévale : l'implantation des ordres mendiants. Programme-questionnaire pour une enquête », dans *Annales E.S.C.*, XXIII, 1968, p. 335-352.
11. J. B. Freed, *The Friars and German Society in the thirteenth Century*, Cambridge, Mass., 1977.
12. *Patrologie latine*, tome XXI, colonnes 387-462.
13. Le texte de Paschase a été utilisé par Rosweyde dans sa collection de *Vitae patrum*, réimprimée dans la *Patrologie* de Migne, tome LXXIII, colonnes 1025-1059. Pour Valerio del Berzio, voir R. Fernandez Pousa, *S. Valerio Obras*, Madrid, 1942.
14. Voir H. Vanderhoven, F. Masaï, P. B. Corbett, *Aux sources du*

monachisme bénédictin. I. La Règle du Maître, Bruxelles-Amsterdam, 1953, p. 307.

15. E. Von Dobschütz, *Das Decretum Gelasianum de libris recipiendis et non récipiendis*, IV, 4, Leipzig, 1921, p. 220.

16. Édition et traduction de F. Martine, *Vies des Pères du Jura*, Paris, 1968.

17. C. Battle, *Die « Adhortationes sanctorum » (« Verba Seniorum ») im lateinischen Mittelalter. Überlieferung, Fortleben und Wirkung*, Münster, 1971.

18. M. Szkilnik, « L'influence de la prédication en langue vulgaire sur la pratique des traducteurs : la traduction de l'Histoire des moines d'Égypte par Wauchier de Denain ». Communication au colloque international de l'univesité de Montréal (29 avril-3 mai 1986).

19. Chapitre V de Lester K. Little, *Religious Poverty and the Profit Economy in Medieval Europe*, Londres, 1978.

20. Pierre Damien, *Vita b. Romualdi*, éd G. Tabacco, Rome, 1957, p.13-28 et 104-105.

21. *Opusculum*, XI, 1, *Patrologie latine*, tome CXLV, c. 232; cité par L. Little, *op. cit.*, p. 74.

22. *Vita venerabilis viri Stephani Muretensis*, éd. J. Becquet, Turnhout, 1968, p. 116-117 et p. 3-62.

23. *Consuetudines, Patrologie latine*, tome CLIII, c. 631, 758. Cité par L. Little, *op. cit.*, p. 85.

24. Guillaume de Saint-Thierry, *Vita prima S. Bernardi, Patrologie latine*, tome CLXXXV, c. 217.

25. H. Rochais, *Un légendier cistercien de la fin du XIIᵉ siècle : le Liber de Natalitiis et quelques légendiers des XIIᵉ et XIIIᵉ siècles*, Rochefort (Belgique), 1975.

26. Texte édité par B.M. Reichert, dans les *Monumenta Ordinis Fratrum Praedicatorum Historica* (MOPH), I, 1895. Désormais, je cite ce texte en le signalant par les lettres VF suivies du numéro de page de cette édition.

27. K. Hallinger, « Woher kommen die Laienbrüder? » dans *Analecta Sacri Ordinis Cisterciensis*, XII, 1956, p. 1-104.

28. Édité dans les *Acta Sanctorum*, 1ᵉʳ tome d'août, Bruxelles, 1867, p. 558-628.

29. Édité dans les *MOPH*, XXII, 1949, par Th. Kaeppeli.

30. Passage cité et commenté dans C. Bremond, J. Le Goff et J.C. Schmitt, *L'exemplum*, Turnhout, 1982, p. 54.

31. L. Little, *op. cit.*, p. 97-169.

32. *Verbum abbreviatum*, 62, *Patrologie latine*, tome CCV, c. 189-193; texte signalé par David d'Avray, dans *The Preaching of the Friars. Sermons diffused from Paris before 1300*, Oxford, 1985, p. 25.

33. Voir M.H. Vicaire, *Dominique et ses prêcheurs*, Fribourg-Paris, 1977 et du même, *Histoire de saint Dominique*, Paris, 1957.

34. Pierre des Vaux de Cernai, *Historia albigensis*, éd. P. Guebin et E. Lyon, Paris, 1926, I, p. 21.

35. Voir M.H. Vicaire, *L'imitation des apôtres. Moines, chanoines, mendiants*, Paris, 1963.

36. Césaire de Heisterbach, *Vita, passio et miracula S. Engelberti*, dans les *Acta Sanctorum* de novembre, III, Bruxelles, 1910. Cité par J. Freed, *op. cit.*, p. 88.

37. Bernard Gui, *De secta illorum qui se dicunt de ordine Apostolorum*, éd. dans *Rerum Italicarum Scriptores*, tome IX, part. V, Città di Castello, 1907, p. 17. Traduit par C. et H. Carozzi dans *La Fin des Temps*. *Terreurs et prophéties au Moyen Âge*, Paris, 1982, p. 151.

38. *Regula venerabilis viri Stephani*. Prologus, éd. citée (Becquet), p. 66.

39. V. Koudelka, « Notes sur le cartulaire de saint Dominique », dans *Archivum Fratrum Praedicatorum*, p. 92-100 et M.H. Vicaire, « La bulle de confirmation des Prêcheurs », dans *Revue d'histoire ecclésiastique*, XLVII, 1952, p. 176-192.

40. Voir J. Leclercq, « Le magistère de la parole au XIIIᵉ siècle », dans *Archives d'histoire doctrinale et littéraire du Moyen Âge*, XXI, 1946, p. 105-147.

41. Jean Dominici, o.p., *De obligatione constitutionum in ordine F.F. Praedicatorum*, texte édité par R. Creytens, « L'obligation des constitutions dominicaines d'après le Bx. Jean Dominici », o.p., dans *Archivum Fratrum Praedicatorum*, XXIII, 1953, p. 229.

42. Les virtualités « spirituelles » chez les dominicains du milieu du XIIIᵉ siècle se laissent deviner dans les diverses tentatives de création de confraternités et d'associations qui précèdent l'instauration en 1285 d'un tiers-ordre prêcheur par Muño de Zamora, maître général quasi spirituel de l'ordre, qui fut violemment contesté. Jacques de Voragine, en tant que prieur provincial de Lombardie, fut un fervent partisan de Muño de Zamora, au péril même de sa vie, lors des véritables rixes qui opposèrent les deux tendances de l'ordre dans les années 1280. Sur l'histoire institutionnelle de la création du tiers-ordre, voir M.H. Vicaire, « Les origines paradoxales du tiers-ordre de saint Dominique », dans *Dominique et ses prêcheurs, op. cit.*, p. 392-409.

43. A. Boureau, *La Légende dorée... op. cit.*, p. 182-198.

Chapitre IV

1. Voir *La Vie de saint Eustache, poème français du XIIIᵉ siècle*, H. Petersen éd., Paris, H. Champion. « Les classiques français du Moyen Âge », 58, 1928, XV-96 p. et *La Vie de saint Eustache, version en prose du XIIIᵉ siècle*, J. Murray éd., Paris H. Champion, « Les classique français du Moyen Âge », 60, 1929, VII-58 p. Voir aussi *La Vie de saint Eustache* de Pierre de Beauvais, J.R. Fischer éd., *Romanic Review*, VIII, 1917, p. 1 ss.

2. Voir L. Réau, *Iconographie de l'art chrétien*, Paris. P.U.F., 1955-1959, t. III, vol. 1, pp. 468-471 et H. Auernhammer, *Lexicon der Christlichen Ikonographie*, Vienne, 1959-67.

3. Voir A. Aarne et S. Thompson, *The Types of the Folk-Tale. A Classification and Bibliography*. Helsinki. Suomalainen Tiedakatemia/Academia Scientiarum Fennica. « Folklore Fellows Communications 184. » 2ᵉ révision, 3ᵉ édition, pp. 331-332 (conte-type 938).

4. Voir la traduction française du XVIᵉ siècle, dans *Le Violier des histoires romaines, ancienne traduction française des Gesta Romanorum*. M.G. Brunet éd., Paris, P. Jannet, 1853, pp. 253-263.

5. Voir G. Lemieux, s.j., *Placide-Eustache. Sources et parallèles du conte-type*

938. Préface de L. Lacourcière. Québec. Presses de l'Université Laval.
« Archives de Folklore », 10, 1970, pp. 77-87.

6. Dans la *Patrologie grecque* de Migne, t. 94, col. 1381-1382.

7. Pour les références des éditions ou des manuscrits grecs et latins, voir
H. Petersen, *Deux versions de la vie de saint Eustache en vers français du Moyen Âge*,
mémoires de la Société Néo-Philologique de Helsingfors, VII, 1925. Pour
les textes orientaux, voir H. Delehaye, s.j. « La légende de saint Eustache »,
dans le *Bulletin de la Classe des Lettres et des Sciences morales de l'Académie Royale
de Belgique*, 652, 1919, pp. 175-210. Pour la vie anglo-saxonne, voir n. 27.
Pour Flodoard, non répertorié par Petersen, voir n. 23.

8. Ainsi la version en prose française du XIIIᵉ siècle reproduit fidèlement
une lacune sans doute accidentelle du manuscrit grec : un dialogue entre
Trajan et ses proches s'enchaîne directement à une discussion entre
Eustache et son épouse (Murray éd., p. 12).

9. Sur le débat entre Monteverdi et W. Meyer, voir Petersen, *op. cit.*,
pp. 54-56.

10. Article « Eustache » du *Dictionnaire d'Histoire et de Géographie ecclésiastiques*, Paris, Letouzey et Ané.

11. On connaît l'importance de la lecture des *Psaumes* dans la culture
médiévale. Pierre de Beauvais, auteur d'une Vie d'Eustache, dans son
Bestiaire, traduction du *Physiologus* latin, cite ce psaume XLI au début de sa
notice sur le cerf. Un autre détail se trouve dans la légende d'Eustache :
« Le cerf fréquente volontiers les montagnes élevées » (*Bestiaires du Moyen
Âge*, mis en français moderne et présentés par G. Bianciotto, Paris, Stock.
« Stock-Plus, Moyen Âge », 1980, p. 54).

12. Voir l'article « Cerf, chasse au cerf », dans O. Beigbeder, *Lexique des
symboles*, La-Pierre-qui-Vire, Zodiaque. « La nuit des temps », 1969,
pp. 142-145.

13. Voir Pierre de Beauvais, *loc. cit.* : « ... et les cerfs représentent les
sages et les fidèles qui par l'intercession des apôtres et des prêtres par-
viennent à la connaissance de Dieu ».

14. C'est le motif N 251 de la typologie de S. Thompson, *Motif Index of
Folk-Tales, Ballads, Myths, Fables, Mediaeval Romances, Exempla, Fabliaux,
Jest-Books and Local Legends*, Helsinki, Suomalainen Tiedakatemia/Acade-
mia Scientiarum Fennica. « Folklore Fellows Communications », 6 vols.
nᵒˢ 106-109, 116-118, 1932-1936. Sur les origines, le cheminement et les
développements de ce motif dans une série de contes issus de l'Inde
ancienne, voir l'important dossier préparé par Claude Bremond et son
groupe de recherche sur les contes-types 938 et 567, dans *Communications*,
39, 1984.

15. C. Lévi-Strauss, *La Pensée sauvage*, Paris, Plon, 1962, p. 29 et 26.

16. Manuscrit grec de la Bibliothèque nationale nᵒ 437.

17. Sur la légende de Denys, voir l'introduction aux *Œuvres complètes du
Pseudo Denys l'Aréopagite*, traduction, préface, notes et index par Maurice de
Gandillac, Paris, Aubier. « Bibliothèque philosophique », 1980 (1ʳᵉ édition
1943), pp. 7-60.

18. Je dois cette observation à J. Le Goff.

19. Voir G. Duby, *Les Trois Ordres ou l'imaginaire du féodalisme*, Paris,
Gallimard, « Bibliothèque des histoires », 1978, pp. 143-149. Dans la

légende d'Hilduin, les martyrs de Paris forment une trinité aux noms bien symboliques : *Denys* (où les clercs percevaient une étymologie divine), *Eleuthère* (l'homme libre, le *vir francus* guerrier) et *Rusticus*.

20. *Pseudo Denys, op. cit.*, pp. 335-350, 340, 336 et 337.

21. Grégoire le Grand, *Morales sur Job*, trad. de Dom A. de Gaudemaris, o.s.b., Paris, Le Cerf, « Sources chrétiennes », n° 32 bis, pp. 194-195.

22. Louis Réau, *op. cit.*, p. 471.

23. III, VIII, au tome 131 de la *Patrologie latine*, col. 643-644.

24. D'ailleurs G. Dumézil définit ainsi la première fonction : « Le sacré et les rapports soit des hommes avec le sacré (culte, magie), soit des hommes entre eux sous le regard et la garantie des dieux (droit, administration), et aussi le pouvoir souverain exercé par le roi ou ses délégués en conformité avec la volonté ou la faveur des dieux », dans *L'Idéologie tripartie des Indo-Européens*, Bruxelles, Latomus, 1958, p. 18.

25. J. D'Hondt, *Le Haut Moyen Âge, VIIIᵉ-XIᵉ siècles*, édition française revue et mise à jour par M. Rouché, préface de J. Le Goff, Paris, Bordas, « Histoire universelle Bordas », 1976, p. 61 et 64.

26. Voir G. Duby, *op. cit.*, pp. 131-135.

27. Voir *Aelfric's Lives of the Saints Being a Set of Sermons of the Saint's Days.* Londres, Early English Texts Society, 1890-1900, II, p. 109.

28. Voir A. Ducellier, *Le Drame de Byzance, Idéal et échec d'une société chrétienne*, Paris, Hachette, « Le temps et les hommes », 1976, pp. 17-31.

29. « Cet homme supérieur était un brigand... Lui-même, quoique ne méritant aucune confiance, était l'un des personnages les plus intelligents, les plus savants et les plus puissants de son époque », dans *Exégèse médiévale. Les quatre sens de l'écriture*, Paris, Aubier, « Théologie », 1959-1964, t. I, vol. 1, p. 271, n. 3.

30. Le texte est inédit. La dédicace figure au tome 129 de la *Patrologie latine*, col. 757-789. Cette lettre est fort riche ; elle montre bien l'immensité du prestige oriental, exploité par Anastase : « *Passionem Dionysii... quem Romae legi cum puer essem, quamque audieram a* Constantinopolitanis *legatis... Suspice itaque, piissime imperator Dionysium, ex Graecia iterato volatu venientem.* » Plus loin, mais il s'agit peut-être d'un lieu commun, il exalte une conception théocratique du pouvoir : « *Nam sic humana Reipublicae commissa secundum legem Dei gubernacula moderaris, ut divina quaeque non deseras, sed praeferas* » (col. 876).

31. Autre concordance possible : Érigène l'Irlandais fut peut-être un maillon dans la transmission d'une tradition celtique de la tripartition. Sur cette tradition, voir M. Rouché, « De l'Orient à l'Occident. Les origines de la tripartition fonctionnelle et les causes de son adoption par l'Europe chrétienne à la fin du Xᵉ siècle » dans *Occident et Orient au Xᵉ siècle*, Actes du IXᵉ congrès de la S.H.M.E.S., Paris, Les Belles Lettres, 1978, pp. 31-49. Voir aussi D. Dubuisson, « L'Irlande et la théorie médiévale des trois ordres », dans *Revue de l'Histoire des Religions*, 188, 1975, pp. 35-63.

32. Voir R. Hennebicque, « Structures familiales et politiques au IXᵉ siècle. Un groupe familial de l'aristocratie », dans *Revue historique*, 538, avril-juin 1981, pp. 289-330.

33. Ermold le Noir, *Poème sur Louis le Pieux et Épitres au roi Pépin*, éd. et

trad. par E. Faral, Paris, Les Belles Lettres, « Les classiques de l'Histoire de France au Moyen Âge », 1964 (1re éd. 1932), XXXV-267 p. J. Le Goff a étudié ce texte comme témoignage du rite féodo-vassalique dans « Le rituel symbolique de la vassalité », repris dans *Pour un autre Moyen Âge. Temps, travail et culture en Occident : 18 essais*, Paris, Gallimard, « Bibliothèque des histoires », 1977, pp. 349-420. On se réjouira de la concordance des dates (827 : arrivée du *Corpus* et composition du poème). Mais il ne saurait être question d'une causalité chronologique. Je ne parle ici, faute de documents, que d'une certaine concordance entre plusieurs récits et d'un accord avec le contexte politique et religieux, au sein des mentalités du IXe siècle. L'histoire de la transmission des textes demeure mystérieuse.

34. G. Duby, *op. cit.*, p. 101. On pense, bien sûr, aux analyses de E. Kantorowicz, *The King's Two Bodies. A Study in Medieval Political Theology*, Princeton, Princeton University Press, 1957.

35. On sait que Louis a essayé d'imposer aux clercs de ne pas porter les armes. L'interdiction se perdit avec l'empire carolingien. Au XIe siècle encore, la tapisserie de Bayeux représente le combat d'un évêque.

36. Edmond Faral a noté l'étrangeté de la situation : « L'empereur n'avait pas à instruire un archevêque des mystères de la religion ; le sermon que lui attribue Ermold est assez invraisemblable. » (Ermold, p. 147, n. 2). Plutôt que d'invraisemblance, je parlerais de rêverie idéologique.

37. *Ibid.*, v. 2060-2061, p. 156. Le jeu de mots sur placido/Placido m'enchante, mais j'y vois un hasard objectif, non un signe.

38. Encore une concordance : parmi les personnages figurés, on voit Phalaris faisant fabriquer le taureau d'airain (v. 2134-2135).

39. *Ibid.*, v. 2482-2483, pp. 188-189. Sur cet hommage, voir J. Le Goff, art. cit.

40. Le futur Charles le Chauve, âgé de trois ans, ce qui souligne l'aspect onirique de la scène.

41. Cela peut se représenter par le tableau ci-dessous :

EUSTACHE	ERMOLD
Élection et mérite d'Eustache	Élection de Charles
	Adoption d'Harold
—	—
1. Chasse	1. Conversion
2. Conversion	2. Voyage serein
3. Baptême	3. Baptême
4. Exclusion du festin impérial	4. Festin impérial
5. Sacrifice (de soi, des siens, de ses biens)	5. Chasse
6. Tribulations	6. Dons reçus
7. Martyre/ Triomphe	7. Hommage

42. Jacques Le Goff a montré (art. cit.) que le rituel féodo-vassalique, dont le texte d'Ermold donne une des premières images, renvoyait symboliquement au modèle familial de l'adoption.

43. Voir « La structure des mythes », dans *Anthropologie structurale*, Paris, Plon, pp. 227-255.

44. Voir G. Duby, *op. cit.*, pp. 327-425.

45. Sur les aspects archaïques de l'idéologie développée dans les chansons de geste, voir J. Grisward, *Archéologie de l'épopée médiévale*. *Structures trifonctionnelles et mythes indo-européens dans le cycle des Narbonnais*, préface de G. Dumézil, Paris, Payot, « Bibliothèque historique », 1981, 341 p.

46. A. Aarne et S. Thompson, *op. cit.*, pp. 331-332.

47. Voir C. Bremond, *Logique du récit*, Paris, Seuil (collection Poétique), 1973, 350 p.

48. Sur ce point, voir C. Bremond, « Postérité soviétique de Propp », *Cahiers de Littérature orale*, 2, 1977, pp. 25-59, et A.J. Greimas, *Sémantique structurale*, Paris, Larousse (Langue et langage), 1966, 262 p.

49. Voir la note 14 de ce chapitre.

50. Saint Thomas d'Aquin, *Somme théologique*, Paris/Tournai/Rome, 1947, question I, article 10, conclusion. Voir H. de Lubac, *Exégèse médiévale*, *op. cit.* Le père de Lubac cite notamment un texte extrait du *Prologue à la glose ordinaire* de Nicolas de Lyre (H. de Lubac, *op. cit.*, I, 1, p. 24), qui est fort proche de la formulation de Thomas d'Aquin :

« Secundum igitur primam significationem, quae per voces, accipitur sensus litteralis, vel historicus ; secundum vero aliam significationem, quae per ipsas res, accipitur sensus mysticus, seu spiritualis, qui est triplex in generali ; quia si res significata per voces referatur ad significandum ea quae sunt in nova lege credenda, sic accipitur sensus allegoricus ; si autem referantur ad significandum ea quae per nos sunt agenda, sic est sensus moralis vel tropologicus ; si autem referantur ad significandum ea quae sunt speranda in beatitudine futura, sic est sensus anagogicus... »

51. Athanase Kircher, *Historia Eustachio-Mariana...*, Rome, Varesii, 1665 (X)-184-(XI) p. Le texte cité se trouve dans la préface au lecteur, p. 1. Désormais, je renvoie au texte par un numéro entre parenthèses. Je traduis le texte et ne mentionne d'expression latine que pour signaler la force de tel ou tel tour.

52. Sur Kircher, si négligé de nos jours, la bibliographie est pauvre en titres récents. Une synthèse rapide, mais sensible, se trouve dans l'opuscule de Joscelyn Godwin, *Athanasius Kircher, un homme de la Renaissance à la quête du Savoir perdu*, Paris, J.-J. Pauvert, « Un Livre de la Vue », 1980, 96 p., trad. de S. Matton (bibliographie soigneuse, nombreuses reproductions des gravures qui illustrent l'œuvre de Kircher).

53. Pour son ouvrage, *Latium...*, Amsterdam, 1671.

54. Musée réel, constitué à Rome par Kircher lui-même. Son disciple, P. Bonnani, s.j., en rédigea le catalogue, *Rerum Naturaliun Historia... in Museo Kircheriano*, Rome, 1709.

55. Voir les ouvrages de Kircher : *Ars magna lucis et umbrae*, Rome, 1641 ; *Mundus subterraneus*, Amsterdam, 1665 ; *Scrutinium pestis physico-medicum*, Graeci, 1640.

56. Le récit se trouve p. 266-274 du t. VI paru à Rome, « ex officina Salviana ». La collection en 8 volumes a été éditée à Venise (t. I-V) de 1551 à 1560, puis à Rome.

57. Cologne, J. Krips, vol. 6, p. 209-217.

58. Venise, J. Guerilii, 1630 (1re éd., Rome, 1586), p. 553-556.

59. Anvers, Plantin, 1597 (1re éd., Rome, 1588-1607), t. II, p. 21 et 62.

60. *Illustrium Christi martyrum lecti triumphi...*, Paris, A. Bertier, 1660, p. 1-44 (Passion), 45-82 (Nicétas), 82-87 (commentaire).

61. Date de parution du premier volume de décembre des *Acta Sanctorum*, consacré à une édition scientifique du *Martyrologe Romain*.

62. Il analyse la légende d'Eustache dans ses *Mémoires pour servir à l'histoire ecclésiastique des six premiers siècles*, Paris, C. Robustel, 1694, chap. II, p. 246 et n. p. 267.

63. Voir *Acta Sanctorum...*, Anvers/Tongerloo/Bruxelles/Paris, depuis 1643, t. VI de septembre (1747), p. 106-135.

64. Cette reconstruction donna, en 1637, l'occasion d'une commande de Richelieu à Simon Vouet, pour la composition de deux pièces d'autel, le *Martyr...* et l'*Apothéose de saint Eustache*. La première se trouve encore à l'église; la seconde au musée de Nantes. Voir W.R. Creely, *The Painting of Simon Vouet*, New Haven/Londres, Yale University Press, 1962, p. 66-69, 181-182 et 191-192; reproductions hors-texte des deux tableaux : fig. 65 et 66. Peut-être faut-il rapprocher cette commande de la dédicace du livre de Combéfis à Mazarin. Cela conforterait mon interprétation du texte.

65. Il s'agit de la clochette d'un célèbre épisode de l'attaque de Satan contre Benoît : grâce à elle, le saint pouvait recevoir sa nourriture de saint Romain sans sortir de sa stricte réclusion. Le Malin en ôta le battant, mais en vain : Romain, prévenu par le Ciel, put continuer à subvenir aux besoins de Benoît. Voir le récit dans Grégoire le Grand, *Dialogues* (texte critique et notes par Aldabert de Vogüe, o.s.b., trad. par Paul Antin, o.s.b.), Paris, Le Cerf (coll. Sources chrétiennes », 260), t. II, liv. II, 1,4-5, p. 132-133.

66. Rome, 1652-1654.

67. Amsterdam, 1679.

68. Il n'est pas indifférent, pour Kircher, égyptologue imaginaire, qu'Eustache se fasse hiéroglyphe vivant, signe sacré et caché en terre d'Égypte.

69. Voir H. Delehaye, art. cit. Le cerf demande au héros s'il préfère expier immédiatement, dans les épreuves ou à la fin de sa vie. La question se retrouve dans les textes du XIIIᵉ siècle, mais non dans l'*Historia*.

70. A. Kircher, grand connaisseur des sciences de la terre, fut un adversaire déclaré de l'alchimie. Voir le livre écrit par un de ses disciples, à partir de ses textes, J.J. Mangetus, s.j., *Bibliotheca chemica curiosa*, Genève, 1702.

71. « *Moraretur* » : à la fois séjourner et s'attarder.

72. Sur la méditation ignacienne, voir les *Exercices*, éd. cit, et Louis Martz, *The Poetry of Meditation. A Study in English religious Literature of the 17th century*, New Haven/Londres, Yale University Press, 373 p, 1962, 2ᵉ éd. Kircher note que « la chasse est une méditation de la guerre » (p. 7); mais l'expression, si elle se charge d'un sens nouveau après Ignace, se trouve déjà dans le Métaphraste.

73. L'aptitude au secret est la première qualité des héros de Balthasar Gracián; le rapprochement vaut si l'on tire Gracián des interprétations machiavéliennes qui ont longtemps occulté l'œuvre du jésuite espagnol : la « discrétion » gracianienne doit se comprendre dans cette pédagogie de l'éducation et cette théologie de l'avènement continu du sacre, dérivées

d'Ignace. Kircher et Gracián, jésuites exactement contemporains, me
semblent très proches. J'en prends pour exemple ce passage de *l'Homme
universel*, trad. et présentation de J. de Courbeville, Paris, Champ libre,
1980 rééd. de l'édition de 1723, p. 20-21 ; lu après la rédaction des pages qui
précèdent, il me conforte dans l'interprétation du processus du secret et de
l'occasion dans la vie d'Eustache : « L'Attente ou l'homme qui sait
attendre. Allégorie. Dans un char en forme de trône, construit d'écailles de
tortue, et traîné par des rémores, l'Attente allait par les vastes plaines du
temps au palais de l'Occasion. Elle avançait d'un pas majestueux et lent, tel
que la Maturité le demande, sans se hâter jamais, ni se déranger. Elle était
appuyée sur deux coussins que la Nuit lui avait donnés : oracles muets d'où
viennent souvent les meilleurs conseils. Elle avait un air vénérable auquel
chaque jour apporte de l'agrément, le front ouvert et serein malgré ses
détresses, les yeux modestes et les regards conduits par la Dissimulation, le
nez aquilin, signe de pénétration et de sagesse, la bouche petite et les lèvres
resserrées. De peur qu'une parole de trop ne lui échappe, la poitrine large,
afin d'y pouvoir garder mille secrets et de les y laisser mûrir tous, l'estomac
d'une force étonnante et propre à dévorer tout, à tout digérer... La
Prudence conduisait la suite grave de l'Attente... Plus proche du char de
l'Attente était l'élite des grands hommes... Le temps réglait la marche de
l'Attente et de ses alliés. La Saison fermait l'arrière-garde escortée de
l'Intelligence, du Conseil et de la Maturité. »

74. Le frontispice de l'*Ars magna lucis* représente la diffusion de toutes les
connaissances, sacrées ou profanes, sous forme de radiations lumineuses.

75. Cette interprétation sera nuancée par un examen du frontispice de
l'*Historia*. Voir plus loin.

76. Les métaphores théâtrales sont nombreuses dans le texte. Par
exemple : au moment où les maladies et les calamités s'abattent sur la
famille d'Eustache, à Rome, « la scène des événements devenait tragique »
(p. 17).

77. Voir Marc Fumaroli, *L'Âge de l'éloquence. Rhétorique et res litteraria de la
Renaissance au seuil de l'âge classique*, Paris-Genève, Droz, 1980.

78. Car, comme le dit Kircher, dans son *Ars magna lucis... op. cit.*, VII.II,
théorème VI, p. 543 : « *Sonus, seu vox sequi naturam radii luminosi in reflexione.* »
Autre curiosité dans ce rayon : Jésus s'adresse à Placide en italien, alors que
celui-ci lui répond en latin : annonce du rôle éminent, dans l'histoire de
l'Église, des maisons nobles du Latium issues de la race d'Eustache? Ou
bien, comme me le suggère Pierre Tranouez, le latin de Placide signifie son
adhésion à la *catholicitas* sacrée. Le cerf, en ce cas, pratiquerait par
anachronisme la langue vulgaire des apôtres, qui, depuis la Pentecôte et par
l'opération du Saint-Esprit, sont devenus polyglottes.

79. Cette mystagogie de l'image, cette sémiurgie, si nette dans l'œuvre
d'Ignace de Loyola, constitue une des grandes tendances de la pensée
jésuite, qui inspire la pédagogie vivante de l'ordre dans ses collèges, à l'âge
classique. On sait l'importance qu'a revêtue le théâtre scolaire dans ces
institutions et l'influence de ces pratiques pédagogiques sur la littérature
européenne. Voir, par exemple, François de Dainville, *L'Éducation des jésuites
XVIᵉ-XVIIIᵉ siècles*. Textes réunis et présentés par M.M. Compère (Service

278 NOTES

d'histoire de l'éducation, INRP, Paris, Éd. de Minuit. « Le sens commun »,
1978, 570 p.)

Ce privilège de l'image dans la doctrine jésuite impressionna beaucoup
les contemporains. Roland Mousnier, dans *L'Assassinat d'Henri IV, 14 mai
1610*, Paris, Gallimard, « Trente journées qui ont fait la France », 1964,
parle du mythe terrifiant de la « chambre des images » des jésuites, dès la
fin du XVIᵉ siècle.

80. Pour reprendre le jeu de mots de Victor Turner, dans le titre de *Image
and Pilgrimage in Christian Culture, Anthropological Perspectives*, New York,
Columbia University Press, 1978, XVII, 281 p.

81. Le « je-ne-sais-quoi » est une des grandes catégories d'analyse des
moralistes du XVIIᵉ siècle. Voir aussi Balthasar Gracián : le chapitre XIII
du *Héros* porte ce titre ; le « je-ne-sais-quoi » se trouve partout dans
L'Homme de cour et *L'Homme universel*.

82. Cette idéologie du lignage et du sang noble, capitale à l'âge classique, se distingue radicalement des conceptions féodales : l'ordre social,
par un jeu d'analogies et de correspondances, se fonde sur un ordre naturel.
Une telle affirmation ne pouvait s'énoncer aussi fortement qu'au moment
où l'État monarchique menace les sociétés nobiliaires. Sur l'émergence de
cette affirmation nobiliaire au XVIᵉ siècle, voir A. Jouanna, *Ordre Social,
Mythes et Hiérarchies dans la France du XVIᵉ siècle*, Paris, Hachette, « Le temps et
les hommes », 1977, 252 p.

83. On notera l'importance de cette maternité première, puisque Circé
la magicienne, maîtresse des métamorphoses, a été intronisée comme
patronne de la sensibilité baroque par Jean Rousset, *La Littérature de l'Âge
baroque en France, Circé et le Paon*, Paris, José Corti, 1954, 316 p. La figure de
l'Ulysse rusé annonce l'attente prudente d'Eustache.

84. L'amateur de récits notera ici que Kircher projette sur le syntagme
généalogique le paradigme des héros de légende : comme l'a noté le père
Lemieux (*op. cit.*), Clément, avec sa famille dispersée, puis retrouvée, son
exil oriental et son martyre, est une source ou une variante du personnage
d'Eustache. Paul lui-même constitue le modèle de l'Eustache converti.

85. Justes rébellions : Cnaeius Octavius chasse Cinna le tyran. Le comte
Constantin combat son homonyme l'usurpateur Constantin, au temps
d'Honorius.

86. Trajan, aussi charitable que Placide, fait lacérer ses vêtements pour
la confection de charpie, après une sanglante bataille (p. 5).

87. Les jésuites ont longuement médité sur le rôle de l'homme de cour.
Voir A. Couprie, « Courtisanisme et christianisme au XVIIᵉ siècle »,
XVIIᵉ siècle, 133, octobre-décembre 1981, p. 371-391, Marc Fumaroli, *op. cit,
passim*. Voir aussi, bien sûr, *L'Homme de cour* de Balthasar Gracián, en
nuançant l'interprétation qu'en donne J.-M. Apostolidès, dans *Le Roi-
Machine. Spectacle et Politique au temps de Louis XIV*, Paris, Éd. de Minuit,
« Arguments », 1981, p. 50-55, qui ne voit dans ce livre qu'un traité du
courtisan monarchique, pâle figurant du spectacle royal. Au moment de la
grande crise, qui selon H. Trevor-Roper (« La crise générale au
XVIIᵉ siècle », dans *De la Réforme aux Lumières*, Paris, Gallimard, « Bibliothèque des histoires », 1972, p. 89-132), oppose, entre 1640 et 1660, la

société nobiliaire à l'État monarchique, l'homme de cour jésuite se présente comme une alternative salvatrice et conciliatrice. Sur le contrôle curial (plus que pontifical) des états monarchiques, voir, au début de l'âge classique, toute l'œuvre du grand cardinal jésuite, saint Robert Bellarmin.

88. Il faut rappeler qu'Athanase Kircher fut enseignant toute sa vie. En un temps de domination monarchique, l'homme de cour, le comte peut espérer jouer un rôle capital comme précepteur des princes. Voir le grandiose éloge que constitue le livre consacré par Kircher à Honoré de Juan (des marquis de Centellas), précepteur d'un fils de Philippe II, *Principis Christiani Archetypon Politicum sire Sapientia Regnatrix... Honorati Joanii Caroli V et Philippi II aulici Caroli Hispaniarum principi Magistri nec non Oxomensi Ecclesiae Antistitis...* Amsterdam, J. Jansonnius, 1672, 234 p.

89. H. Trevor-Roper (art. cit.) a montré l'importance, dans la grande crise du XVIIe siècle, de cette nostalgie du christianisme primitif.

90. Ce lieu, d'où émane un sacré à la fois communautaire et personnel, constitue bien l'objet central de l'*Historia*. Lapsus significatif : dans ce texte soigneusement ordonné, la cinquième partie, en son milieu, change de titre : alors que le début et le titre de la table des matières indiquent qu'il sera question de l'église romaine d'Eustache, le titre suprapaginal annonce qu'on en est passé à une chorographie de la région du mont Vulturella.

91. Si l'on excepte la préface, hors-texte, écrite certainement après le corps de l'ouvrage.

92. Le bois gravé qui orne la page du titre représente une Vierge à l'enfant.

93. Kircher a raconté sa vie dans sa *Vita admodum Reverendi P.A. Kircheri.* N'ayant pu trouver le volume absent, semble-t-il, des bibliothèques françaises, j'ai utilisé G.J. Rosenkranz, « Aus dem Leben des Jesuiten Athanasius Kircher, 1602-1680 », *Zeitschrift für vaterländische Geschichte und Altertumskunde*, vol. 13, 9, 1852, p. 11-58, qui le résume.

94. Yves Bonnefoy, « Le seul témoin », V, in *Du mouvement et de l'immobilité de Douve*, Paris, Gallimard, « Poésies », 1970 (1953, 1re éd.), p. 73. Je fais allusion aux silhouettes infimes, enfantines et incongrues, ces cerfs que Kircher fit graver sur la chorographie et sur l'ichnographie des p. 119 et 168.

Chapitre V

1. L. Baldacchini, *Bibliographia delle stampe popolari religiose del XVI-XVII secolo*, Florence, 1980, p. 8.

2. Voir la liste des opuscules du fonds Capponi dans L. Baldacchini, *op. cit.*

3. Il faut noter que la poésie de l'Arioste passa très vite dans la culture populaire : l'*Orlando furioso*, publié en 1516, fit l'objet d'une édition populaire dès 1525 à Venise.

4. Le professeur Alfredo Stussi, de l'Université de Pise, a bien voulu se livrer sur ce texte à une expertise dialectologique et je l'en remercie vivement.

5. Voir la précieuse étude de P. Manzi, *La Tipografia napoletana nel 1500*. *Annali de Giuseppe Cacchi, G.B. Cappelli e tipografi minori, 1566-1600*, Florence, 1974. Mais P. Manzi ignore l'existence du livret sur saint Louis d'Anjou.

6. Voir A. Mondoleo, « Adam de Rotwill », dans *Dizionario biografico degli Italiani*, Rome, 1960, t. I, pp. 243-244.

7. Le mot *cacchio* abrège de façon euphémique une désignation obscène du sexe masculin.

8. Voir la notice sur Cacchio, P. Manzi, *op. cit.*

9. Voir P. Manzi, *op. cit.*, p. 16, et C. de Frede, « Tipografi, editori, librai italiani nel cinquecento coinvolti in processi de eresia », dans *Rivista di Storia della Chiesa in Italia*, XXIII, 1969, pp. 21-53. Sur les tribunaux diocésains et l'Inquisition de Naples, voir la remarquable enquête de J.-M. Sallmann, *Chercheurs de trésors et jeteuses de sorts. La quête du surnaturel à Naples au XVI⁰ siècle*, Paris, 1986.

10. Voir E.-G. Léonard, *Les Angevins de Naples*, Paris, 1954.

11. Voir R. Folz, *Les Saints Rois du Moyen Âge occidental (VI⁰-XIII⁰ siècles)*, Bruxelles, 1984.

12. E. Pasztor, *Per la storia di san Lodovico d'Angio (1274-1297)*, Rome, 1955.

13. Voir M. van Heuchelum, *Spiritualische Strömungen an den Höfen von Aragon und Anjou während der Höhe des Armutstreifes*, Berlin, 1912.

14. Voir M. H. Laurent, *Le Culte de saint Louis d'Anjou à Marseille au XIV⁰ siècle*, Rome, 1954.

15. Voir R.G. Musto, « Quenn Sancia of Naples (1286-1345) and the spiritual Franciscans », dans J. Kirshner et S.F. Wemple, *Women of the Medieval World. Essays in Honor of J.H. Mundy*, Londres, 1985, pp. 179-214.

16. Voir F. Bologna, *I Pittori alla corte angoiana de Napoli. 1266-1414*, Rome, 1969.

17. Fac-similé édité par B. Grabar, A. Nazor, M. Pantelic, V. Stofanic, *Missale Hervoiae ducis spalatensis croatico-glagoliticum*, Graz, 1973.

18. Voir G. d'Agostino, « San Francesco e i francescani negli Abruzzi », *l'Italia francescana nel settimo centenario della morte di San Francesco*, La Porziuncula, 1927, pp. 183-205.

19. Voir G. Marinangeli, *Bernardino da Siena all' Aquila*, L'Aquila, 1979.

20. Voir A. de Stefano, « Le Origini di Aquila », dans *Bulletino Abruzzese*, III, 14, 1923-1927.

21. *Statuta Civitatis Aquile*, édités par A. Clementi, Rome, 1977.

22. Anonyme, « Gli Affreschi del secolo XIV nella chiesa di San Francesco d'Assisi in Castelvecchio Subequo », dans *Rivista abruzzese*, VII, 1954, 2, pp. 58-62.

23. Voir R. Colapietri, *Gli ultimi anni delle libertà communale aquilane (1521-1529)*, Naples, 1963.

24. Texte édité dans *Analecta Francescana*, VII, 1951, pp. 395-399.

25. *Ibid.*, pp. 335-380.

26. Voir G. Brunel, « Les Saints franciscains dans les versions en langue d'oc et en catalan de la Legenda aurea », B. Dunn-Lardeau, *Legenda aurea. Sept siècles de diffusion*, Montréal et Paris, 1986, pp. 103-115.

27. Le texte de *Sol oriens* en guise de chapitre sur saint Louis d'Anjou se trouve dans toutes les éditions latines et italiennes anciennes. Nous avons utilisé une édition italienne parue en 1521 à Venise (folio 133).

Chapitre VI

1. Voir G. Monleone, *Jacques da Voragine e la sua Cronaca di Genova*, introduction, tome I, p. 125-127.

2. X, IV, p. 355-383. Mes traductions du texte sont faites sur cette édition, à laquelle se réfèrent les numéros de page entre parenthèses, dans le corps du texte.

3. Traduit sur l'édition critique de G. Monleone, *op. cit.*, tome 2, p. 248-249. Désormais, le renvoi se fera par l'indication *Chron.*

4. *Sanctuarium seu de vitis Sanctorum*, Milan, 1478, t. 2, 7.

5. Tome 5 de Juin, Anvers, 1709, p. 481 et suivantes. C'est l'édition que j'utilise.

6. Voir A. Ferretto, « I Primordi e lo sviluppo del Cristianesimo in Liguria ed in particolare a Genova », *Atti de la Società Ligure di Storia Patria*, 39, 1907.

7. V. Promis a publié, à la suite de la légende, des hymnes, dont il attribue la paternité à Voragine ; cela ne paraît pas impossible ; le texte démarque de très près la légende. Mais je n'ai pas pris en compte ces hymnes dans la présente analyse.

8. L. IV. V. Promis, dans une note, signale de façon erronée que le texte est fort différent et qu'il ne s'agit pas de Syr de Gênes (erreur reproduite par G. Monleone). Le texte est reproduit à la lettre et Grégoire parle bien de notre Syr. La transcription textuelle est rare chez Voragine, mais il s'agit là d'une source exceptionnelle (par le prestige de l'auteur et par l'allusion à un saint peu connu hors de Gênes).

9. In IV Sent. Dist. XXIV, qu. III, al, qu. 1.

10. *De Sacramentis*, III, III, *Patrologie Latine* de Migne, tome 176, c. 421.

11. Fragment rapporté par Porchetto Spinola, successeur de Giacopo et inséré dans les statuts gênois édités à Péra (livre VI, rubrique 247). Voir « Statuti della Colonia genovese di Pera », éd. par V. Promis dans *Miscellanea di Storia Italiana*, XI, 1870, p. 761.

12. Sur le recul de la tonsure cléricale au XIVe siècle, voir Thomassin, *Ancienne et nouvelle discipline de l'Église*, Paris, 1725, t. I, p. 714.

13. Conciles de Worcester (1240), Cologne (1260), Lambeth (1261), Pont-Audemer (1279).

14. Sur l'archaïsme d'« *antistes* » déjà au temps de Sulpice Sévère, voir le commentaire de Jacques Fontaine, dans son édition de la *Vie de saint Martin*, Paris, 1967, tome II, p. 649. Voragine emploie une fois le mot, mais au milieu d'une foule de « *pontifex* » et « *episcopus* ». En ce cas, l'archaïsme est volontaire.

15. Le « chorévêque » disparaît. L'enfant Syrus n'est plus donné en oblation. L'oblation d'enfants, longuement discutée au Moyen Âge, est condamnée au XIIIe siècle (Conciles de Paris, 1212, Oxford, 1222, Mayence, 1252).

16. Voir J. Le Goff, « Cultures ecclésiastique et folklorique au Moyen Âge : saint Marcel de Paris et le dragon », dans *Ricerche storiche ed economiche in memoria Corrado Barbagalla*, Naples, 1970, tome II, p. 51-90, reproduit dans *Pour un autre Moyen Âge : Temps, travail et culture en Occident. 18 essais*, Paris, 1977, p. 236-279.

17. Voir H. de Lubac, *Exégèse médiévale, op. cit.*
18. *La Légende dorée, op. cit.*, p. 182-200.
19. Voir R. P. Mortier, *Histoire des Maîtres Généraux de l'Ordre des Frères Prêcheurs*, tome II (1263-1322), Paris, 1905.
20. Textes publiés par Th. Kaeppeli, o.p., « Acta Capitulorum Provinciae Lombardiae (1254-1293) et Lombardiae Inferioris (1309-1312) », dans *Archivum Fratrum Praedicatorum*, tome XI, 1941, p. 138-172.
21. Sur ce thème, voir A. Vauchez, « Culture et sainteté d'après les procès de canonisation des XIIIᵉ et XIVᵉ siècles » dans *Le Scuole degli Ordini Mendicanti*, Todi, 1978, p. 151-172.
22. Ces indications sommaires sont destinées à montrer brièvement la rigoureuse progression de la puissance thaumaturgique de Syrus ; elles nous dispenseront donc d'une démonstration de détail qui serait fastidieuse. Notons l'importance des épisodes insérés par Jacques dans la construction du diagramme ; et ce résumé diagrammatique n'omet rien.
23. Livre II, II, 1, Édition critique d'Adalbert de Vogüé, O.S.B. et Paul Antin, O.S.B., Paris, 1979, p. 137.
24. *De Avibus*, dans *Patrologie Latine*, tome 157, c. 44 (sous le nom de Hugues de Saint-Victor) ; je remercie Mme Xenia Muratova d'avoir attiré mon attention sur ce texte.
25. *Dialogues*, II, I, 2, éd. cit., p. 130. Ce texte a été paraphrasé de fort près par Jacques dans la *Legenda aurea*. Voir ma comparaison des deux textes dans *La Légende dorée, op. cit.*, p. 93-95.
26. Le merle avait réputation de se nourrir d'ordures.
27. *Physica*, VI *(De avibus)*, *Patrologie latine*, tome 197, c. 1307. Il faut, bien sûr, lire une dénégation (des croyances populaires) dans le texte d'Hildegarde.
28. Je remercie Michel Pastoureau de ses indications sur le merle héraldique.
29. *Fioretto* 21. Certes les *Fioretti* datent du XIVᵉ siècle, mais les récits qui les composent sont antérieurs. On pourra toujours préférer le ver de l'antique *Vita Prima* de Thomas de Celano.
30. Voir le corpus des vies de saint François rassemblé par T. Desbonnets et D. Vorreux, O.F.M., *Saint François d'Assise. Documents*, Paris, 1968.
31. *Fioretto* 22. On m'objectera qu'un merle est un merle, indépendamment de Benoît, Grégoire ou François ; mais l'analyse ne porte pas sur la réalité de l'épisode (tâche des hagiographes) ni sur sa source réelle (tradition populaire ? On sait que Voragine y était sensible. Tâche des anthropologues), mais sur son sens et sa fonction textuels (tâche de l'historien).
32. Dans *Una Città portuale del Medioevo. Genova nei secoli X-XVI*, Gênes, 1980, p. 33.
33. Cité d'après l'édition de R. Clutius, *Sermones aurei*, Munich, 1761, p. 353.
34. Martin calme une tempête qui menace un navire (Sulpice Sévère, *Dialogues*, I, 17). L'anecdote est reprise dans la *Legenda aurea*.
35. *Dialogues*, II, 1, *Patrologie Latine*, tome 20, p. 201.
36. La transcription de cet *exemplum* inédit (faite sur le manuscrit 742,

f⁰ 152 de la Bibliothèque Mazarine à Paris) m'a été communiquée par Mme Marie-Claire Gasnault, que je remercie vivement. Elle a bien voulu me communiquer un article de M. Pierre Gasnault, où l'on trouve une tradition française des deux exempla de Jacques de Vitry, *A propos de Rabelais et de la légende de saint Martin*, dans le « Bulletin trimestriel de la Société archéologique de Touraine », tome XL, 1984, p. 923-932. Notons encore une fois la rapidité de l'information de Voragine.

37. Martin fit lui-même le rapprochement, selon Sulpice Sévère : « Si le Christ a souffert Judas, pourquoi ne souffrirais-je pas Brice » (*Dialogues*, II (III), 13).

38. Voir J. Van Der Straeten, « *Saint Martin sauveteur de saint Brice* », dans *Analecta Bollandiana*, tome 100, 1982, p. 237 et suiv. Cette légende reprend un conte populaire célèbre, « la fille aux mains coupées ».

39. D'après le récit tardif de Jérôme de Borsellis (XVᵉ siècle), *Cronica Magistrorum generalium Ordinis fratrum Predicatorum...* Voir G. Monleone, op. cit., tome I, p. 62.

40. Voir G. Odetto, o.p., « La cronaca maggiore dell'ordine domenicano di Galvano Fiamma », dans *Archivum Fratrum Praedicatorum*, tome X, 1940, p. 297-373.

41. Voir Cinzio Violante, « Le istituzioni ecclesiastiche nell'Italia centrosettentrionale durante il Medioevo : province, diocesi, sedi vescovili », dans G. Rossetti, *Forme di potere e struttura soliale in Italia nel Medioevo*, Bologne, 1977.

42. Voir Alessandra Sisto, *Genova nel Duecento. Il capitolo di San Lorenzo*, Gênes, 1979.

43. Voir Georg Caro, « Genova e la supremazia sul Mediterraneo (1257-1311) », *Atti della Società Ligure di Storia Patria*, 88 et 89, Gênes, 1965 (Halle, 1895-1899).

44. Voir A. Boureau, « Le prêcheur et les marchands ».

45. Voir Michel Sot, *Gesta Episcoporum. Gesta Abbatum*, Turnhout, 1981.

46. Anecdote rapportée par Jérôme de Borsellis (voir note 39) ; lettre publiée par B.M. Reichert, o. p., *Litterae encyclicae Magistrorum Generalium Ordinis Praedicatorum ab anno 1233 usque ad annum 1376*, Rome, 1900, p. 150.

Chapitre VII

1. Sur la trahison et le crime de lèse-majesté, on attend toujours le travail de J. Chiffoleau et Y. Thomas. En attendant, on peut lire les travaux de J. Bellamy et de M. Sbriccoli.

2. *Capitularia regum Francorum*, éd. par A. Boretius et V. Krause, Hanovre, MGH, 1883-1897, t. II, p. 427-441. Analyse dans L. Halphen, *Charlemagne et l'Empire carolingien*, Paris, Albin Michel, 1968 (rééd. de 1947), p. 317-319. Voir aussi K.J. Hollyman, *Le Développement du vocabulaire féodal en France pendant le haut Moyen Âge*, Genève, Droz, 1957, p. 152-155.

3. Voir L. Halphen, *op. cit.*, p. 413.

4. G. Duby, *Les Trois Ordres ou l'Imaginaire du féodalisme*, o.p. cit.

5. La notion de hiérocratie est analysée par W. Ullmann, *The Growth of Papal Government in the Middle Ages*, Londres, Methuen, 1955.

284   NOTES

6. Voir M. Maccarrone, « Vicarius Christi », *Lateranum*, n.s., XVIII, 1953, p. 94.
7. Voir J.F. Stephen, *History of the Criminal Law of England*, Londres, 1887.
8. E. Kantorowicz, *The King's Two Bodies. A Study in Medieval Political Theology*, Princeton, Princeton University Press, 1957.
9. Voir B. Guenée, *L'Occident aux XIV* et XV* siècles. Les États*, Paris, PUF, 1981[1] (1971).
10. W. Ullmann, *Law and Politics in the Middle Ages*, Londres, The Sources of History, 1975.
11. W. Ullmann, « The Significance of Innocent III's Decretal *Vergentis* », *Études d'histoire du droit canonique dédiées à Gabriel Le Bras*, Paris, Sirey, 1965, p. 729-741.
12. Texte cité par G. Devailly, *Le Berry du X* siècle au milieu du XIII*, Paris, La Haye, Mouton, p. 253.
13. Voir F.L. Ganshof, *Qu'est-ce que la féodalité?*, Paris, Tallandier 1982[5] (1944), p. 126-128.
14. Le suicide est « felo de se ». Voir Th. A. Green, *Verdict According to Conscience. Perspectives on the English Criminal Law*, Chicago, Chicago University Press, 1985, p. 92.
15. Tertullien (ou pseudo-Tertullien), *Adversus omnes haereses* 11, et Prudence, *Cathemenon liber*, 1, 57.
16. Voir plus loin (chapitre VIII).
17. Voir J. Verger et J. Jolivet, *Bernard-Abélard ou le Cloître et l'École*, Paris, Fayard-Mame, 1982, p. 65-66.
18. Voir les textes de saint Bernard choisis par H. Rochais et préfacés par J. Leclercq, *Les Combats de Dieu*, Paris, Stock, 1981.
19. Sermon *De diversis* 93, 2, cité par J. Verger et J. Jolivet, *op. cit.*, p. 113.
20. Lettre 1, 13, citée par J. Verger et J. Jolivet, *ibid.*, p. 131.
21. Voir A. Demurger, *Vie et Mort de l'ordre du Temple*, Paris, Éd. du Seuil, 1985, p. 34-43.
22. C'est le sous-titre de l'ouvrage de J. Verger et J. Jolivet déjà cité.
23. Nous utilisons l'édition de Marjorie Chibnall, *John of Salisbury's Memoirs of the Papal Court*, Londres, Nelson, 1956. Désormais, nous renvoyons à ce texte par une indication de page entre parenthèses.
24. Geoffroy d'Auxerre, *Libellus*, in l'édition des *Opera* de saint Bernard par Dom Mabillon, Paris, 1715. Othon de Frising, *Gesta Frederici*, F.J. Schmale, éd. Darmstadt, 1974, livre I, chap. 58.
25. A. Hayen, « Le concile de Reims et l'erreur théologique de Gilbert de La Porrée », *Archives d'Histoire doctrinale et littéraire du Moyen Age*, X, 1935-1936, p. 26-102. M.F. Williams, « The teaching of Gilbert Porreta on the Trinity », *Analecta Gregoriana*, 1951.
26. E. Gilson, *La Philosophie du Moyen Age*, Paris, Payot, 1976 (rééd.), t. I, p. 267, à corriger par J. Marenbon, *Early Medieval Philosophy (480-1150). An Introduction*, Londres, Routledge et Kegan Paul, 1983, p. 148-156.
27. P. Legendre, *L'Amour du censeur. Essai sur l'ordre dogmatique*, Paris, Éd. du Seuil, 1974.
28. Lettre 139, citée par W. Ullmann, *The Growth...*, *op. cit.*, p. 427.

29. Lettre 239.
30. Peter Brown, « La société et le surnaturel. Une transformation médiévale », *La Société et le Sacré dans l'Antiquité tardive*, Paris, Éd. du Seuil, 1985, p. 258.
31. Voir W. Ullman, « The medieval Papal Court as an International Tribunal », *Virginia Journal of International Law*, 11, p. 356-371.
32. Voir H.C. Lea, *Histoire de l'Inquisition au Moyen Âge*, Jérôme Millon, 1986 (rééd. de la trad. de 1900; éd. orig. 1887), p. 353-354.
33. Lettres 188 et 191, citées par J. Verger et J. Jolivet, *op. cit.*, p. 178.
34. *Ibid.*, p. 178-179.
35. W. Ullmann, « The Legal Validity of the Papal Electoral Pacts », dans *Ephemerides juris canonici*, 12, 1956, p. 3-35.
36. *Ibid.*
37. *De la considération*, trad. de P. Dalloz, Paris, Le Cerf, 1986 (rééd. de 1943), p. 39.
38. E. Kantorowicz, « La souveraineté de l'artiste. Notes sur quelques maximes juridiques de la Renaissance », article de 1961 traduit in E. Kantorowicz, *Mourir pour la patrie*, Paris, PUF, 1984, p. 36-37.
39. Voir la version de J. de Voragine traduite et commentée par A. Boureau in J.C. Schmitt (sous la direction de), *Prêcher d'exemples. Récits de prédicateurs du Moyen Âge*, Paris, Stock, 1985, p. 94-98.
40. R. Paqué, *Le Statut parisien des nominalistes*, Paris, PUF, 1985 (trad. de 1970).

Chapitre VIII

1. Jean de Joinville, *Histoire de Saint-Louis...*, éd. Natalis de Wailly, Paris, 1867, n°s 52-53.
2. Hannah Arendt, *Sur l'antisémitisme*, Paris, 1973 (trad. de la première partie de *The Origins of Totalitarism*, 1951).
3. Voir Robert Chazan, *Medieval Jewry in Northern France. A political and social history*, Baltimore/Londres, 1973.
4. Voir Carlo Ginzburg, « Présomptions sur le sabbat », dans *Annales, ESC*, 1984, 2, pp. 341-351.
5. Voir Bernhard Blumenkranz, *Juifs et chrétiens dans le monde occidental, 430-1096*, Paris, 1960 (ainsi que toute l'œuvre de cet auteur).
6. Voir Bernard Bachrach, *Early Medieval Jewish Policy in Western Europe*, Minneapolis, 1977.
7. Raoul Glaber, *Les Cinq Livres de ses histoires*, éd. M. Prou, Paris, 1886, p. 69.
8. Textes édités et traduits par Raymonde Foreville, *Latran I, II, III et Latran IV* (*Histoire des conciles œcuméniques*, t. IV), Paris, 1965, pp. 378-382.
9. Voir la remarquable somme de Gilbert Dahan, *Les Intellectuels chrétiens et les juifs au Moyen Âge*, Paris, Cerf, 1990.
10. Gilbert Crispin, *Disputatio Iudei et Christiani*, éd. B. Blumenkranz, Utrecht/Anvers, 1956.

11. Nahmanide (Rabbi Moïse ben Nahman), *La Dispute de Barcelone*, trad. É. Smilevitch et L. Ferrier, Lagrasse, 1984.

12. Guillaume de Bourges, *Livre des guerres du Seigneur et deux homélies*, éd. et trad. de G. Dahan, Paris, 1981.

13. Joachim de Fiore, *Adversus Judeos*, éd. Arsenio Frugoni, Rome, 1957.

14. Dans *Patrologie Latine*, tome 178, col. 1618.

15. Texte signalé par André Vauchez, dans « *Antisemitismo e canonizzazione popolare : San Werner o Vernier* », dans S. Boesch Gajano et L. Sebastiani, éd., *Culto dei santi, istituzioni e classi sociali in età preindustriale*, L'Aquila, Rome, 1984, p. 506.

16. Voir J. Schatzmiller, *Recherches sur la communauté juive de Manosque au Moyen Âge, 1241-1329*, Paris/La Haye, 1973, et M. Kriegel, *Les Juifs à la fin du Moyen Âge dans l'Europe méditerranéenne*, Paris, 1979.

17. Textes publiés par P.F. Baum, « The medieval Legend of Judas Iscariot », *Publications of the Modern Language Association*, 31 (1916), pp. 481-623, et par P. Lehmann, « Judas Ischarioth in der latein. Legendeüberlieferung des Mittelsalters », *Studi Medievali*, 2 (1929), pp. 289-346.

18. Voir V. Mertens, *Gregorius eremita : eine Lebensform des Adels bei Hartmann von Aue in ihrer Problematik und ihrer Wandlung in der Rezeption*, Zurich/Munich, 1978.

19. Texte publié par P. Lehmann, art. cit., p. 322.

20. *De passione Judas*, éd. par N. Iseley, Chapell Hill, 1941.

21. Paris, Hachette, 1981.

22. Suger, *Vie de Louis VI le Gros*, éd. H. Waquet, Les Belles Lettres, Paris, 1964. Au XIIe siècle (chez Suger, Guibert, Orderic Vital, Anselme de Liège, etc., un château illégal est dit « adultérin »).

23. Jack Goody, *The Development of the Family and Marriage in Europe*, op. cit.

24. Paris, Navarin, 1983.

25. Guibert de Nogent, *Autobiographie*, éd. E.R. Labande, Paris, Les Belles Lettres, 1981 (bibliographie abondante; sur Guibert et ses rêves, il faut ajouter l'article récent de J.C. Schmitt, « Rêver au XIIe siècle », dans T. Gregory éd., *I Sogni nel Medioevo*, Rome, 1985).

26. Textes traduits et présentés par J.-P. Osier, *L'Évangile du Ghetto. Ou comment les Juifs se racontaient Jésus*, Paris.

27. Voir M.D. Chenu, « Conscience de l'histoire et théologie » dans *La Théologie au XIIe siècle*, Paris, Vrin, 1976, pp. 63-89.

Chapitre IX

1. Voir le travail ancien et solide de I. Loeb, « La controverse de 1240 sur le Talmud », *Revue des études juives*, 1, 1880, p. 247-261, 2 (1881), p. 248-270, 3 (1881), p. 39-57 et J.M. Rosenthal, « The Talmud on trial », *Jewish Quaterly Review*, n.s. 47 (1956), p. 58-76 et 145-169. Pour une vision d'ensemble, voir G. Dahan, op. cit., p. 354-357 et 457-466.

2. Les lettres de Grégoire IX ont été publiées par S. Grayzel, *The Church and the Jews in the XIIIth century*, New York, 1966, p. 238-242.

3. Voir D.J. Silver, *Maimonidean Criticism and the Maimonidean Controversy, 1180-1240*, Leyde, Brill, 1965.

4. J. Cohen, *The Friars and the Jews. The Evolution of Medieval Anti-Judaism*, Ithaca et Londres, Cornell University Press, 1982.

5. Ch. Merchavya, *The Church versus Talmudic and Midrashic Literature, 500-1248* (en hébreu), Jérusalem, 1970. Comme je ne suis pas hébraïsant, ma remarque ne porte que sur le titre de cet ouvrage. Malgré mon incapacité à le lire, j'ai pu utiliser le copieux dossier de textes latins publié en annexe.

6. Texte édité par Y. Friedmann, Turnhout, 1983. Je cite désormais le texte en me référant à cette édition par l'abréviation « Adv. », suivie de la pagination dans cette édition.

7. Gilbert Dahan a publié les extraits de Rashi dans « Rashi, sujet de la controverse de 1240 », *Archives juives*, 14, 1978, p. 43-54.

8. Voir H.L. Strack, G. Stemberger, *Introduction au Talmud et au Midrach* (trad. M. Hayoun), Paris, 1986.

9. Pour le texte des 35 articles, j'utilise l'édition procurée par I. Loeb dans son article cité à la note 1. Le texte se trouve aux pages 252-270 du tome 2 de la revue et aux pages 39-54 du tome 3. Désormais je le cite en me référant à cette édition par l'abréviation L, suivi du tome et de la page de la revue, le texte cité à cet appel de note se trouve en 2, 256.

10. Voir *Bede's Ecclesiastical History of the English People*, éditée par B. Colgrave et R.A.B. Mynors, Oxford, 1969, p. 300-301, pour l'opposition entre « *libellum perpulchrum, sed vehementer modicum* » et « *codicem horrendae visionis et magnitudinis enormis et ponderis pene importabilis* » (livre V, chap. 13).

11. Voir la bulle d'Innocent IV, en date du 9 mai 1244, publiée par S. Grayzel, *op. cit.*, p. 250-252.

12. Voir J. Katz, *Exclusion et tolérance. Chrétiens et juifs du Moyen Âge à l'ère des Lumières* (trad. L. Rozenberg et X. Perret), Paris, 1987, p. 153-170.

13. *Liber contra sectam sive haeresim saracenorum*, texte édité par J. Kritzeck en annexe de son livre *Peter the Venerable and Islam*, Princeton, Princeton University Press, 1964, p. 220-291.

14. Voir B. Bachrach, *Early Medieval Jewish Policy in Western Europe, op. cit.*

15. Texte cité par Ch. Merchavya, *op. cit.*, p. 421.

16. Augustin, *Contra adversarium legum et prophetarum*, dans J.P. Migne, *Patrologie latine*, tome 42, col. 247.

17. Texte édité par G. Dahan, Paris, 1981.

18. Le traité de Raban Maur est édité au tome 107 de la *Patrologie latine*, col. 401-594, celui d'Agobard au tome 104, col. 77-95.

19. Traité édité au tome 157 de la *Patrologie latine*, col. 535-672.

20. Voir l'étude et les traductions de J.P. Osier, *L'Évangile du ghetto. La légende juive de Jésus du IIe au Xe siècle*, Paris, 1984.

21. Voir M. Stroll, *The Jewish Pope. Ideology and politics in the Papal Schism of 1130*, Leyde, Brill, 1987, p. 161, note 11.

22. Voir M.D. Chenu, « Conscience de l'histoire et théologie », article reproduit dans sa *Théologie au XIIe siècle, op. cit.*, p. 62-89.

23. Voir les travaux de François Boespflug.

24. *De trinitate, Patrologie latine*, tome 167, col. 934.
25. Voir B. Smalley, *The Study of the Bible in the Middle Ages, op. cit.*, p. 149-172.
26. Voir H. de Lubac, *Exégèse médiévale, op. cit.*, seconde partie, volume 1, p. 418-435.
27. *Ibid.*, p. 382.
28. Pierre le Vénérable, *Contra Petrubrusianos hereticos*, édité par J. Fearns, Turnhout, Brepols, 1968.
29. *Ibid.*, p. 47.
30. *Liber contra sectam sive haeresim Sarracenorum, op. cit.*, p. 231.
31. Ce traité a été publié par J. Kritzeck, *Peter the Venerable and Islam, op. cit.*, p. 204-211. Le texte cité se trouve à la page 206. On m'objectera que la date du traité arabe d'Al Kindi (xe siècle) contrevient à ma chronologie de l'antisémitisme médiéval. Mais ce texte m'intéresse dans son existence latine, qui date de 1143; d'autre part, il me paraît probable que la situation particulière de la communauté mozarabe, incluse dans les royaumes musulmans, induise des formes de rejet du judaïsme à la fois spécifiques et annonciatrices des mutations « latines » du xiie siècle.
32. *Liber contra sectam..., op. cit.*, p. 253.
33. H. de Lubac, *op. cit.*, II, 1, p. 510 et 494.
34. Cité par M. Stroll, *op. cit.*, p. 161, note 11.
35. *La Bible anonyme du Ms. Paris B.N. fr. 763*, éditée par J.C. Szirmai, Amsterdam, 1985, p. 128.
36. Cité par J. Szirmai, *op. cit.*, p. 63.
37. Voir M. Harbsmeier, « Elementary Structures of Otherness. An Analysis of sixteenth-century german Travel Accounts », *26e colloque international d'études humanistes*, Tours, 1983, p. 337-355 et « Pilgrim's Space : the Centre Out There in Comparative Perspective », *Temenos. Studies in Comparative Religion presented by scholars in Denmark, Norway and Sweden*, vol. 22, 1986, p. 57-77.

Chapitre X

1. L'utilisation de Voragine dans la controverse a été relevée par A. Vidmanova, « La branche de la Légende dorée », dans B. Dunn Lardeau, *Legenda aurea. Sept siècles de diffusion*, Montréal, Paris, 1986, p. 291-298.
2. A. Boureau, *La Papesse Jeanne, op. cit.*, p. 145-151.
3. Ce traité est resté inédit; on en connaît un seul manuscrit : Leipzig, Bibl. Univ. 766, f° 208v-211 v. Sur Jacobellus, voir le bel ouvrage de P. de Vooght, *Jacobellus de Stribro († 1429), premier théologien du hussitisme*, Louvain, 1972.
4. P. de Vooght, *op. cit.*, p. 123.
5. *Ibid.*, p. 123.
6. E. Dublanchy, article « Communion eucharistique (sous les deux espèces) », dans le *Dictionnaire de Théologie catholique*, III, 1, Paris, 1923, col. 552-572.

7. Voir D. Burr, *Eucharistic Presence and Conversion in late 13th century Franciscan Thought*, Philadelphie, 1984.

8. E. Dublanchy, *art. cit.*, col. 553.

9. *Pius Jesus*, f° 209r.

10. P. de Vooght mentionne par erreur Guillaume de Laon; il s'agit du canoniste du xive siècle Guillaume de Montlauzun, dont on parlera plus loin.

11. *Pius Jesus*, f° 210r.

12. Grégoire, *Dialogues*, éd. et trad. d'A. de Vogüé et P. Antin, tome II, Paris, 1979, p. 69.

13. *Patrologie latine*, tome 144, col. 706 et tome 145, col. 953-954.

14. Le texte d'Andreas a été publié par J. Kadlec, dans *Studien und Texte zum Leben und Wirken des Prager Magisters Andreas von Brod*, Münster, 1982, p. 167-223.

15. Andreas, *éd. cit.*, p. 183.

16. *Ibid.*, p. 187.

17. *Ibid.*, p. 195-196.

18. Édité par J. von der Hardt, *Magnum oecumenicum Constantiense concilium...*, tome III, Francfort, 1697-1700, p. 416-584.

INDEX DES NOMS DE PERSONNES

Ermold le Noir, 96-102.
Étienne (saint), 22, 34, 46.
Etienne, roi, 201.
Étienne de Bourbon, 29,
  37, 57, 63.
Étienne Harding, 191.
Étienne de Muret, 62, 76.
Étienne de Salagnac, 70.
Eucher de Lyon, 28.
Eudes de Cluny, 70.
Eugène III (pape), 196,
  202, 204.
Eusèbe, 70.
Eustache (saint), 83-135.
Évrard, 225.

Faustinus Octavius, 127.
Félix (saint), 161, 163,
  166-169, 177.
Fiesco, Oppizzo, 176.
Flavien (saint), 153.
Flodoard, 86, 93, 94.
Florus, 70.
Fontanier, Pierre, 44.
Foulques (évêque), 77.
Franchi, Lodovico, 152.
François (saint), 28, 29, 47,
  67-80, 148, 156.
Frédéric II de
  Hohenstaufen, 30, 57,
  151.
Frédéric de
  Hesse-Darmstadt, 135.
Freed, John, 59, 76.
Frege, Gottlob, 207.
Freud (S.), 53.
Fumaroli, Marc, 124.

Gabriel (archange), 248.

Gadaldini, Francesco, 138.
Gaiffier (Baudoin de), 17.
Galvano, Fiamma, 175.
Gaudry, 228.
Gaudry de Touillon, 191.
Geertz, Clifford, 19.
Gélase II, 256, 258.
Gentiaume (voir
  Cantelmo).
Geary, Patrick, 29.
Geneviève, 32.
Geoffroy d'Auxerre, 194,
  196, 203, 248.
Geoffroy de Bordeaux, 195.
Geoffroy de la
  Roche-Vaneau, 191.
Georges (saint), 152.
Gérard (frère de saint
  Bernard), 191.
Gérard de Borgo San
  Doninno, 248.
Gérard de Frachet, 20, 21,
  31, 66-80.
Gérard Segarelli, 76.
Germain d'Auxerre, 32.
Gérold d'Avranches, 21.
Gilbert Crispin, 215.
Gilbert Foliot, 201.
Gilbert de La Porrée, 182,
  194-208, 245.
Gilbert l'Universel, 199.
Gilbert de Westminster,
  199.
Glanville, 186.
Goody, Jack, 223.
Gottschalk, 45.
Gratien, 76, 212.
Grégoire le Grand (pape),
  25, 45, 47, 60, 62, 63,

TABLE DES MATIÈRES

OUVRAGES PARUS

Écriture de l'Histoire et identité juive. L'Europe ashkénaze XIXᵉ-XXᵉ siècles. (Sous la direction de Delphine BECHTEL, Évelyne PATLAGEAN, Jean-Charles SZUREK et Paul ZAWADZKI)

La Grèce au féminin. (Sous la direction de Nicole LORAUX)

Gilles BATAILLON. *Genèse des guerres internes en Amérique centrale (1960-1983)*

Alain BOUREAU

L'événement sans fin. Récit et christianisme au Moyen Âge

La loi du royaume. Les moines, le droit et la construction de la nation anglaise (XIᵉ-XIIIᵉ siècles)

Christopher R. BROWNING

Des hommes ordinaires. Le 101ᵉ bataillon de réserve de la police allemande et la Solution finale en Pologne

Politique nazie, travailleurs juifs, bourreaux allemands

Jérôme CARCOPINO. *Les bonnes leçons*

André CHASTAGNOL. *Le sénat romain à l'époque impériale*

Pierre CHUVIN. *Chronique des derniers païens*

Eugen CIZEK. *L'Empereur Aurélien et son temps*

Renée DRAY-BENSOUSAN. *Les Juifs à Marseille (1940-1944)*

Moses I. FINLEY. *On a perdu la guerre de Troie*

Jean IRIGOIN. *Tradition et critique des textes grecs*

TAMARA KONDRATIEVA. *Gouverner et nourrir.*
Du pouvoir en Russie (XVIe-XXe siècles)

ANNICK LEMPÉRIÈRE. *Entre Dieu et le Roi, la République.*
Mexico, XIXe-XIXe siècles

Guenter LEWY. *La persécution des Tsiganes par les nazis*

Peter LINEHAN. *Les dames de Zamora.*
Secret, stupre et pouvoirs dans l'Église espagnole du XIIIe siècle

John MA. *Antiochos III et les cités de l'Asie Mineure occidentale*

Ramsay MACMULLEN

Christianisme et paganisme du IVe au VIIIe siècle
Le déclin de Rome et la corruption du pouvoir
Les émotions dans l'Histoire, ancienne et moderne
La romanisation à l'époque d'Auguste

Irad MALKIN. *La Méditerranée spartiate*

Einar MÁR JÓNSSON. *Le miroir. Naissance d'un genre littéraire*

Régis F. MARTIN. *Les douze Césars : du mythe à la réalité*

Mark MAZOWER. *Dans la Grèce d'Hitler (1941-1944)*

Christian MEIER. *De la tragédie grecque comme art politique*

Hélène MERLIN-KAJMAN

L'excentricité académique. Littérature, institution, société
Public et littérature en France au XVIIe siècle

Daniel S. MILO. *Trahir le temps (Histoire)*

Daniel S. MILO. Alain BOUREAU, *Alter histoire*

Arnaldo MOMIGLIANO. *Les fondations du savoir historique*

Robert I. MOORE. *La persécution.*
Sa formation en Europe (Xe-XIIIe siècles)

Jean-Marie PAILLER. *Bacchus, figures et pouvoirs*

Robert N. PROCTOR. *La guerre des nazis contre le cancer*

Youval ROTMAN. *Les esclaves et l'esclavage.*
De la Méditerranée antique à la Méditerranée médiévale. VIe-XIe siècles

Aline ROUSSELLE. *La contamination spirituelle.*
Science, droit et religion dans l'Antiquité

Jean-Christophe SALADIN. *La bataille du grec à la Renaissance*

Annie SCHNAPP-GOURBEILLON. *Aux origines de la Grèce*
(XIIIe-VIIIe siècles avant notre ère). La genèse du politique

Joseph SHATZMILLER. *Shylock revu et corrigé.*
Les juifs, les chrétiens et le prêt d'argent dans la société médiévale

Claude SINGER
Le Juif Süss et la propagande nazie. L'Histoire confisquée
L'Université libérée. L'Université épurée (1943-1947)
Vichy, l'Université et les juifs

Robert TURCAN
Les cultes orientaux dans le monde romain
Mithra et le mithriacisme

Pierre VIDAL-NAQUET. *Le miroir brisé.*
Tragédie athénienne et politique

Édouard WILL, Claude ORRIEUX. *« Prosélytisme juif » ?*
Histoire d'une erreur

Zvi YAVETZ. *César et son image : des limites du charisme en politique*

Ce volume,
le vingt-deuxième
de la collection « Histoire »
publié aux Éditions Les Belles Lettres,
a été achevé d'imprimer
en novembre 2004
sur presse rotative numérique
de l'imprimerie Jouve
11, bd de Sébastopol, 75001 Paris

N° d'éditeur : 6198
N° d'imprimeur : 362546Y
Dépôt légal : décembre 2004